检察业务实训丛书

案件汇报

方法与技巧

李斌 庞静 田申 著

ANJIANHUIBAO

FANGFA YU JIQIAO

中国检察出版社

图书在版编目（CIP）数据

案件汇报方法与技巧/李斌，庞静，田申著. —北京：中国检察出版社，
2014.11
ISBN 978 - 7 - 5102 - 1281 - 9

Ⅰ.①案…　Ⅱ.①李…　②庞…　③田…　Ⅲ.①法院 - 工作 - 研究 - 中国
Ⅳ.①D926.2

中国版本图书馆 CIP 数据核字（2014）第 215419 号

案件汇报方法与技巧

李斌　庞静　田申　著

出版发行：中国检察出版社
社　　　址：北京市石景山区香山南路 111 号　（100144）
网　　　址：中国检察出版社（www.zgjccbs.com）
编辑电话：(010)68650028
发行电话：(010)68650015　68650016　68650029　68686531
经　　　销：新华书店
印　　　刷：北京玺诚印务有限公司
开　　　本：720 mm ×960 mm　16 开
印　　　张：18 印张
字　　　数：335 千字
版　　　次：2014 年 11 月第一版　　2020 年 8 月第二次印刷
书　　　号：ISBN 978 - 7 - 5102 - 1281 - 9
定　　　价：48.00 元

序

美国大法官霍姆斯在其 1880 年出版的《普通法》开篇写下了那段著名的引语："法律的生命不在于逻辑，而在于经验。"法治的进步与法律的生命力离不开法律人的司法实践。而司法的活动不仅仅是体现于控辩台前的较量与角逐，司法文书上的认定指控与裁判，更多的是幕后的审查、判断、研究与汇报、决策。

按照宪法和人民检察院组织法的规定，检察机关上下级之间是一种领导与被领导的关系，下级有义务向上级汇报特定案件等重大事项，而在同一检察机关内部也是上下级领导体制，遇有重大疑难复杂案件等情形，下级需要向上级汇报情况以做决策。这些因素决定了案件汇报是检察机关执法办案的一种常见的工作方式。检察机关这种上下级领导体制关系，也决定了案件汇报是其执法办案极其重要的一环。这种工作方式有其内在需求的合理性。即便在当下，正在推进的检察官办案责任制改革，在下放普通轻微案件的决策权的同时，也在强化对重大疑难复杂案件的领导与监督。可以预见，将来的执法办案工作，汇报数量整体可能减少，但其重要性则更加凸显，对汇报的质量要求必然更高。

从实践中情况看，检察官在汇报案件时存在的问题还比较多，主要表现在：一是汇报准备不充分，不细致，事实不清楚，证据梳理不够；二是汇报重点不突出，面面俱到，不能开篇名义地说明汇报要重点解决什么问题；三是汇报意见不明确，论理不充分；四是主观色彩比较重，有些对证据过度怀疑，凭空推测、猜测案件事实、证据是否存疑，有些对无罪证据不够重视，汇报时只汇报有罪证据，忽略无罪证据。汇报质量不高，影响了研讨和决策的质量，甚至会导致错误决策乃至错案的发生。而目前，对案件汇报这项工作还缺少深入的研究与总结，亟待给予足够的关注去总结其工作方法与规律，以促进案件汇报质量的提高。

《案件汇报方法与技巧》这本书，弥补了当前对案件汇报工作关注与研究不足的遗憾。可以为司法实务界的工作者们提高汇报水平与质量提供行之有效的"点子"。作为这一领域的初探者，本书难免有不足之处，但是仍然瑕不遮玉。《案件汇报方法与技巧》立足于司法实践中各诉讼环节的案件汇报需求，以真实的案例来阐述不同类型案件汇报的原则与要求，着重分析了这些案例成功与失败的原因，总结其方法与技巧，尤其是如何制作汇报材料、典型案件汇报策略与重点的细节提示，都是可以"复制"的成功经验。此外，书中提供了丰富的真实案件材料，可以作为案件汇报实训的模拟案例。本书的作者庞静同志作为第六届北京市"十佳公诉人"，曾亲身经历了公诉竞赛中案件汇报环节的考察，也曾多次就案件汇报、法律文书制作等为公诉实训授课；李斌同志先后在基层院公诉、分院检委会办公室、案件管理办公室工作多年，不仅是刑法学博士和刑事诉讼法学博士后，还曾获得过北京市"十佳调研能手"；田中同志在基层院、分院公诉部门工作多年，尤其是在分院公诉二审部门工作期间，积累了丰富的案件汇报经验。这本书是他们三人多年实践及思考心得的总结，我作为他们多年的领导，由衷地为本书的出版感到高兴。当前，国家的法治进程日益加快，落实证据裁判原则、庭审实质化、法律文书公开等等，这些都对公诉人的综合业务素质提出了更高的要求，我们对案件汇报的质量要求也更加迫切。我相信，本书的出版一定会对案件汇报工作质量的提高起到良好的推动作用。

是为序。

苗生明 *
2014 年 9 月于北京

---

* 北京市人民检察院副检察长、全国检察业务专家。

目录

序 001

第一章　案件汇报工作概述 001

一、案件汇报的内容与分类 002
二、案件汇报的原则 008

第二章　案件汇报的要求 011

一、案件汇报的程序要求 012
二、案件汇报材料的制作 017
　　［实训材料］管志平、李庆兰贪污案 017
　　［实训材料］任艳虹寻衅滋事案 022
　　［实训材料］沈建军故意杀人抗诉案 026
三、案件汇报的内容 029

第三章　案件汇报的基本方法与类型、特点 035

一、案件汇报的基本方法 036
二、汇报案件的类型及特点 042

第四章　事实证据分歧案件的汇报方法与技巧　049

一、犯罪嫌疑人、被告人单纯否认自己实施犯罪行为所引发的案件汇报技巧与方法　051

二、犯罪嫌疑人的辩解形成新的事实所引发的案件汇报技巧与方法　054

三、被害人、关键证人翻证引发事实争议案件汇报的技巧与方法　061

四、因鉴定意见的结论引发事实争议案件汇报的技巧与方法　063

五、因书证、物证等证据变化的案件事实汇报的技巧与方法　066

六、启动非法证据排除程序导致证据变化时案件事实汇报的技巧与方法　068

七、范本　072

　　[实训材料] 张新明涉嫌受贿案　072

第五章　法律适用分歧案件的汇报方法与技巧　077

一、因犯罪构成问题产生分歧案件的汇报技巧与方法　079

二、因共同犯罪问题产生分歧案件的汇报技巧与方法　089

三、因法定量刑情节问题产生分歧案件的汇报技巧与方法　091

四、因新旧法律适用问题产生分歧案件的汇报技巧与方法　096

五、范本　097

　　[实训材料] 李某某交通肇事案　097

第六章 量刑分歧案件的汇报方法与技巧   105

   一、量刑分歧案件的汇报步骤   106

   二、《人民法院量刑指导意见》适用分歧案件的汇报方法   108

   三、刑罚执行方式存在分歧的汇报方法   116

   四、量刑不均衡案件的汇报方法   118

   五、范本   121

     [实训材料] 郭某某量刑抗诉案   121

第七章 不同诉讼程序中案件汇报的步骤与方法   127

   一、不起诉案件汇报的步骤与方法   128

   二、抗诉案件汇报的方法与技巧   133

     [实训材料] 杨某赌博案   136

   三、督办案件汇报的步骤与方法   140

   四、其他程序案件汇报步骤与方法   144

第八章 特殊程序案件的汇报   147

   一、出席检委会时的案件汇报   148

     [实训材料] 于延栋、于茜涉嫌职务侵占、伪造印章案   163

     [实训材料] 简章洪、简剑光、徐建军、简清河、简国

         强诈骗案   167

     [实训材料] 杨礼太、王镇铭诈骗案   171

   二、人民监督员会议审议案件的汇报   172

     [实训材料] 龚会国玩忽职守案   181

三、列席法院审委会时的案件汇报　　185

　　［实训材料］天富公司、张秀珍、郭先辉偷税案　　189

　　［实训材料］潘萌、齐海军盗窃案　　190

第九章　案件汇报的培训与考核　　193

一、案件汇报的培训设计　　194

　　［实训材料］王新亮故意杀人案　　209

二、侦查监督比武中的案件汇报实训　　222

　　［实训材料］张一阳、赵乐、李佳媛涉嫌过失致人死

　　　　　　　　亡案　　223

三、案件汇报培训实例　　239

　　［实训材料］王强抢劫、故意杀人案　　239

　　［实训材料］周闻宇故意伤害、运输毒品案　　252

后　　记　　275

第一章

案件汇报工作概述

审查起诉工作要解决的是犯罪嫌疑人是否应承担刑事责任的问题，具体而言就是通过审查判断证据以确定犯罪嫌疑人是否实施了犯罪行为，实施了哪些犯罪行为，是否应当提起公诉，承担何种刑事责任的问题。审查案件工作大体可以分为审查案卷、提讯、制作阅卷笔录及审查报告、案件汇报和制作法律文书五个环节。案件汇报，即检察人员在通过阅卷、提讯等工作查明案件有关的情况，全面了解案件事实证据、定罪量刑等问题，形成了处理意见的前提下，以口头或者书面形式向有关领导说明案件情况、提出对案件的处理意见，为领导决策提供参考依据的办案活动。

案件汇报按照汇报方式可以分为书面汇报和口头汇报两种形式。书面汇报，是指以呈报案件呈批表、案件审查报告及起诉书等文书的方式来向领导汇报案件的相关情况，这要求承办人在这些内部呈批文书中把案件事实、证据分析、定性分析以及处理意见用文字表述清楚，做到详略得当、论证充分、重点突出。口头汇报，是指承办人用口头叙述的形式向领导直接阐述上述有关问题，提出对案件的处理意见，便于领导当面提出问题、作出决策。案件汇报并非所有公诉案件均要经过的办案环节，但是案件汇报是办理专案、重大疑难案件、不起诉、抗诉等案件的必要环节，尤其是对于应提交检委会讨论决定的案件，案件汇报是否准确对案件的决策存在重大影响，检察人员的汇报更要精准、得当，以便于检委会对案件作出正确决定。

一、案件汇报的内容与分类

（一）案件汇报的内容

案件汇报繁简区别，因人而异、因案而异，但前提都是要把案件证据吃透，深入研究案件存在的问题，充分做好汇报准备。汇报前，承办人应将书面汇报材料提供给领导，并应携带卷宗，以备领导查阅。汇报可根据具体情况，侧重于要解决的问题详细汇报，对于不存在争议或者并非提交领导决策的问题，则应言简意赅。

1. 介绍汇报目的

在汇报案件主要内容之前，首先要介绍本次汇报的目的，使领导了解要解决案件的什么问题。汇报的开场白包括汇报案由、汇报目的（提交讨论的问题）和移送单位的意见等。在开场白中，必须点明汇报中要重点解决什么问题。如"提请讨论的是本案中×××低价购买房屋的行为是否属于变相收受贿赂，能否认定构成受贿罪"或者"这起案件法院对自首情节减轻处罚，被害人家属提请抗诉，坚决要求从严处理，提请检委会讨论是否应作出抗诉决定"。承办人与侦查单位对案件定性处理意见不一致的，可以在开场白中先把意见分析讲清楚，便于领导在听取汇报时思路更清晰，可以更有针对性地进行提问。

2. 汇报犯罪嫌疑人的基本情况

汇报时，应说明犯罪嫌疑人的年龄、职业、强制措施、有无前科劣迹等，重点汇报影响定罪量刑的法定或酌定情况。如果犯罪嫌疑人是少数民族，其"民族"项目不可省略。如果系未成年人，则要重点汇报出生年月，说明其犯罪时属于哪个年龄段的未成年人，如已满 14 周岁不满 16 周岁，或是已满 16 周岁不满 18 周岁。例如，"犯罪嫌疑人张××，男，汉族，××岁，无业，因涉嫌抢劫罪于××年×月×日被北京市公安局西城分局刑事拘留，××年×月×日被逮捕（取保候审），××年×月×日移送审查起诉"。对有前科劣迹的，要详细汇报其行政处罚原因和解除时间或者前罪和刑满释放的时间，以便考虑是否属于累犯、是否应依法从重处理等问题。汇报时，如果是简单案件可以做概括介绍，如"犯罪嫌疑人张××因诈骗罪、非法经营罪先后被×××人民法院、××人民法院判处有期徒刑，共计×年、罚金×元，最后一次刑满释放是在××年×月×日"，如果是复杂案件或者是汇报层级较高的案件，则应该按照所受处罚的时间顺序，逐一汇报。对于行政处罚可作为入罪条件的案件，则更要注意重点汇报这些问题。例如，高利转贷案中未达到本罪数额标准，但两年内因高利转贷受过行政处罚两次以上，又高利转贷的，应构成本罪，此时，行政处罚的情况必须详细汇报。汇报对未成年人不起诉的案件，要重点汇报其家庭是否有矫正监护能力，是否属于在校学生等情况。如果其职业涉及对其行为定性问题，则要重点介绍其工作单位、职务和业务范围，如某公司的会计、某单位的门卫、具体承担什么工作等。汇报这一部分时语速不能太快，语速要适中，必要时可重复说明。

3. 侦破及到案情况

汇报时，应说明案件来源是控告、报案还是举报，侦查机关根据什么线索将犯罪嫌疑人查获归案，或在何种情况下被扭送归案等，以及是否存在投案自首或者抗拒抓捕等情节。汇报这一部分要高度概括，给听取汇报的领导一个初步印象，至于到案的具体情况还要在汇报案件事实时进行补充汇报。

4. 案件的事实及证据问题

此部分是汇报的重要内容，一般包括审查认定的事实、证据情况分析以及其他影响定案的问题等。

（1）审查认定的案件事实。案件事实包括定罪事实和量刑事实，都属于证明对象。定罪事实是指与认定是否构成犯罪有关的事实，即犯罪构成的四个要件。而量刑事实则是指犯罪嫌疑人（被告人）是否具有法定从重、从轻、减轻或者免除处罚的情节。例如，法定量刑事实包括涉及是否属于累犯、自首立功、主从犯，是否年满 18 周岁等事实。酌定量刑情节包括行为人在案发后是否积极抢救被害人、是否积极退赔、认罪态度如何、平时表现如何等。这些情节虽然不影响定性问题，但是影响对犯罪嫌疑人采取何种强制措施，影响对其最终处理。

汇报时，认定的案件事实应具备"七何"要素，包括犯罪嫌疑人实施犯罪的时间、地点、动机、目的、手段、情节和危害结果，叙述要清楚、完整。多人多起罪行的案件，可以按从主罪到次罪的顺序汇报，或者按犯罪时间先后顺序汇报。对作案次数较多而罪名、情节又大致相同的，可按综合归纳的方法汇报，先总括后分述。不管采用何种方法，都必须把案件事实叙述清楚，高度准确、客观。

（2）汇报案件的证据情况。汇报时，要在简要说明证据收集情况基础之上，详细说明对证据审查判断的意见，能否得出事实清楚、证据确实充分的结论。不能用"本案有证人证言、被害人陈述、物证、书证等可以证实，犯罪嫌疑人供认不讳、同案犯口供可以相互印证等"一言简单应付。

汇报简单案件时，可以在汇报审查认定的事实时，一同说明在案证据对事实的证明情况。例如，某作案多起的犯罪嫌疑人张某，在当场被抓获后又交代了 3 年来多次入室盗窃的犯罪事实，可以这样汇报："张某被抓获后，经讯问交代了多起余罪，办案人员带其外出辨认作案地点并取证。经辨认，张某认出入室盗窃的地点 5 处，经查 5 户居民确有被盗报案，且与张某交代的盗窃时间一致，报案材料中的被盗物品与张某所交代的基本一致，总计价值人民币 4000 余元，可以认定这 5 起盗窃是张某所为。此外，张某还交代入室盗窃 6 起，由于他记不清犯罪地点，无法查找被害人，又未起获被盗物品，故无法认定。"

而重大、疑难复杂的案件，则不宜采用上述方法，应按照犯罪构成要件拆分为单个待证事实，逐一汇报有哪些事实可以认定，有什么证据佐证，什么环节的证据不足，是否影响定案。例如，李某涉嫌受贿案。汇报证据情况时，不要简单罗列各种证据名称，或是宣读证据的内容，而是按照待证事实进行分析：一是李某担任××职务，系国家工作人员，具备职务便利。这有组织部门任命决定、干部履历表、岗位职责书等可以证实。二是李某收受×××财物，利用职务便利，为×××谋取利益。这有行贿人孙××、证人王××的证言可以证实行贿人为承接某工程于何时给李某银行账户汇款人民币×万元，银行账户查询记录等可以证实汇款情况及数额，承包合同书等可以证实行贿人取得该工程，李某的供述与上述情况相符。三是李某主观上具备受贿的故意。行贿人×××、证人×××的证言可以证实行贿人向李某提出承包该工程并给予好处，与李某的供述可以互相印证。

一般来说，盗窃案件要重点汇报如何认定的涉案物品价值；伤害案件要重点汇报致伤责任和对伤情的认定；强奸案件要重点汇报证据能否证实违背妇女意志与其发生性关系；故意杀人案件要重点汇报现场勘查、尸体检验、凶器认定、血迹鉴定等证据情况。对于破案距发案时间比较长久的案件，汇报时应重点说清如何通过证据审查判断确定本案是犯罪嫌疑人所为。

5. 汇报办案工作中存在的问题

汇报人应当指出办案工作中存在的问题，包括事实不清、证据不足、附带民事赔偿请求、是否可能引发群体事件、诉讼监督事项（纠正违法、违纪、检察建议）等，也包括漏罪、漏犯的问题。如果在审查案件过程中已经将有关问题解决或者解决一部分，应当将已经解决的问题作简单汇报，而重点汇报尚未解决的问题及其原因。对于补充侦查后仍证据不足的案件，应当着重汇报不能认定的具体原因。此外，对于侦查活动中存在不规范、违法等问题，需要移送职务犯罪线索的问题，需要及时化解信访诉求等问题，这些都是应当向领导汇报的，便于领导及时掌握有关情况。

6. 处理意见

汇报完上述问题后，汇报人应再次介绍侦查单位对本案的定性意见及理由，同时阐明本人的审查意见及本部门、主管领导的意见。包括事实是否清楚、证据是否确实充分，行为是否构成犯罪、构成何罪，犯罪嫌疑人在案件中的具体作用等，并说明法律依据，提出本案是否应提起公诉、是否不起诉、抗诉等处理意见，供领导决策参考。

汇报应有明确的处理意见，或者倾向性意见，不能不发表处理意见。在汇报中要注意反映各方面的意见以及前一审批程序领导的具体意见。如果与侦查单位、上级领导的意见一致，只需简单表明此情况即可。如果意见不一致，则应分别说明各种不同观点的理由，对各方意见做具体分析。要注意的是，处理意见不要过多地提出很多种观点，容易冲淡自己的汇报主题，要重点阐述自己处理意见的理由，对于不采纳的观点，要一针见血地指出其不妥之处。

7. 回答提问

领导审批听取汇报后，会根据案件的具体情况进行提问，承办人要给予回答，必要时指出答案在卷宗材料的具体位置以供领导审查。一般而言，承办人可简要记录问题后开始回答，回答可从法理、法律规定、本案事实三个层面来阐述理由。注意控制时间，不是越长越好，如果是有争议的问题，可以先说明有不同观点，自己的意见，理由是什么，如果领导提出反对意见，要注意听清领导的理由，注意结合案情进一步分析与领导意见的不同之处。回答复杂问题，可以简单写出基本回答点，再开始回答，否则容易逻辑不清、内容反复。例如，李某故意伤害案。领导提出本案是否属于正当防卫。承办人应先简要说明正当防卫应具备的前提条件，以及我国《刑法》第20条第1款对正当防卫的具体规定，再结合本案的事实、证据情况进行分析，现场目击证人证实李某先殴打了被害人，后被害人还手，与其互相撕扯，被害人并未携带凶器，李某身上只有一处很浅的表皮擦伤，无其他伤情，可以证实并不存在正在进行的重大不法侵害，双方的行为应属于互殴，因此，李某的行为不符合正当防卫的前提条件，不构成正当防卫。

（二）案件汇报的常见类型

审查起诉工作是检察机关公诉部门的重要职责。公诉部门的检察官通过阅卷，提讯犯罪嫌疑人，询问被害人，证人，补充相关其他证据等方式审查犯罪嫌疑人是否构成犯罪、构成何种犯罪、犯罪情节的轻重以及是否需提起公诉等情况。根据《刑事诉讼法》、《人民检察院刑事诉讼规则（试行）》以及最高人民检察院《主诉检察官办案责任制》的相关规定与要求，检察机关办理公诉案件的模式从外部要遵循检察机关上下级领导关系的制度构建，从内部要依照主诉检察官办案权限的规定。同时，检察机关也要接受同级地方党委的领导。因此，检察官在审查案件的过程中，因事实证据认定产生重大分歧、法律理解与适用产生重大分歧、上级领导关注、案件存在重大社会影响风险等情形，均会启动案件汇报程序。在审查起诉工作完成后，发现案件不符合起诉条件或虽符合起诉条件，但没有起诉或立即起诉必要，拟作不起诉处理的，必须进行案件汇报，由相关领导决定最终处理意见。此外，根据最高人民检察院《关于人民检察院直接受理侦查案件实行人民监督员制度的规定（试行）》的规定，公诉部门对检察机关自行侦查的职务犯罪案件拟作不起诉决定的，也要经人民监督员会议讨论。

1. 按汇报内容分

美国学者德沃金曾经说过，疑难案件的诉讼总会引起三种争论：关于事实的争论、关于法律的争论、关于政治道德和忠实的双重争论。[①] 在司法实践中，这三种争论也是引发案件汇报的重要因素。根据这种争论的种类划分，案

---

① ［美］罗纳德·M. 德沃金：《法律帝国》，李常青译，中国大百科全书出版社1996年版，第3页。

件汇报的情形主要有以下几种情形：一是因为事实证据产生争议的案件；二是因法律适用产生分歧的案件；三是由于案件量刑引起争议的案件。基本上每一个案件都会属于这三种汇报类型中的其中一种，甚至同时存在两种以上的情形，因此，针对不同的汇报内容拟订有针对性的汇报方案，采取不同的汇报策略，能够起到事半功倍的效果，这也是本书着重讨论的内容。

2. 按汇报案件程序分

根据案件汇报程序、阶段的不同，可以将汇报案件类型分为诉前案件汇报、不起诉案件汇报、抗诉案件汇报、督办案件汇报等。虽然不同阶段的案件汇报都是围绕着事实证据、法律适用以及量刑三个主要方面进行的，但是在不同阶段，汇报的侧重点有所不同。

在提起公诉前的程序中，因案件事实证据分歧及法律适用争议引发的案件汇报属于解决案件是否达到提起公诉标准的问题，而量刑争议案件的汇报主要解决量刑建议问题。提起公诉后的程序中，因案件事实证据分歧及法律适用争议引发的案件汇报属于解决与审判机关认识分歧的问题，同样在这一阶段的量刑争议案件汇报中要解决与审判机关量刑分歧的问题。例如，同样是量刑问题，诉前确定量刑建议时所侧重的要点是构建量刑评价体系。而在抗诉阶段，汇报的重点就是审判机关与公诉机关对于量刑事实的分歧。前者更侧重于立论，而后者更侧重于驳斥对方观点。

3. 按听取汇报主体分

根据听取汇报的对象不同，按照层级的高低、单位的内外有别，可以将案件汇报分为向处室领导（主诉检察官）的汇报、向院级领导的汇报、向检委会汇报、向人民监督员会议汇报、向列席审委会汇报。其中向处室领导的汇报是最基础、最常见的汇报类型，由于目前检察业务的办理还实行审批制，一些事项如是否起诉、是否退回补充侦查、是否延长审查起诉期限等，承办人都无法直接作出决定，需要提交处室负责人（主诉检察官）审批后决定，另外，在一些程序问题的处理中，如提请检委会讨论、向上级院请示等，向处室负责人（主诉检察官）汇报往往是开始的第一步，因此，向处室领导汇报（主诉检察官）可以作为案件汇报的常规项目，进行日常性的练习，且处室负责人（主诉检察官）与承办人的日常接触较频繁，汇报形式可以不拘一格，随时、随地进行汇报，对汇报的形式要求较低。向处室领导（主诉检察官）汇报后，如果其不能作出最终决定的，还涉及向院级领导、检委会汇报甚至提请人民监督员会议讨论，如果是起诉到法院后，还有可能出现列席法院审委会的汇报。无论哪种汇报形式，都要结合听取汇报人的特点和案件本身的特点，有区别、有重点，尽量不要用一个汇报稿一稿走天下。

二、案件汇报的原则

案件汇报虽然有多种形式，但汇报人在汇报过程中都应遵循一定的原则。我们认为，在汇报案件过程中，一般包含以下原则：

（一）客观公正原则

客观公正原则是指案件汇报人站在中立的立场上，不带个人情绪地对案件事实进行描述，并提出相应意见。这一原则要求案件汇报人在汇报案件的过程中，一是要避免先入为主的汇报态度，防止在陈述案情阶段加入过多的审查意见甚至个人情绪；二是在汇报过程中不能以"本位主义"为核心，即不能因为维护自己所在部门或为其他部门的利益而带有倾向性的情绪；三是在确定汇报意见前，应当多方征询意见，做到"兼听则明"，防止形成思维定式。

贯彻客观公正原则，关键点在于：第一，汇报应当准确列明证据情况，不能仅列出对自己观点有利的证据；第二，汇报应准确解读法律规定，对于学理上有分歧的意见，不能仅列出支持自己观点的理论；第三，汇报应当准确介绍各方意见不同意见，不能擅自隐匿其他部门或人员的不同观点。

（二）全面准确原则

全面准确原则是指在汇报过程中，对于案件的关键及核心内容必须做到全面、准确的阐释。所谓关键、核心内容是指影响案件的事实认定、性质区分以及量刑的因素。全面准确原则是贯彻客观公正原则的重要基石，这一原则要求案件汇报过程中要做到：一是对案件关键证据、事实的描述不能遗漏，对于关键证据存在反证的情形，不能擅自隐匿不报。二是不能因汇报人的个人理解改变关键证据中的核心词汇，更不能对案件证据（特别是言词类证据）断章取义。三是在法律适用问题产生分歧而需要汇报的案件中，不能仅就移送审查起诉的罪名进行论证，也不能仅就拟变更后的罪名进行说明，还应当对该行为是否构成其他犯罪进行分析。四是要对案件作出最终处理意见后可能引发的社会效果进行说明。例如，在拟作相对不起诉案件中，需要汇报作出这一处理意见是否会引发或增加社会矛盾。

（三）繁简得当原则

繁简得当原则要求汇报人抓住案件的核心问题进行汇报。繁简得当原则与全面准确原则中的"全面"相对。通常而言，案件汇报会议时间十分有限，如果在汇报案件中对一切内容面面俱到，不仅不利于听取汇报的领导了解案情，而且还可能导致汇报内容与需要解决问题的偏离。因此，汇报人需要首先厘清汇报重点，即汇报需要解决的核心问题，然后围绕核心问题进行详细论证。至于其他与汇报核心事实无关的情节，例如，犯罪嫌疑人、被告人的年龄（未成年人除外）、性别、住址、身份证号码等就可以一笔带过。

需要指出的是，司法实践中，有些汇报人在汇报案件过程中，往往将自己对该案的调取、核实证据的过程，补充侦查过程中与侦查机关的沟通情况，在审判过程中与法官、辩护人的交换意见情况进行十分详细的描述，导致整个汇报过程显得十分冗长。我们认为，这些工作在审查起诉及出庭支持公诉的过程中是十分必要的，但是案件汇报工作而言，这些情况可以留在回答听取汇报领导的提问过程中予以说明。在汇报过程中，通常仅需要说明证据情况、是否存在相反证据情况。至于如何发现的相反证据，仅需简要说明，如果听取汇报的领导认为需要弄清相关证据来源，其可以在提问环节要求汇报人作答。

繁简得当原则与全面准确原则是一对相生相伴的原则，协调好两者之间的关系，是汇报人审查案件功力的体现。我们将在本书随后的部分对这一对原则进行详细阐释。

（四）效率经济原则

效率经济原则是指在决定是否提请汇报案件前应当慎重决定，由于汇报案件通常程序繁琐，如果动辄将不影响案件最终处理情况的普通分歧就提交讨论，将极大地浪费司法资源与诉讼成本。应当落实发挥主诉、主办检察官的办案责任制，促进司法人员办理案件的亲历性、自主性。

同时，对于必须提交讨论的案件，汇报人在提交汇报案件材料过程中，也应做到高效及时，不能在讨论案件时才将汇报材料予以提交。汇报人必须事先将材料提交给听取汇报的人员，为决策者事先了解案情，进而作出正确决策奠定基础。

第二章

案件汇报的要求

一、案件汇报的程序要求

司法业务工作的层级要求以及决定权归属的不同，决定了案件汇报要因时、因人、因事而异，但案件汇报的程序要求则有一定的共通之处。以公诉案件拟作不起诉决定为例，由于刑事诉讼法规定对于不起诉的案件，需要检察长或者检委会决定，在具体的决策过程中，首先需要承办人拟定不起诉意见，向主管处长或者主诉检察官进行汇报。如果双方意见一致，则要向主管检察长汇报，主管检察长认为可以直接作出不起诉决定的，可以由主管检察长径行作出不起诉决定；如果存在案件疑难复杂、社会影响大等因素的，一般还要提交检委会讨论，经向检委会委员汇报后，得出作出不起诉决定的结论；如果系职务犯罪拟作不起诉的，还需要经人民监督员会议汇报，人民监督员会议同意的，根据职务犯罪上提一级的要求，还要提交上一级检察机关的人民监督员会议决定，也就是说一个普通的不起诉案件，至少要经过 3 ~ 5 次不同程序、不同环节、不同对象的案件汇报，才能最终得出结论。这既体现了对司法权力行使的制约机制，同时司法的亲历性原则也要求承办人能够尽可能详尽、全面、客观地将案件的全貌反映给听取汇报人，以便其做出正确的决策。故案件汇报虽然不是办理案件的法定程序，但其作为日常办案的常规性、必经性程序，也有一定的程序要求需要遵守。

（一）案件汇报的准备工作

无论是何种形式、程序的汇报，汇报人都要在进行案件汇报前进行充分的准备工作。案件汇报往往是审查起诉过程中最后几个环节之一，汇报讨论的结果直接决定案件的最终走向。如果汇报人准备不充分，不能将案件基本情况全面、准确地在汇报过程中予以反映，就有可能直接影响听取汇报领导的决策，从而轻则导致案件处理效率不高，重则可能导致案件处理决定质量不高。做好案件汇报前的准备工作，对于汇报人而言至关重要。汇报一般是审查起诉工作的最后环节，与阅卷、提讯、核实证据、制作审查报告等各个环节之间既相互独立，又密不可分。阅卷、提讯、核实证据是制作审查报告的前提，详尽的审查报告是汇报的基础，但汇报案件又不能完全按照审查报告的内容进行，还要根据听取汇报人对本案件的熟悉程度进行适当增删，并且根据其提问再行组织汇报内容。因此，要做好汇报就必须从抓好其他环节入手，充分做好汇报前的准备工作。虽然不同类型、不同程序、不同场合的案件汇报所需进行的准备均有所差异，但总体而言，以下几个方面是准备汇报过程中需要遵循的原则：

1. 熟悉案情

在司法实践中，有些汇报人在回答问题的过程中不能及时应对，只是在不停地翻查卷宗，把听取汇报的领导放在一旁让其等候。这表明汇报人并没有对案件中的细节把握到位。其后果是使人认为汇报人没有全面细致地审查案件，从而对其汇报案件事实的准确性产生怀疑。可见，深刻熟悉案情是汇报人准备汇报案件过程中最重要的工作。这是由于如果汇报人没有对案情进行细致审查，未能厘清案件中的复杂关系或关键细节，则必然会影响到听取汇报领导对案件的知悉与了解，进而可能影响其对案件的判断，从而导致决策失误。需要指出的是，熟悉案情并不仅仅是要熟悉案卷材料中所反映的情况，对于案件办理过程中产生或可能引发的舆情、信访等风险也应当进行了解。

此外，在司法实践中经常出现的情形是，在案件提交检委会讨论后，可能需要等待较长时间才能安排汇报，而承办人又不可能在这段时间内仅关注一两件拟汇报案件。这就需要我们的承办人在汇报案件前一天对汇报内容进行全面梳理。在全面梳理的基础上，对汇报的重点问题，如证据争议、法律适用等问题进行重点梳理，防止汇报时遗忘关键细节。

2. 提炼案件争议焦点

在每个汇报案件中都会有一个争议焦点，我们通常称其为案件关键点。案件关键点既有可能是证明某一犯罪构成要件证据问题，也可能是对法律条文的理解与适用问题。汇报案件的目的就在于解决案件关键点问题。这就需要汇报人在准备汇报过程中对案件本身的核心问题有清醒的认识与判断。如果汇报人不能把握关键点，会导致汇报过程中将大量精力放在与争议焦点关系不大甚至无关的问题上。其后果是导致对案件的讨论无法针对症结。对于案件争议焦点，每个案件都有不同之处，总体上可以分为事实证据、法律适用以及量刑三个方面。在这三个方面中，争议焦点都是指影响案件走向的核心细节。例如，贪污、受贿等职务犯罪案件中，利用职务便利情形的把握。又如，土地使用权是否能够成为贪污罪的犯罪对象等。

3. 明确汇报观点

除了极少数程序性汇报案件外，绝大多数的汇报案件都会产生两种以上的分歧意见。这就要求汇报人在进行准备的过程中，首先要明确自己的观点，不能模棱两可。同时，对于支持自己主张观点的相关法律依据要有充分准备。在充分论述汇报人观点的基础上，还要充分听取、记录不同意见的处理方案及相关理由，并对不同意见所依据的法律条文、法学理论等问题进行有针对性的了解。

需要注意的是，在明确自己观点的同时，还要明确不同意见的观点。司法实践中，有些汇报人只汇报自己所归纳总结的案件事实和处理意见，不汇报或不充分汇报犯罪嫌疑人、被害人、辩护人、诉讼代理人以及司法机关内部的不同意见，不能客观、公正、全面地反映整个案件事实，其后果可能会导致决策错误。汇报不同意见的同时，汇报人还要做到对不同意见的合理之处与不合理之处心中有数，以便从容回答听取汇报领导的有关提问。

4. 有效组织证据材料

在相当数量的汇报案件中，需要通过证据材料的组织对案件事实进行梳理，使听取汇报的领导能够及时、准确地了解分歧意见，进而做出判断。这就要求汇报人员在证据组织方面具有一定的功底。我们之所以使用"组织证据"一词，而非"罗列证据"，是由于在汇报材料中，证据需要通过一定的逻辑顺序进行组织，使证据体系间内在脉络清晰。在我们常用的结案报告中，对于证据的组织通常依照证据种类进行安排，但是这种证据组织形式并不完全适用于案件汇报材料的撰写方式。因为通常需要进行汇报的案件都存在一定的分歧，如果再依照证据种类罗列证据，容易导致案件关键事实脉络不清。在案件汇报材料中，对于证据的组织通常是突破证据种类限制，围绕争议事实或犯罪的构成要件进行撰写。

此外，对于因证据分歧而进行汇报的案件中，对证据的组织需要围绕争议点进行。实践中常用的一种行之有效的方式就是围绕争议焦点分别列出"对犯罪嫌疑人有利"的证据及"对犯罪嫌疑人不利"的证据。在此类案件中采用这种方式组织证据，基本可以确保证据材料能够全面而有条理地展现出来。

5. 详细列举法律依据

在案件汇报过程中，特别是在阐释相关意见、观点时，汇报人通常会遇到援引法律依据的情况。有些案件中，援引的法律法规以及相关司法解释可能还涉及行政法或民商经济法领域。对于绝大多数人而言，在讨论这些案件的过程中必须参照相关法律规定。这就要求汇报人在准备汇报材料的过程中，必须在附件部分将汇报过程中需要援引的法律依据——列明。需要指出的是，在列明法律依据时，汇报人绝对不能断章取义，特别是存在"但书"条款的规定中，不能仅引用支持自己观点或否定不同观点的部分。此外，对于法律规定有冲突或不明确，且系影响案件认定的关键因素，汇报人也要将冲突的法律规定同时附后，不能仅引用对自己认定案件结论有利的法律规定。

（二）案件汇报的要求

1. 汇报的层级要求

一般情况下，承办人应当先向所在部门领导汇报，经部门领导签署意见后再逐级向主管检察长汇报、检委会汇报。对于重大、疑难复杂案件、敏感性案件，尤其是上级交办、督办的案件，承办人应当向部门正职领导汇报审批，按照汇报事项的程序要求，撰写材料，逐级汇报。如果在需要汇报时正职领导因故不在单位，承办人在向代管领导报批后，应当及时将审批结果向正职领导汇报。

2. 汇报的详略要求

领导级别不同，听取汇报的方式也不同。要注意区分不同级别汇报的工作要求，详略得当。汇报人应当把每次汇报都当成初次汇报来认真准备，尽量详细、具体，突出重点。

无论向哪一级领导报批案件，承办人汇报时都要做到思路清晰、详略得当。对于事实清楚、证据充分的，可简明扼要汇报；对于事实不清、证据不充分的案件要详细汇报，不能遗漏重要案情和问题。如果领导明确表示已经回忆起其中内容，汇报人可以根据领导的回忆情况选择汇报内容，并根据领导提问不断补充汇报。相对于向院领导汇报案件而言，承办人向本部门领导汇报案件尽量详细、具体，突出重点。在办案任务较少的承办部门，部门领导应当在承办人审卷后进行阅卷复核，然后听取承办人的汇报。在办案任务比较重的承办部门，部门负责人没有精力对每一起案件都亲自审卷，往往采取一边听取汇报一边翻阅卷宗材料的办法对承办人的工作进行全面复核，以保证审批质量。有的承办部门领导采取听取承办人汇报后先不签署意见而留下卷宗审查抽查承办人的工作，防止个别承办人对工作不负责任。总之，承办部门的领导要较为详细地听取案件汇报，对认定案件事实、获取证据、认定案件性质、适用法律和程序存在的问题以及执法监督检查方面逐项听取汇报，参与研究。在此基础上，拿出处理意见并尽量说明理由，让局级领导全面掌握工作思路，以便准确决策。

3. 汇报的重点要求

汇报案件事实，要围绕犯罪构成的四个方面抓住具体罪状的主要特征汇报，将构成犯罪的必备要素汇报清楚。如汇报强奸案，第一，要说明犯罪嫌疑人实施的手段是暴力、胁迫或其他手段。第二，应说明是否违背女方意志，是反抗还是反抗不明显。对那些反抗不明显的案件，应讲明既然违反女方意志，为什么反抗不明显或根本没有反抗。第三，应讲明被害人告发情况，是主动报案，还是被害人的亲友代为报案；是马上报案，还是隔很长时间报案；或犯罪嫌疑人供认之后才证实的。第四，应交代受害人与犯罪嫌疑人的接触史。第五，应交代犯罪嫌疑人是否供认犯罪及有无间接证据。另外，行为人的行为目的、动机是某些犯罪构成的必备要件，也往往影响对被告人是否从轻处理的问题，对正确区分罪与非罪，认定构成何种犯罪十分重要，因为认定犯罪时，不仅要看行为人的行为及其所造成的社会危害，还要考虑行为人实施行为的动机、目的等主观故意或过失方面的情况，因此，在汇报案件时必须作为重点问题汇报。例如，销赃案件必须把犯罪嫌疑人明知所销之物不是合法所得汇报清楚，奸淫幼女案要把犯罪嫌疑人是否明知对方系不满 14 周岁的幼女问题汇报清楚。在汇报这些情况时，要把可以证明此问题的证据一并汇报。

4. 汇报的逻辑性要求

汇报案件事实没有固定的格式，无论如何安排汇报顺序，都要把"七何"要素及有关证据情况汇报出来，使之符合逻辑关系，便于听者了解案情。安排汇报顺序可以采用顺序、倒叙和插叙等不同形式。对于多人参与犯罪或一人、数人犯数罪的案件，汇报时应突出重点，层次分明。对多人犯一罪案件，首先，可将该罪的全过程汇报清楚，使领导对全案有个基本了解。其次，汇报每一个参与犯罪的人，在共同犯罪中所处的地位、作用和应负的刑事责任。对多人犯多种罪的案件，先简要汇报该案涉及的犯罪嫌疑人，其所犯罪行的性质、次数，再按照从重罪到轻罪的顺序，或者按犯罪的时间顺序逐条汇报。最后，综合说明各犯罪嫌疑人参与的犯罪活动及在犯罪中的作用、地位。对一人犯数罪的案件，可按从重罪到轻罪的时间顺序进行汇报。

5. 汇报的客观性要求

在收集证据工作中，办案人员很可能围绕同一证明对象收集到证明方向不一致的证据材料，需要承办人对这些证据材料进行审查判断，去伪存真。承办人在汇报时既要向领导汇报有罪或者罪重的证据，也要汇报有关无罪或者罪轻的证据，说明证据间相互矛盾情况，便于领导正确分析讨论，准确定案。不能随意取舍证据或者隐瞒相反证据做出片面汇报，这将影响领导对案件做出正确决策。汇报中还要注意的是，汇报语言要力求准确，切忌模棱两可。再者，要注意认真听取领导在审批案件时所做出的批示，注意熟悉不同领导的工作作风，领会领导意图，不要固执己见。

二、案件汇报材料的制作

（一）向处室领导汇报

向处室领导汇报案件，一般无须特别繁琐的程序、文书准备，在结案报告的基础上，准备一个简要的汇报提纲即可。在汇报内容上，也无须面面俱到，要根据汇报事项的具体情况，有针对性地提出问题、梳理证据，对属于定性、法律适用问题的，事实可以简单概括，证据可以不列举；如果属于证据存在矛盾的、证明标准存疑的，则需对正反两方面的证据进行系统梳理，全面兼顾；如果属于程序性的汇报，如结案、退补、延长等，只要简单说明情况，说明原因即可。问题较多的是对于疑难、复杂案件的汇报，向处室领导汇报往往是解决此类案件的第一步。做好向处室领导汇报工作，可以为后续的向主管检察长、检委会、上级院汇报奠定基础，而且此次汇报中发现的问题，也可以及时得到回应、弥补。因此，承办人一定要从态度上重视向处室领导的汇报工作，虽然不必太正式，但关键问题、关键环节一定要说清、说细，必要时可以采取处室讨论、主诉检察官小组研讨的方式，对案件进一步论证。

实训材料

管志平、李庆兰贪污案

身份情况：

犯罪嫌疑人管志平系北京市第二房屋修建工程公司（国有公司，注册地东城区，以下简称房修二公司）材料运输分公司（无独立法人资格，注册地朝阳区，以下简称材运分公司）经理兼书记；犯罪嫌疑人李庆兰系材运分公司副经理兼工会主席——依法从事公务的人员。

自2002年起材运分公司与房修二公司签订经营合同，规定每年分公司完成15万元利润上交，并按合同规定的工资、奖金标准发放，超额发放部分的10%要上交房修二公司。但管一直以账上没钱为由未予上缴利润款。

▶简要介绍了二犯罪嫌疑人的身份、公司的所有制情况等。

第一起事实：

犯罪嫌疑人管志平、李庆兰于2001年变卖材运分公司废料后，将所收取的现金 15 万余元存入李庆兰个人名下，因该部分材料在账目上已作折旧处理，故账面没有显示；2005 年 4 月，管、李二人又将部分废料和钢模板变卖，将收取的 30 万元预付款存入管志平个人账户，后又收取了 39 万元的现金货款存入管的另一个个人账户（系李开户，并由李保管该存折），因该部分材料款账面上仅有 27.7 万元的残值，故管从 39 万元中取 27.7 万元作为货款入账。2005 年 7 月，管、李二人从 30 万元账户中取走 20 万元，作为个人集资（每人 10 万元，收益 10%）建房款投资于北京建房公司。后因有人举报、房修二公司纪委派人调查 2005 年变卖钢模板的情况，管称仅卖出 27.7 万元已入账。2005 年 10 月管告知公司另外一名副经理单学群，材料款还有 34 万元自己未交出，同时隐瞒了余款中的 6.9 万元被自己私吞的事实，并准备了相关证据证实该 6.9 万元作为中介费给了他人。后在班子扩大会上（管、李、单以及两名支委）商量将此款入材料公司小金库。因无人问及上述款项的总额、使用情况，管准备的材料也未交出。管、李用 2001 年材料款以及 2005 年挪用后剩余的材料款冲抵了上述 34 万元材料费。后该款被材运分公司用于搬家等公务支出。

2006 年 8 月管因自己要办理退休，同时材运分公司账面没钱不能发工资，管、李二人商议将 2001 年的材料款补交，材运分公司班子会上决定将该款入房修二公司大账。后二人各自筹集 10 万元，将其中的 17.7 万元作为 2001 年材料款交还，并将剩余的 2.7 万余元以返还电费名义退还公司租户，此笔电费返还款在其 2007 年退还贪污的无名公款时进行了扣除。

问题：

1. 管、李二人私存上述两笔材料费，后又归还的行为如何认定？

2. 犯罪数额如何计算？

承办人观点：

可以认定管、李二人挪用公款 20 万元用于营利活动以及管贪污 6.9 万元的事实。

理由：

1. 虽然经他人举报被纪委调查，但纪委当时并未掌握二人私存材料款的事实和证据，在这种情况下，同时也出于企业改制不再保管小金库账款的考虑，二人决定将货款交出，并且连同本金、利息一并交回公司。虽然有钱款私存、平账的行为，但最终并未拒不返还，而是在案发前 2 年就已经全部归还钱款，故不能据此认定其有非法占有公共财物的目的，只能根据其对所占用资金的使用情况进行认定。但其中 2005 年的材料款在归还时，管让收购方出假证明证实给付 6.9 万元中介费，对此有李克军的证言予以印证，管对此款项去向的说法与其他证据相左，不予认定，故可以认定其对该笔 6.9 万元系采用欺骗手段拒不交出，属贪污行为，构成贪污罪。

2. 二人使用私存的公款用于个人集资，属进行营利活动，虽然在案发前已经全部返还，但挪用公款归个人使用进行营利活动的，不要求有挪用时间的限制，故其在案发前归还的事实可以作为量刑情节，从轻处罚。且挪用行为属共同犯罪，应对全部数额负责，故应属数额巨大的情形。另外，其挪用公款后的收益虽不计入挪用数额，但应作为非法所得进行收缴。

▶ 因涉及多起事实，采取了分事实汇报的方式，对每一起事实存在的争议问题进行了提炼，并重点论证了承办人观点。

第二起事实：

管、李以调整工资为由于 2003 年 2 月至 2005 年 6 月先后 30 次从小金库（资金来源系房租收入以及出租模板的现金未入账收入，存入管名下，由会计雒玉英、出纳冯京娜管理）每月领款 8300 元，其中管、李二人每月得款 3000 元，会计雒玉英每月得款 1500 元、冯京娜每月得款 800 元。

问题：

1. 上述行为是否构成共同贪污行为？

2. 雒、冯的行为如何认定？

3. 应否退还赃款？

承办人意见：

根据材运分公司与房修二公司的经营协议，只有在完成每年 15 万元的利润之后，材运分公司才能在原定工资范围外再发放工资、奖金，而材运分公司的小金库收入也都是材料租赁以及房屋租赁的收入，属于公款，管、李违反财务管理制度，私自决定将公款私分，由于涉及范围仅限于管、李以及知情人雒、冯，故应属于共同贪污。雒、冯二人对于此笔奖金来源是小金库资金明知，但辩称是领导决定的，自己只是受领而已，鉴于其并无将此款据为己有的职务便利，也未参与管、李二人的共谋，仅参与事后分赃，不属于贪污共犯，但对于其受赃的行为应当予以政纪处分，并要求其归还赃款。

第三起事实：

管于 2003 年 1 月至 2005 年 6 月，先后分款 17 笔，以上交公关费等名义从单位小金库中提取人民币 38.45 万元。管对此辩解为用于向领导、客户送礼以及发放奖金所用，其中 6.5 万元、5 万元用于材运分公司行贿房修二公司党委书记兼董事长刘建军、戚晋源（另案处理），以及其他款项作为行贿款向有关客户（王德水、杜祖贵）行贿，另有 11.4 万元作为奖金发给李庆兰。其个人据为己有的为 7 万余元。2007 年 3 月经举报、纪委找到管志平谈话，其间管志平退回赃款 16.72 万元。但李庆兰的供述证实，管志平曾以交给其他公司好处费、行贿领导、发放奖金为由领取小金库钱款，同时证实刘建军曾到公司接受过行贿款，并证实管向公司领导送礼时曾向其打招呼，但对具体行贿数额、行贿对象均不确知。且李称并未从此笔款项中收到过任何形式的奖金。现刘建军的证言可以证实从管志平处收过几次现金，能够与管相印证的有 3 次，犯罪金额为 3.5 万元，戚晋源虽称收到过管给付的钱款，但就给付形式、金额、时间等均与管的供述不相符合。

问题：

1. 其用小金库钱款向他人行贿、送礼的行为如何认定？

2. 犯罪数额如何确定？是否构成共犯？

承办人意见：

现刘建军的证言可以证实从管志平处收过几次现金，能够与管相印证的有 3 次，犯罪金额为 3.5 万元，戚晋源虽称收到过管给付的钱款，但就给付形式、金额、时间等均与管的供述不相符合，故无法认定该部分钱款去向。另外，管所称的给付王德水、杜祖贵等人的中介费问题，王德水称在自己退休后收到过管志平给的几千元钱，都是出于私人关系互相走动的人情钱，在之前的业务关系中并未收到管给付的钱款。另查实杜祖贵 2005—2006 年与刘建军有合作关系，但无法查找其下落，管志平称在 2003—2005 年多次给付杜祖贵中介费 5 万余元，上述证据材料虽具体数目及情节无法核实，但部分情节与管志平所称的赃款去向吻合，故不能完全排除管志平供述的合理性，故在该起贪污事实中应把其所称的用于行贿、沟通关系的数额予以扣除；其所称的给付李庆兰 11.4 万元的奖金，没有账目显示，同时李也予以否认，无法证实该笔款项是否为李所使用，故管的辩解没有证据支持。另外，其用小金库钱款向公司领导及客户行贿的数额可以扣除在据为己有的贪污数额之外，故此笔的犯罪数额为 384500 − 65000 − 50000 − 14200 − 52100 = 203200 元。从其领用款项的支出凭证所填写的数额来看，大部分情况下领取的数额都大于其所称的用于向其他人行贿的数额，一方面可以印证其所称的用于行贿数额有一定合理性——如果没有此事的话，他完全可以将每笔款项都辩解为行贿数额，而不必只拣其中部分数额为自己辩解；另一方面也可以印证其具有非法占有的故意，在领用大额公款后，将一部分用于公务支出，另一部分无法说明来源或者承认被自己非法占有，故应将其辩解为公务支出的部分扣除后认定其贪污数额。

对此李庆兰否认自己参与行贿、取款，故无法认定李系共同贪污，由管个人承担。

第四起事实：

管、李通过私下找煤气公司为租户博众餐厅加装了煤气表，但未对查表员说明上述情况，导致查表员仍仅查原来材运分公司的煤气表，未将博众使用的煤气费计算。自 2003 年至 2005 年博众餐馆交来的煤气费共计 6 万余元私存在以管志平名字开立的账户中，由雏玉英、冯京娜管理该煤气费账目。后在2005 年年初因煤气公司发现，补交 2.5 万元后，管、李、雏、冯将账面上剩余的人民币 44117.6 元分 3 次私分，其中管志平分得人民币 14617.6 元，李分得 14600 元，雏玉英和冯京娜各分得人民币 7500 元。

问题：

1. 四人的行为如何认定？

2. 犯罪数额如何计算？

承办人意见：

二人的供述以及雏、冯的证言可以相互印证，证实该笔煤气费系博众交纳，应当计入公司账目，作为应付款，作为公司抵销煤气费支出所用，但其并未计入公司账目，而是私存入仅有 4 人知晓的账外账，并将赃款私分，属于将公款据为已有的行为，应系共同贪污。由于其中 2.5 万元根据管、李等人的辩解均称系补交燃气费所用，故将此笔排除在其个人非法占有数额之外，故犯罪数额为 44117.6 元。对于犯罪数额的计算，管、李总额大体相当，但李称每次都平分、管称给李的钱要多一些，但又愿意承担李不承认的数额，故认定李为14250 元，管为 14267.6 元，冯、雏各为 7500 元。

评析： 上述案件汇报基本上做到了繁简得当，对证据的梳理结合案件事实分析，没有简单地罗列证据，而是通过对问题的提炼，将案件事实能够较为清晰地呈现在证据之上，避免了听取汇报人被繁杂的证据干扰，能够将精力集中在涉及的问题上。

（二）向检委会汇报案例

向检委会汇报案件，不同于向处室负责人、主管院领导的汇报，属于一对多的汇报形式，而且往往汇报时间有限，所以需要承办人更加精确地提炼案件事实、分歧，重点突出、简明扼要地将问题呈现在检委会委员面前，不要求面面俱到，有一些与讨论问题关系不大的情况，可以留待委员发问时再进行解释。总体思路一定要清楚，而且尽可能脱离提请检委会讨论报告，不能简单地照本宣科，而应在纸面汇报材料的基础上，提炼出更加具体、更加直观的关键问题供委员讨论。

实训材料

任艳虹寻衅滋事案

一、提请检委会讨论事项

北京市密云县人民检察院提出抗诉的任艳虹寻衅滋事罪一案，经我院支持后，北京市第二中级人民法院裁定驳回抗诉维持原判。现提请检委会讨论对任艳虹案是否应当提请市院按照审判监督程序抗诉。

▶虽然提及了汇报内容系提请审判监督抗诉，但未能说明是对定性、事实还是法律适用、量刑的抗诉，可以稍微具体一下。

二、原审被告人的基本情况及诉讼过程

原审被告人任艳虹，男，1974年9月8日出生，汉族，小学文化，农民，住河北省承德市承德县安匠乡后沟村一组。1998年8月11日因抢劫罪被北京铁路运输中级人民法院判处有期徒刑10年，并处罚金人民币1500元，剥夺政治权利3年，2003年11月3日刑满释放；因涉嫌寻衅滋事罪于2011年9月22日被羁押，次日被刑事拘留，同年9月30日被逮捕。被告人任艳虹因涉嫌寻衅滋事罪于2011年11月21日被北京市密云县公安分局移送审查起诉。因寻衅滋事罪于2011年12月22日被密云县人民检察院提起公诉。

2011年12月31日密云县人民法院判决任艳虹犯寻衅滋事罪，判处有期徒刑1年5个月；与前罪所判处罚金人民币1500元并罚，决定执行有期徒刑1年5个月，罚金人民币1500元。

2012年1月6日，北京市密云县人民检察院提出抗诉。抗诉理由是：第一，原审判决量刑错误，应当并处附加剥夺政治权利而没有并处；第二，被告人任艳虹再次犯罪后已经脱离监管，附加剥夺政治权利没有实际执行；第三，被告人任艳虹被公安机关网上抓逃期间视为附加剥夺政治权利已经执行完毕，是对刑罚执行的错误理解。我院审查后支持抗诉。

▶上述对身份情况的说明，除了前科以外，与提请抗诉的事由相较，并无太大必要，汇报时可以略去。

三、二审裁定及理由

2012年4月25日，北京市第二中级人民法院将终审裁定送达我院。二中院认为，虽然任艳虹系在执行剥夺政治权利期间犯新罪，但其新罪所判处的有期徒刑执行之日为 2011 年 9 月 22 日，而此时任艳虹的前罪剥夺政治权利 3 年的期间早已届满，故无须再与其所犯新罪数罪并罚，裁定驳回抗诉，维持原判。

四、我院审查后认定的案件事实及主要证据

2005 年 8 月 28 日 1 时许，原审被告人任艳虹与刘元辉（已判刑）、吕旭阳（男，27 岁）、陈锁民（男，32 岁）到北京市密云县丰益酒店大排档喝酒，其间与邻桌的张夕月（女，19 岁）、王英梅（女，24 岁）、贺友华因索要餐巾纸问题发生口角，任艳虹对张夕月、王英梅扇耳光和踢踹，刘元辉用扎啤杯将张晓丽（女，26 岁）及贺友华砸伤，致张晓丽左颌下皮肤裂伤，贺友华头颈部及肩部局限性软组织损伤，经法医鉴定张晓丽为轻伤（偏轻）、贺友华为轻微伤。后任艳虹逃离现场，2005 年 9 月 14 日被立为网上在逃人员。2011 年 9 月 22 日，任艳虹到河北省承德县公安机关投案。

上述事实有原审被告人任艳虹的供述、被害人陈述、证人证言及法医科学技术鉴定书等证据在案佐证。

▶因本案事实认定检法并无分歧，故对事实认定以及证据采信情况可以一笔略过。

五、审查意见

原审判决未将尚未执行完毕的剥夺政治权利刑罚与所犯新罪数罪并罚，确属适用法律错误，导致量刑不当。

（一）前罪的剥夺政治权利尚未执行完毕

任艳虹因犯抢劫罪于 1998 年 8 月 11 日被北京铁路运输中级人民法院判处有期徒刑 10 年，并处罚金人民币 1500 元，剥夺政治权利 3 年，2003 年 11 月 3 日刑满释放。其剥夺政治权利的刑罚应当从 2003 年 11 月 3 日开始执行，至 2006 年 11 月 2 日止。但是，原审被告人任艳虹在 2005 年 8 月 28 日重新犯罪后在逃，于 2005 年 9 月 14 日被网上追逃。其剥夺政治权利刑罚尚未执行完毕。

1. 从刑罚执行的严肃性上看，任艳虹的剥夺政治权利刑罚尚未执行完毕。执行是指刑罚执行机关将法院的生效判决、裁定确定的刑罚内容付诸实施的活动，即通过一定的法律制裁方法实现国家刑罚权。刑罚执行是一项科学、严肃的活动，应当严格按照法律规定进行，任何实际未执行而因为某种原因认为已经执行的情况必须有法律的明确规定。具体到本案来说，虽然 2006 年 11 月 2 日这个刑罚执行期满的时间截点已经过去，但这并非刑罚执行完毕的标志，我们仍应当进行实际判断原则，否则将是对刑罚执行制度的藐视，也不利于维护

判决的既判力。

2. 从刑罚执行的条件上看，任艳虹的剥夺政治权利刑罚尚未执行完毕。刑罚执行作为一种刑罚实现活动，需要具备生效判决或裁定、执行机关以及被执行人（即罪犯）三个必备条件。根据 1998 年 5 月 14 日《公安机关办理刑事案件程序规定》（以下简称《规定》）第 279 条的规定，"对于被判处……剥夺政治权利的罪犯，由罪犯居住地县级公安机关指定派出所执行"。也就是说，本案中执行剥夺政治权利刑罚的执行应当是任艳虹居住地公安机关依照 1998 年 8 月 11 日北京铁路运输中级人民法院的判决生效，对任艳虹予以执行。但是，本案有证据证实自 2005 年 8 月 28 日起，原审被告人任艳虹因再次犯罪后逃跑，已经脱离了执行机关的监管，其被剥夺政治权利的刑罚因缺少了被执行人而失去了执行的条件。在这种情况下，刑罚执行只能被迫中止。

3. 从刑罚执行的期间计算上看，自 2005 年 8 月 28 日至 2006 年 11 月 2 日这段期间不能计入任艳虹的剥夺政治权利执行期间。最高人民法院研究室于 1990 年 3 月 30 日作出的《关于监外执行的罪犯重新犯罪的时间是否计入服刑期问题的答复》规定："对于监外执行的罪犯擅自离开居住地到外地犯罪的这段时间，不得计入服刑期。"该《答复》虽然针对的是监外执行的罪犯，但其体现出刑罚执行期间的计算原则，即非因合法原因脱离监管的期间不计入服刑期原则。具体到本案来说，任艳虹离开居住地且又犯新罪，其已经脱离监管，因此其犯罪后的期间也不应计入服刑期，其该段剥夺政治权利刑罚尚未执行完毕。

（二）尚未执行完毕的剥夺政治权利应当与所犯新罪数罪并罚

1994 年 5 月 16 日最高人民法院《关于在附加剥夺政治权利执行期间重新犯罪的被告人是否适用数罪并罚问题的批复》规定："对被判处有期徒刑的罪犯，主刑已执行完毕，在执行附加刑剥夺政治权利期间又重新犯罪，如果所犯新罪无须判处附加刑剥夺政治权利的……在对被告人所犯新罪作出判决时，将新罪所判处的刑罚和前罪没有执行完毕的附加刑剥夺政治权利，按照数罪并罚原则，决定执行的刑罚，即在新罪所判处的刑罚执行完毕以后，继续执行前罪没有执行完毕的附加刑剥夺政治权利。"2009 年 5 月 25 日最高人民法院《关于在执行附加刑剥夺政治权利期间犯新罪应如何处理的批复》规定："对判处有期徒刑并处剥夺政治权利的罪犯，主刑已执行完毕，在执行附加刑剥夺政治权利期间又犯新罪，如果所犯新罪无须附加剥夺政治权利的，依照刑法第七十一条的规定数罪并罚。"

（三）二审裁定无确实依据

二审法院未作出剥夺政治权利是否执行完毕的判断，回避了执行的专属性问题，采用"三年期间早已届满"的模糊说法从而认定无须再数罪并罚，无疑是认可了被告人通过脱离监管而逃避刑罚的正当性与合法性，明显不当。

综上所述，法院在附加刑执行方面存在不合理认识，直接导致了对犯罪打击的力度减小，有违公平公正的司法理念。故建议提请市院按照审判监督程序抗诉。

▶抗诉理由的叙述较为充分，但在口头汇报时，尽量转化成通俗易懂的语言，对于有确实法律依据的，可以将法律依据附后，不必赘述。

六、处室意见

同意承办人意见，建议提请市院按照审判监督程序抗诉。

七、主管检察长意见

建议提请市院按照审判监督程序抗诉，提请检委会讨论。

八、市院意见

苗生明副检察长、公诉一处处长及承办人均同意按照审判监督程序抗诉的意见。

评析：上述检委会汇报案件是一起对于刑罚执行、法律适用问题存在争议的案件，检法对案件事实、证据采信并无异议，关键是对剥权期间再犯罪的，是否剥权视为中断执行这一观点存在分歧意见，承办人也围绕抗诉观点进行了详细的说明，从法理、法律依据、社会效果等多个层面对抗诉的必要性、合法性进行了说明。

（三）诉讼监督精品案评选汇报案例

办案过程中不仅是办案程序需要产生了案件汇报，还有很多情况是基于学习、交流、培训的需要而进行案件汇报，这时的案件汇报不再是寻求有权决策者对案件的处理提供意见，而是将已办理的案件中的经验、教训提炼出来告知他人，汇报目的的不同，也决定了汇报的体例、风格、内容、侧重点与案件办理汇报有很大区别。以优秀案件评选为例，评选的目的是对诉讼监督的实效进行体现，对监督效果好、办案效果好的案件予以表彰，故汇报时就要侧重诉讼监督工作如何开展，如何奏效，此时案件中的疑难问题已经不再是汇报的重点。

实训材料

沈建军故意杀人抗诉案

这是一件命案无罪改判有罪的诉讼监督成功的典型案例。

▶开宗明义，直接点明诉讼监督的内容，用"命案"、"无罪改判有罪"两个关键词凸显案件的重要性。

回顾此案的监督历程，还要从发生在本市房山区琉璃河水泥厂家属区的一件命案说起。2005年1月22日农历春节前的一个夜晚，65岁的孤寡老人张昆贤，被人残忍地杀死在家中。经警方勘查现场及尸检报告证实，被害人张昆贤系被他人用锤类打击头部，致颅脑损伤死亡。由于凶手作案后用玉米面遗撒破坏现场后逃离，以致警方经3次现场勘查，均没有发现犯罪嫌疑人留下的任何痕迹物证。

1年后，警方将化名"陈刚"的犯罪嫌疑人沈建军抓获归案。经公安人员突审，沈建军供述了因给张昆贤介绍工作未成，而引发矛盾和争执，直至情急杀人的事实。

▶对案件事实的描述不同于起诉书、结案报告中的法言法语，而是用生活化、故事化的语言将听众带入案件氛围。

被告人沈建军在侦查预审期间共作有罪供述11次，并写有亲笔供词、悔过书各一份，其所供述的内容与现场勘查笔录、尸检报告、凶器物证，以及证明其作案动机的相关证人证言等证据基本一致，并可以相互印证。然而，在一审开庭时，沈建军突然推翻原供，以曾遭到警察刑讯逼供和指供、诱供、抄供为由，辩称被害人张昆贤之死与其没有任何关系，他也从来没有进入过案发现场，更没有实施杀人行为。沈建军的辩护人也为其作了无罪辩护。

闭庭后，一中院判决认定"被告人沈建军杀死张昆贤，缺少直接证据证明；沈建军虽曾在预审阶段作过供述，但在庭审中推翻原供，现有的间接证据不能形成完整的证据锁链，不能充分证明张昆贤的死亡系沈建军所为……""指控沈建军故意杀死张昆贤的证据不足，指控的事实不能成立，不予认定。"

一审宣判后，一分院提出抗诉，本案进入二审程序。

市检公诉处收案后，二审检察员针对被告人翻供后，原供是否仍具有证据效力这一检、法争议的焦点，首先在办案理念上，摒弃原控原抗的一贯思维模式；其次在支抗做法上，重在破与立的证据补强上下功夫。所谓破，是指证明被告人翻供无理；立则指证明被告人原供客观真实，可与在案间接证据形成相互印证的可采性证据体系。为此，检察员在二审期间共收集、调取了7项补强新证：

第一项，针对沈建军所提曾被刑讯逼供的辩解，检察员在审阅、分析被告人供述笔录、亲笔供词和悔过书的同时，把一审未向法庭出示的被告人"音像口供"作为二审审查的重点，运用视听手段，透过被告人供述时的画面表情和心理活动表述，听其言，观其情，查其意，最终得出原供并非刑讯逼供所为的审查结论。当法庭播放沈建军自供杀死张昆贤是出于多重、偶发因素，以及案后极端悔悟等不为他人所知的内心活动时，其被刑讯逼供的辩解已不攻自破。

第二项，为进一步证实沈建军翻供无理，检察员还调取了批捕阶段检察官讯问沈建军的供述笔录。在命案面前，如果沈建军前期供述为假，对有着12年前科经历的沈建军来说，此时在检察官面前仍不翻供，是不符合客观规律的。

▶这从另一视角证实，沈建军庭前供述具有稳定性。

第三项，针对沈建军关于被刑讯后身体、面部有伤的辩解，检察员到看守所收集了送押沈建军时的入所体检表，证实沈建军被送押时身体无伤。

第四项，关于沈建军所提亲笔供词、悔过书都是按照公安人员事先写好的内容抄录而成的辩解，检察员一方面委托市院技术处进行了两项笔记鉴定，确认亲笔供词和悔过书都是沈建军亲笔所写；另一方面从其通篇存在的错字、白字和不会写的空字等书写特征，以及明显带有沈建军个人用语特点的文字内容，均可证明亲笔供词和悔过书是沈建军的真实意思表示，所谓"抄供"之说是没有事实依据的，不能成立。

第五项（也是最重要的一项）检察员在全部审阅被告人11次有罪供述中，发现沈建军唯一一次回答现场屋内状况的提问时，这样描述："当时我想把灯打开，找了半天灯绳没找到，我一抬头看见他家屋顶的中间有一个灯口是拧的，没有灯泡。"这一不经意间的细节供述，经与3次现场勘查照片比对，检察员惊异地发现只有在第3次复勘照片中证实了这一极易被疏漏的空中细节。由于沈建军供述在前，照片时间在后，因而进一步证实沈建军原供述的内容是公安人员事前不掌握的情节，不可能也没必要对其逼、诱供取得。由此，补强了一组证明沈建军确曾进入过案发现场的供、证一致的新证据。

▶这项细节证据后被写入改判的重审判决书中。

第六项，为证明沈建军符合法律规定的犯罪主体，根据沈建军家人及其辩护人提出的书面申请，市、分两院共同委托法定机构，对沈建军进行了精神病司法鉴定，结果证实：沈建军系完全刑事责任能力人。

第七项，原审公诉人还就沈建军供述的"用于堵住张昆贤嘴的衣服面料是的确良的"一节，在二审期间进行了委托检测，检测报告证明，在案扣押的被害人尸体嘴中的填塞物面料，确有的确良成分。从而再次印证了沈建军原供的客观真实性。

以上7项补强证据全部用于二审法庭示证后，不仅强化了检察官的抗诉主张，更为法官形成恰当的内心确信，奠定了扎实的证据基础。2008年4月9日，二审法院依法裁定，撤销原判，发回重审。

▶本案的诉讼监督重点就在于证据链条的完善，汇报稿通过对证据补强的分项列举，清晰地反映了检察机关的工作能力和工作水平，而且繁简得当，将复杂的补强过程用简短、明确的话语进行了说明，通过对细节的描述，加深了听取汇报人的印象。

重审期间，为形成上下两级检察机关的抗诉合力，检察员事前主动邀请原案公诉人旁听二审法庭，并将上述调取的新证据、出庭预案、答辩提纲、案件审查报告等支抗材料全部移送，还就抗诉中的重点、难点及焦点问题与公诉人当面沟通、交流，以抗诉一体化的指导和配合全方位合力支抗。最终，原审法院于2008年12月8日，作出重审判决，认定沈建军故意杀死张昆贤的事实成立，依法改判沈建军死刑缓期二年执行。

此案的抗诉成功，不仅依法纠正了原审确有错误的判决，使有罪的人终于受到了法律应有的惩处，彰显了检察机关诉讼监督的执法公信力。同时，也为办理被告人翻供案件，在缺少直接证据和痕迹物证的情况下，如何正确运用间接证据与被告人原供形成相互印证的证据体系并据以定案，起到了值得借鉴的判例效果。

以上案例汇报完毕，谢谢大家。

评析：该案是北京市公诉部门通过补强证据将一起原审判无罪的翻供案件，在抗诉阶段顺利扭转局面，获得法院有罪判决支持，利用间接证据定案、利用经验法则推理的示范案例。承办人在进行评优汇报时，并未过多强调本案的法律效果，而是通过对监督过程，尤其是证据补强过程的梳理、抽丝剥茧，将承办人对案件的把握、工作的认真负责一一展现，同时也对其他承办人日后办理类似案件，从工作思路、工作方法、工作角度等方面给予了足够的启迪。

三、案件汇报的内容

汇报案件，即承办人在通过阅卷、提讯、复核证据后，对办案情况有全面了解，形成了处理意见的前提下，以口头或者书面叙述形式向有关领导说明案件情况、提出对案件的定性处理意见，为领导最后决策提供依据的工作程序。汇报案件分为书面汇报和口头汇报两种。书面汇报，是指领导通过审查报告审批表、审查报告及阅卷笔录的方式来审批案件，要求承办人在这些内部审批文书中把案件事实、处理理由、意见和适用依据用文字表述清楚，做到详略得当、重点突出。口头汇报，是指承办人用口头叙述的形式向领导阐述上述有关问题，向领导面对面地提出对案件的处理意见，便于领导当面提出问题、解决问题。本部分主要研究口头汇报问题。汇报是审批工作的关键。一个犯罪嫌疑人能否处理、如何处理，在于如何认定其违法犯罪事实和适用何种法律。由于部门处长、检察长、检委会、上级院主管部门领导主要靠听取汇报进行审批，大多不亲自全面审卷。因此，承办人能否实事求是地汇报案件，能否在汇报时抓住重点问题，能否依法提出处理意见，直接影响到领导在审批案件时能否正确决策，影响到能否依法保证公民的合法权益问题。

汇报案件的程序及内容以向部门领导和向院一级领导汇报案件而有繁简区别，但有时也因人而异，因案而异。因此在有所侧重的同时，都是以把案件看透，进行深入研究并做好充分汇报准备情况下进行。开始汇报前，承办人应将拟汇报的案件卷宗、案件审批表、审查报告等提供给领导，供领导在听取汇报时查阅，本人持汇报提纲、审卷报告进行汇报。

（一）开场白的设定

在汇报之前要有对案件的基本情况以及存在的问题、个人倾向性意见进行简短的说明，使领导对该案件有个概括印象。简短说明通常包括汇报案由、目前法律手续（是否羁押、在案）和办案单位的呈报意见，例如："这是东城院移送审查起诉的赵某贪污案，赵某因患有疾病不适宜羁押而取保候审。"对于疑难复杂案件，在开场白中要点明汇报中要重点解决什么问题。又如："这就是新闻媒体报道的故宫盗窃案，问题的症结在于如何认定被盗物品的价值。""这起涉嫌抢劫的案件供证不一致，双方各执一词，但被害人事后报案非常及时，坚决要求处理。"承办人与办案单位在案件定性处理意见不一致的，可以在开场白中先把意见分析讲清楚，便于领导在听取汇报时思路更清晰，可以更有针对性地进行提问。在汇报之前有个开场白，便于抓住领导的注意力，而且便于领导转移注意力，或者对工作时间作适当安排，提高工作效率。

（二）汇报犯罪嫌疑人的基本情况

由于听取汇报的领导一般是拿着侦查机关的起诉意见书、承办人制作的结案报告听取汇报，上述文书中已经详细地将犯罪嫌疑人的身份情况进行了列明，所以承办人在作汇报时不必将犯罪嫌疑人的基本情况逐项汇报，而应重点汇报与能否处理违法犯罪嫌疑人有关的情况或者比较敏感的项目，包括犯罪嫌疑人的年龄、职业、是否是本地人以及有无前科劣迹情况。如果犯罪嫌疑人是少数民族，则"民族"项目绝对不可省略，如新疆的盗窃团伙。如果系未成年人，则要重点汇报他是哪个年龄段的未成年人，如已满 14 周岁不满 16 周岁，以便领导根据法律对不同责任年龄的规定作出不同的处理。未成年人案件要重点汇报其家庭是否有监管能力，是否属于在校学生等。如果系外国人犯罪的，要说明国籍情况，对无国籍或国籍不能核实的，也要将具体核实过程简单说明，并且对是否引起涉外因素，是否有使领馆的要求等一并说明。对于有前科劣迹的，重点要汇报其原来受处理的原因和刑满释放的具体时间，以便考虑是否对其从重处理问题。如果涉及对刑罚执行情况有误、需要提请抗诉的，则需要将前科情况、刑罚执行过程详细介绍，如一起因剥夺政治权利执行期间再犯罪的案件，剥夺政治权利的期限是否因新罪而中断，是抗诉的重点理由，需要对时间经过进行梳理、说明，"1998 年 8 月 11 日因抢劫罪被北京铁路运输中级人民法院判处有期徒刑 10 年，并处罚金人民币 1500 元，剥夺政治权利 3 年，2003 年 11 月 3 日刑满释放；因涉嫌寻衅滋事罪于 2011 年 9 月 22 日被羁押，次日被刑事拘留，同年 9 月 30 日被逮捕。被告人任艳虹因涉嫌寻衅滋事罪于 2011 年 11 月 21 日被北京市密云县公安分局移送审查起诉。因寻衅滋事罪于 2011 年 12 月 22 日被密云县人民检察院提起公诉。2011 年 12 月 31 日密云县人民法院判决任艳虹犯寻衅滋事罪，判处有期徒刑 1 年 5 个月；与前罪所判处罚金人民币 1500 元并罚，决定执行有期徒刑 1 年 5 个月，罚金人民币 1500 元"。如果其职业涉及对其行为定性问题，则要重点介绍其工作单位、职务和业务范围，如某公司的会计、某单位的门卫等。汇报这一部分时语速不能太快，音量要适中，必要时可重复说明。

（三）汇报案件的来源、侦查机关认定的事实及意见

此处应当汇报案件侦查单位根据何种线索将犯罪嫌疑人查获归案，或者犯罪嫌疑人在何种情况下被扭送归案以及投案自首等到案方式，侦查机关认定的

犯罪事实及移送处理意见。对于犯罪嫌疑人具备投案自首、以自首论或者拒捕等法定从轻、从重情节的，或者与侦查机关认定事实有较大分歧的要着重汇报。汇报这一部分要高度概括，首先给听取汇报的领导一个初步印象，至于到案的具体情况还要在汇报案件事实时进行补充汇报。

（四）汇报案件的事实及证据问题

这是汇报的中心内容，也是汇报的关键环节，一般包括案件的事实、证据情况以及有关量刑事实等。

1. 汇报经审查认定的案件事实

汇报案件事实，必须按照"七何"要素进行，违法犯罪的时间、地点、手段、情节、动机、目的和危害结果一种都不能少，要叙述清楚、完整。汇报一人多案的案件，在汇报案件事实部分可以使用以下三种方法。一是依主次罪的顺序汇报；二是按犯罪嫌疑人作案的时间顺序汇报；三是对作案次数较多而罪名、情节又大致相同的，按综合归纳的方法汇报。不管采用何种方法，都必须把犯罪嫌疑人所犯罪行叙述清楚。所谓清楚，就是简要、明确地叙述出犯罪嫌疑人实施犯罪的时间、地点、目的、动机、手段、经过、后果等，以便领导根据客观事实对该案定性处理。叙述犯罪事实不仅要求高度准确，忠于事实真相，而且必须全面、正确。案件事实包括定罪事实和量刑事实，都属于证明对象。定罪事实是指与认定是否犯罪有关的事实，包括影响到犯罪构成的四个方面，而量刑事实则是指犯罪嫌疑人（被告人）是否具有法定从重、从轻、减轻或者免除处罚的情节。汇报案件是在汇报定罪事实的基础上，也要注意汇报量刑事实，以便领导正确决策。

2. 汇报案件的证据情况

这里不仅应当汇报收集证据情况，还要汇报对证据的审查判断情况，要有对本案证据的具体评价。由于对证据的审查判断直接影响到对案件事实的认定，因此，汇报案情比较简单的案件可以在汇报犯罪的时、地、人、情、果、犯罪动机与目的的同时就包括了有关证明情况；而对于一些疑难复杂的案件、多人多起的案件，将收集证据情况与审定案件事实同时进行汇报，不容易组织语言，容易造成混乱。故对此类案件除了要注意汇报以上"七何"要素外，还要专门汇报有哪些案件证据比较充足可以认定，哪些案件证据不足无法认定。例如，某多人多起消费诈骗案中，由于涉及的人员、被害人较多、证据情况较为复杂，可以采用列表的形式，将各犯罪嫌疑人的参与情况、犯罪数额、证据情况进行说明。① 对于破案距发案时间比较长久的案件，在汇报时一定要重点汇报如何认定这起案件为本案犯罪嫌疑人所为；对于盗窃案件要重点汇报如何认定的涉案物品价值；对于伤害案件要重点汇报致伤责任和对伤情的认定，对于强奸案件要重点汇报如何认定行为人违背被害人的意志与其发生性关系；对于杀人案件要重点汇报现场勘查、尸体检验、凶器认定、血迹鉴定等证据情况。不能用"本案有被害人指认、犯罪嫌疑人供认不讳、有同案犯口供相互印证等"共性语言对不同类型的案件都作一致的证据评价。

表 1　李楠、王滨等人诈骗案案情一览表

序号	被害人	时间	刷卡金额（元）	实际损失	是否有刷卡记录	参与人
1	毕炜、莫东升	2008.3.14 晚 21 时	1100	1280	是	柴春玲
2	王生兵	2008.3.19 晚 18:30	1980	190＋一块表	否	周艳丽、李楠、张勇、王滨、杨苗
3	陈勇	2008.3.30 晚 19:47	987	987	否	杨苗、张勇
4	李岩	2008.4.2 晚 21:16	672	900	是	何明明、王志威、杨苗
5	马雪山	2008.4.18 晚 23:40	1500	1580	是	何明明、张勇
6	李阳	2005.5.5 晚 21 时	336	336	是	杨苗、张勇、周艳丽
7	韩金鹏	2008.5.5	950	950	否	王珊
8	马登伟	2008.5.5 晚 19 时	567	567	是	张春玲、范海莉
9	张全魁	2005.5.5 晚 21 时	1542	1542	是	柴春玲、王志威、张勇
10	池本庆	2008.5.6 晚 20 时	570	570	否	范海莉、何明明、张勇
合计（元）			10464	8902＋手表一块		
11	朱志罡	2008.3.23 晚 22:50	1040	1040	否	未辨认出
12	胡晓明	2008.4.19 下午 16:36	467	467	是	未辨认出
13	赵育林	2008.5.7 下午 15 时	360	0	否	未辨认出、未实际缴费
合计			12559			

其中王志威参与 2 起，即李岩、张全魁案，诈骗金额 2442 元；何明明参与 3 起，即李岩、马雪山、池本庆案，诈骗金额为 3050 元；张勇参与 5 起，即王生兵、陈勇、马雪山、张全魁、池本庆案，诈骗金额为 6995 元；杨苗参与 4 起，诈骗金额为 3975 元。王滨仅有一起被辨认出，即王生兵案，诈骗金

---

① 参见表 1。

额为 1980 元。但李楠、王滨属主犯应对全部犯罪事实承担刑事责任，故二人的犯罪数额为 12559 元，且有部分未遂（赵育林、王生兵案）。

3. 汇报有关量刑事实

量刑事实，是指影响到对犯罪嫌疑人从宽或者从严处理的相关事实，包括法定量刑事实和酌定量刑事实。对于法定的量刑情节要着重汇报违法犯罪嫌疑人是否属于累犯，有无自首或者立功的表现，是否为主犯，是否年满 18 周岁等。酌定量形情节包括行为人在案发后是否积极抢救被害人，是否积极退赔，认罪态度如何，平素表现如何等。这些情节虽然不影响定性问题，但是影响诉讼程序的选择（简易程序还是普通程序）、是否进行刑事和解程序等，影响对其最终处理。

（五）汇报办案工作中存在的问题和下步工作意见

汇报完上述问题后，承办人应当指出办案工作中存在的问题，包括事实不清、程序违法、违纪等，也包括漏罪、漏犯罪嫌疑人的问题。如果在审查案件过程中已经将有关问题解决或者解决一部分，应当将已经解决的问题作简单汇报，而重点汇报尚未解决的问题及其原因。对于经补充工作仍然难以认定的案件，应当着重汇报不能认定的具体原因，以求得领导的支持。对于办案中存在的突出问题或者带有倾向性的问题，好的经验和做法，都是应当及时向领导汇报的，便于领导及时解决问题和积累材料、掌握情况。

（六）承办人提出定性、处理意见

承办人在汇报完审定的案件事实及证据情况等问题后，承办人应再次介绍侦查机关对本案的定性处理意见及理由，同时阐明自己对犯罪嫌疑人涉嫌的犯罪性质的认定，并根据有关法律法规和犯罪嫌疑人在案件中的具体作用，阐明自己对案件的处理意见、理由及法律依据，供领导决策参考。如果承办人与办案单位的意见一致，只要具体表明此情况即可。如果双方意见不一致，甚至与本院的批捕部门、自侦部门的意见不一致，则应分别说明各种不同观点的理由，对双方意见做具体分析。在汇报中要注意反映各方面的意见以及前一审批程序领导的具体意见。

（七）后续处理

领导听取汇报后，往往会根据案件的具体情况进行提问，承办人要给予回答，必要时指出答案在卷宗材料的具体位置以供领导审查。领导将案情及办理情况了解清楚后，认为承办人处理意见正确的，可以依权限签署处理意见，对属于上级领导审批或者按照程序应当提交检委会、上级院讨论决定的，应当及时向上级领导、部门汇报，承办人应将本次汇报的情况用笔录记载，重点说明最终汇报的结论及下一步程序走向。对于领导在做签批时利用口头形式作补充指示的，承办人应当注意准确领会领导意图，注意积累，并在审查意见表的备注部分或者审卷报告中详细记录、备查。对于向领导汇报一次未通过的，应当依照领导意见抓紧补充工作，当补充工作完成再次汇报时，承办人原则上应找原听取汇报的领导汇报。如果因时限关系无法找原听取汇报的领导的，可以找其他领导汇报，但须说明以前汇报未曾通过的原因。案件汇报程序完成后，承办人应当抓紧时间落实汇报结论，如依法提起公诉或者提交主管院领导进一步讨论等，将法律文书在法定时限内送达有关单位。对领导在审批时作的具体指示，承办人要向办案单位如实反馈，并督促落实。

第三章

案件汇报的基本方法与类型、特点

案件汇报工作虽然不是审查起诉工作的必经程序，但是却可能存在于案件办理的各个阶段。不同阶段的案件汇报工作均是围绕和针对各个阶段所要解决的问题而进行的。案件汇报工作根据阶段及听取汇报对象的不同而形成了各自的特点。汇报者应当准确抓住不同案件的汇报特点，形成有针对性的汇报材料及答辩提纲熟练掌握汇报技巧，做到有的放矢，使决策者能从汇报中准确、及时提取出有效信息进而做出正确的决策。这是由案件汇报工作的核心任务（服务领导决策、接受外部监督）所决定的。因为在司法实践中，听取汇报的上级领导及人民监督员囿于职责分工、时间精力、专业知识差异等多方面限制，较少通过直接翻阅侦查卷宗的方式来听取汇报。虽然这种工作模式在学界上引起了较大的争议，而且特别是案件审查权与最终处理决定权分离的现状受到了较多的批评。我们认为，虽然学界的不同声音所反映的问题在司法实践中确实存在，但是这种由承办人审查、领导决策的办案模式却是《人民检察院组织法》等相关法律所确定的，在长期的司法实践中也取得了一定的效果。我们不可能完全跳出现实而探讨理论。因此，我们应当做到：一方面要坚持这种办案模式，另一方面要采取多种途径减少乃至消弭这种模式的弊端（例如，进一步深化改革主诉检察官办案责任制、进行案件汇报专题培训等）。根据我们调研发现，即使是较为充分实施主诉检察官办案制的检察机关，在现阶段案件汇报也是必不可少的。因此，检察机关案件承办人就要了解不同案件汇报的特点，尽可能地将案件的主要事实、争议问题等重要信息准确、明了、及时地传递给听取汇报的领导，为其作出正确决策提供坚实基础。

一、案件汇报的基本方法

汇报案件是汇报人在审查起诉过程中，通过审查案件卷宗、提讯犯罪嫌疑人、被告人、调查取证、整理案件报告后，将听到、看到、感知到的案件过程，经过头脑的加工用语言表达出来的过程。通过汇报要能使听取汇报的领导脑中呈现出案件的场景。汇报案件能够反映出汇报者本人对案件整体与细节的掌握程度，集中展现汇报人的逻辑思维能力、语言组织与表达能力。

由于案件的基本案情、汇报目的存在不同的差异，案件汇报的方法是灵活多样的。汇报案件过程中，汇报人要因人因案而异，需要灵活掌握汇报方式，不能拘泥于一定的规则。这也是考验汇报人的汇报案件工作能力。根据案件种类与汇报目的的不同，在司法实践中，汇报案件的方法主要有以下几种：

（一）顺叙汇报法

顺叙汇报法是案件汇报过程中最常见的案情陈述方式。所谓顺叙汇报，就是按照犯罪嫌疑人、被告人从准备工具、制造条件进行犯罪预备到着手实施犯罪，到实施具体犯罪行为，再到造成的犯罪结果，最后被抓获这一系列行为的时间发展顺序脉络进行汇报。我们以一起盗窃案为例进行说明：

> 甲某与乙某两名外地犯罪嫌疑人共谋在北京医院内实施盗窃，商议分工后一起来到北京准备实施盗窃行为。案发当日上午，二人先后来到北京市东城区某医院，趁被害人挂号排队等待之机，从被害人衣兜内窃取钱包、手机等财物。中午二人分赃后又继续作案。下午二人在第二家医院盗窃时被保安人员当场抓获。

像上文中这类案件情节发展比较顺畅、人物关系比较简单，尤其是犯罪预备阶段较明显的案件，可以采用顺叙方法进行汇报。顺叙汇报之所以是最常见的汇报方式就在于其既符合案情发展的自然顺序，又符合绝大多数人的认识及思维习惯。司法实践中，此类人物关系单一、案情发展主线明确的案件占全年受理案件量的六成至七成。

（二）倒叙汇报法

倒叙汇报法与顺叙汇报法相对。这种汇报方法采用从破案开始向前叙述的方法。这种汇报方法多见于贩毒、假币以及被盘查暴露的犯罪案件中。这类案件的共同点是最后的案发结果较为清晰，如起获了毒品或盗窃赃物，而先前案发的发展过程相对复杂。在这种情形下，犯罪嫌疑人往往拒不供认犯罪行为。我们以一起盗窃案为例进行说明：

> 犯罪嫌疑人甲某与乙某系盗窃汽车内财物的惯犯，曾多次趁被害车主不在之机砸毁汽车车窗并盗窃车内财物。2009 年 9 月 23 日凌晨 1 时许，二人再次准备在北京市朝阳区某小区北门外实施盗窃时，因形迹可疑被巡逻民警当场抓获。二人归案后，拒不供认曾实施过盗窃行为，但是从犯罪嫌疑人甲某身上起获了压力钳、扳手等物品以及从二犯罪嫌疑人暂住地起获了手机、手包等赃物。同时，侦查人员又找到了被害人，核实了被害人丢失的物品与起获赃物一致，证明了二犯罪嫌疑人涉嫌犯罪的事实。

这类案件的特点还在于犯罪嫌疑人可能实施多次犯罪行为，进而形成多个案件事实。各个案件事实之间在时间、空间上大多并不连续。在这种情形下，汇报人采用倒叙汇报方法陈述案情，就可以以犯罪嫌疑人被抓获情节这一个点为统领，将其他涉及的案件情节井井有条地串联起来。

（三）人物关系汇报法

在有些案件中，被卷入案件基本事实中的人物众多，且相互之间关系较为复杂。在这种情形下，如果直接使用顺叙汇报法，可能难以使听取汇报的领导对案件事实有较为整体和清晰的认识。这就需要采用人物关系汇报法进行汇报。人物关系汇报法是通过梳理案件中相关当事人之间的关系为出发点描述案件事实的一种汇报方法。具体而言，就是先交代清楚与案件基本事实有关的当事人之间的关系，然后按照他们之间的相互关系进行汇报。我们以一起故意伤害案为例进行说明：

> 甲某与被害人乙某系邻里关系，二人经常因琐事发生口角，导致积怨较深。后甲某将与乙某长期不和的情况告诉了犯罪嫌疑人丙某。犯罪嫌疑人丙某为了给甲某出气，在甲某不知情的情况下指使犯罪嫌疑人丁某和戊某对被害人乙某实施了殴打。2008 年 11 月 12 日 21 时许，犯罪嫌疑人丙某伙同丁某、戊某在北京市东城区某胡同东口处对被害人乙某实施殴打，致乙某鼻骨骨折、右眼眶内壁骨折，经鉴定为轻伤。

在这一案件中，犯罪嫌疑人丁某、戊某与被害人乙某在案发前并不相识。同时，纠集人丙某也与被害人乙某无直接利害关系。案件冲突的连结点是围绕甲某与乙某之间的人际关系展开的。在这类案件中使用人物关系汇报法，相对于普通的顺叙汇报法，更有利于梳理案情、厘清交错凌乱的人物关系。因此，这种汇报方法多适用于犯罪嫌疑人与被害人有利害冲突或人物众多的集团犯罪案件。

（四）分别叙述汇报法

在有些案件中，案件的各个情节进展往往会出现平行发展状态、交替重叠状态或者由平行发展状态转为交替状态。这种情况往往是由于当事人众多或相互对立而引起的，事实与人物错综复杂，且当事人的行为在时间上多数具有持续性。持续犯和连续犯是比较典型的适用此种汇报方法的情形。我们以一起聚众斗殴案为例进行说明：

犯罪嫌疑人甲某与乙某均系某县恶势力团伙首领。甲某与乙某二人因争夺当地某矿产资源的控制权而发生激烈争执，并相约以武力解决。双方约定2010年8月12日14时在该县水库南侧堤坝处聚众斗殴。为此，犯罪嫌疑人甲某指示其手下骨干成员犯罪嫌疑人丙某、丁某等人纠集20余人携带砍刀、镐把、棒球棍等凶器按约定时间前往斗殴地点。另外，犯罪嫌疑人乙某也指使其手下戊某纠集10余人携带猎枪、砍刀等凶器前往约定地点。2010年8月12日14时35分许，双方均抵达县水库南侧堤坝。双方人员分别在犯罪嫌疑人甲某、乙某的指使下相互殴斗。并导致甲某一方参与殴斗人员2人重伤，3人轻伤；乙某一方参与斗殴人员1人重伤，4人轻伤的后果。

通过上述案例我们可以看到，对于此类案件可以按照事件发展的起因、分别纠集的情形、参与斗殴的过程以及造成后果的各个阶段进行分别叙述。各个阶段的汇报以便于叙述为前提条件。汇报过程中，既可以按照从前向后的顺叙方式进行，也可以按照从后向前的倒叙方式进行。

（五）多事实列表汇报法

在有组织犯罪（如涉黑恶势力犯罪）及其他团伙犯罪案件中，通常会涉及多个犯罪嫌疑人、多起事实以及多种罪名的情况。其中还经常遇到多名犯罪嫌疑人在犯罪团伙涉及的多个案件中共同参与，且相互交叉的情况。此外，司法实践中还常常存在多人结伙作案并对多个被害人同时实施加害行为的案件。在这类案件中，汇报人可以采用对每一犯罪事实逐一列举的汇报方法，阐明每一起犯罪事实的纠集人、参与人和其在案件中所起的作用。这种汇报方法为其他较常见汇报方法（如顺叙汇报法）起到辅助作用。也就是说，在陈述每起案件事实过程中，承办人可以通过绘制表格来进行辅助说明：

犯罪嫌疑人甲某、乙某于2007年3月至2010年10月，在京郊某区以开设花卉种植公司为名义，招募聚集社会人员30余名，进行非法采矿、聚众斗殴、敲诈勒索、寻衅滋事、故意伤害等违法犯罪活动，形成了组织成员较为稳定的恶势力犯罪集团。该犯罪集团所实施的主要犯罪活动如下：

	甲某	乙某	丙某	丁某
非法采矿	组织乙某、丙某及丁某等人员；策划犯罪活动	招募货车司机；记账	驾驶挖掘机	组织人员望风、记车数
聚众斗殴	与对方约定斗殴；纠集斗殴人员	提供镐把、刀具等作案工具；驾车带领斗殴人员前往斗殴地	招募打手；持刀参与斗殴	持镐把参与斗殴
敲诈勒索	组织乙某、丙某及丁某等人员；策划犯罪活动	带领丙某、乙某等人拦截过往大型货车，敲诈货车司机财物	在乙某带领下拦截过往大型货车，敲诈货车司机财物	在乙某带领下拦截过往大型货车，敲诈货车司机财物
寻衅滋事	不知情；未参与	与丙某、丁某在洗浴中心随意殴打服务员并砸毁洗浴中心物品	与乙某、丁某在洗浴中心随意殴打服务员并砸毁洗浴中心物品	与丙某、乙某在洗浴中心随意殴打服务员并砸毁洗浴中心物品
故意伤害	组织乙某、丙某及丁某等人员；策划犯罪活动	带领丙某、丁某到被害人住处等候被害人，并向丙某、丁某指认被害人	上前拦住被害人并持木棍对被害人殴打	持木棍对被害人进行殴打

（六）罪数汇报法

有些案件中，犯罪嫌疑人的罪行可能涉及多个罪名，或多个行为涉及不同罪名，且各个行为之间有先后关系。对于这种情形，汇报人可以从犯罪嫌疑人的各个行为入手，先分析犯罪嫌疑人的一个行为或数个行为分别触犯了哪些罪名。需要注意的是，这种分析要通过陈述事实自然引出，而不是刻意对事实进行评议。在有规律地陈述案件事实后，在汇报承办人意见阶段再分析这些行为之间是否属于牵连犯、想象竞合犯，以及是否需要数罪并罚等。我们以一起爆炸、抢劫案为例进行说明：

被告人甲某伙同乙某、丙某、丁某预谋制造爆炸事件，抢劫银行运钞车上营业款。乙某在黑龙江省鸡西市从王某（另案处理）手中购买了雷管40余枚，硝铵炸药40管，并与丁某将雷管、炸药携带到某市。乙某又购买了摩托车电瓶、汽车遥控器、鞋掌钉、塑料饭盒等制作爆炸装置的物品。甲某与丙某研制、组装成爆炸装置后，与乙某进行爆炸实验。同时，由丁某购买了纸箱、胡椒粉等以备作案时装钱使用和防止警犬追踪。甲某和乙某、丙某多次骑自行车、摩托车跟踪某市商业银行运钞车行驶路线，掌握送取款时间和押运警力，预谋在运钞车行驶到位于某市大西区西顺城街2号某市商业银行大西支行第一储蓄所取款时，制造爆炸事件，持枪抢劫银行运钞车上钱款。

2003年1月18日9时许，丙某按事先预谋租乘张某某（被害人，男，卒年36岁）驾驶的辽AL5041号红色松花江牌微型面包车，按预谋约定在某市大二环通往怪坡复线道口接甲某和乙某、丁某上车。当车行至某市新城子区怪坡附近时，甲某在车内持猎枪向张某某后背开一枪，丙某唯恐张某某不死，又掐颈部，甲某还用张某某的裤腰带勒颈部，致被害人张某某心脏、肺脏及肝脏破裂导致急性失血性休克而死亡。甲某等人将张某某尸体抛至某市新城子区清水台乡前屯村村西苇塘内，将车开走作为作案的交通工具。

当日17时许，被告人甲某与乙某、丙某、丁某携带爆炸装置、猎枪、尖刀及胡椒粉等，驾驶劫获的辽AL5041号微型面包车至某市商业银行大西支行第一储蓄所南侧胡同内停放。丙某将绑有爆炸装置的自行车停放在大东区西顺城街与北顺城路交会处闹市区某市商业银行大西支行第一储蓄所门前。17时50分许，某市商业银行运钞车停至该储蓄所门前，押运员刘某（被害人，男，卒年24岁），警察赵某（男，30岁）、杨某某（男，32岁）在车旁警戒。当储蓄所工作人员王某某（被害人，男，卒年25岁）拿着钱袋和经济警察刘某某（男，31岁）从储蓄所出来，银行解款人员宾某（男，42岁）打开运钞车上的保险柜门，欲往保险柜内装储蓄所营业款时，乙某启动遥控器引发爆炸装置，造成爆炸，王某某、刘某当场被炸死，宾某、刘某某、赵某、杨某某及张恩某（男，48岁）等人被炸伤。运钞车司机袁某某（被害人，男，卒年40岁）下车查看时，甲某及乙某分别持猎枪向袁头部、肩部各开一枪。甲某与乙某、丙某、丁某将4个运钞袋抢走，内有人民币220.778494万元，并乘微型面包车逃离现场后将车抛弃。经法医鉴定确认，被害人王某某、刘某因爆炸致多脏器损伤而死亡；被害人袁某某因头部枪弹创致颅脑损伤、脑机能障碍而死亡；被害人刘某某的损伤为重伤；被害人宾某、杨某某、张恩某的损伤均为轻伤；被害人赵某的损伤为轻微伤。案发后，追缴赃款190余万元，已返还被劫单位，余款被4人挥霍。

在这一案件中，犯罪嫌疑人为抢劫银行运钞车，先后实施了购买爆炸物、持有枪支弹药、抢劫杀人、实施爆炸等一系列行为。这些行为从整体上看是完整统一的，但是彼此之间又能形成相互独立的事实体系。在这种情况下，汇报人就需要将各个事实通过顺叙的方式进行表述，并通过罪数汇报的方式将其连接为一个有机整体。同时，在这一案件中，牵扯到爆炸行为、抢劫机动车行为与抢劫银行行为之间是牵连关系还是应当数罪并罚，汇报人在表述的过程中要将各行为之间是否具有牵连关系的细节交代清楚。对此，汇报人就应当在陈述案件事实后进一步表述观点：

犯罪嫌疑人抢劫面包车的动机虽然是将面包车作为抢劫银行的犯罪工具，但是抢劫面包车并不是抢劫银行运钞车的手段行为，二者之间不具有牵连关系，故应当对这一行为单独评价。再有，爆炸行为虽然是在抢劫银行运钞车的过程中实施的，但是爆炸行为与抢劫杀人行为均为重罪，从一重罪处罚显然不能做到准确评价犯罪性质。

（七）集散汇报法

在有些案件中，犯罪嫌疑人的供述与被害人的陈述完全对立，同时缺乏相应证据支持或者双方都有相互对立的证据支持。这类案件在汇报时就要先综合陈述案件事实（通常情形下需要依照有利于指控的事实进行表述），再分类逐一列举供证双方的相关证据，最后进行归纳总结。这类汇报方法主要出现在因事实证据发生分歧的案件汇报过程中，具体到相关罪名上，这种情况多发生在强奸、故意伤害以及行受贿案件中。我们将在下一节中结合不同的案件类型进一步阐释这种汇报方式。

二、汇报案件的类型及特点

在这一部分中，我们重点分析因事实证据、法律适用以及量刑争议这三种以汇报内容为分类的案件特点。这是由于不论何种程序，汇报的核心都要围绕这三个方面。以汇报内容为基础展开讨论，能够更全面、更集中地展示汇报案件的特点。对于不同程序汇报案件的特点，我们将在随后的章节中予以阐释。

（一）因事实证据引发分歧案件的特点

因事实证据引发分歧而启动汇报程序的案件在公诉人的审查起诉工作中是经常遇到的情况。此类案件中，证据间冲突激烈，认定事实存在较大差异，案件证据标准把握不一。可以说，这一案件是汇报案件中的难点、重点。

1. 案件证据矛盾冲突显著

此类案件中证据的矛盾贯穿于整个案件认定事实的各个环节。证据间的冲突，所带来的最棘手的问题就是案件事实认定复杂。例如，在故意伤害案件中，对于被害人伤情与犯罪嫌疑人行为之间是否具有因果关系因言词证据的变化和多份鉴定意见的冲突而难以认定，或者犯罪嫌疑人虽然承认被害人伤情系由其行为造成，但是辩解其行为是在过失意志支配下进行的。根据证据种类划分，证据间矛盾的情形我们大致可以归为以下几类：

（1）犯罪嫌疑人单纯地否认实施犯罪行为而与被害人陈述、证人证言或视听资料等其他证据相冲突的。例如，在多起盗窃案件中，犯罪嫌疑人辩解自己在部分案件中没有作案时间，从未到过案发现场。又如，在运输毒品案件中，从犯罪嫌疑人携带的包裹夹层内查出冰毒等毒品，但犯罪嫌疑人否认明知该包裹内有毒品的主观认知。

（2）因犯罪嫌疑人的辩解而产生与指控事实相对立的描述，导致证明体系的构建存在瑕疵。例如，在故意伤害案件中，犯罪嫌疑人辩解被害人的伤情并非由其造成，而是被害人自己摔伤所致。再如，贪污犯罪案件中犯罪嫌疑人辩解只有挪用公款的故意而无非法占有公款的故意。

（3）被害人、关键证人改变陈述及证言而使证明体系的构建存在瑕疵的情形。例如，强奸案件中经常出现的被害人翻证情况，即从最初的不愿意与犯罪嫌疑人发生性关系到事后称愿意与犯罪嫌疑人发生性关系。

（4）因同一问题出具的多种鉴定意见结论不一而导致证明体系的构建存在瑕疵的情形。例如，在伤害类案件中，对致伤成因的鉴定意见不一致，或是否构成轻伤、重伤等伤情程度不一致。

（5）书证、物证以及固定这两种证据的勘验检查笔录等证据与犯罪嫌疑人之间因缺乏关联性而导致证明体系的构建存在瑕疵的情形。例如，在贩卖淫秽物品罪中，涉案的淫秽光盘没有扣押手续，难以证明这些赃物从犯罪嫌疑人处起获。此种情形也多出现于持有型犯罪中。此外，司法实践中还瑕疵因犯罪主体资格或侵害对象的书证等证据发生变化而导致证明体系的构建存在瑕疵的情形。例如，在案件审查过程中，犯罪嫌疑人提供了与其身份证、户籍证明记载年龄不一致的出生记录，导致犯罪嫌疑人因此可能具有法定从轻、减轻处罚情节。又如，贪污或职务侵占类案件中，有关犯罪嫌疑人占有财物的性质因证据而发生变化，导致案件难以认定的情形。

（6）因证据能力问题导致案件需启动非法证据排除程序的情形。证明矛盾冲突显著给案件汇报带来的挑战在于汇报人对案件事实的描述。事实的描述是案件汇报的起点。如何让听取汇报的领导及时、准确地掌握案情，是汇报人在组织事实描述时需要首先考虑的问题。

2. 案件具体证明标准不一

证明标准又通常被称为证明程度。收集证据使指控事实达到证明标准，是刑事司法活动的中心环节。在因事实引发分歧的案件中，证明标准的程度往往是难以把握的，而且"具有可操作性的证明标准并不存在，'法律真实说'与'客观真实说'根本不可能为这种不存在的证明标准提供正当性的基础"[①]。虽然新修改的刑事诉讼法规定的刑事案件的证明标准直接借鉴了英美法系"排除合理怀疑"的表述方式，但是这只是建立了一种抽象、概括的标准，是一种原则性的规定。因此，在审查不同案件过程中，仍需要凭借司法官的知识、逻辑以及阅历对个案中的全部证据进行综合判断。

具体到我们审查证据分歧案件中，基于案件类型及具体情节的不同，每一类型案件所要达到证明标准所需证明的"关键环节"是不同的。所谓"关键环节"就是指达到"排除合理怀疑"的证明要点。例如，犯罪嫌疑人因盗窃罪被公安机关抓获后，公安机关通过指纹比对，又在多个盗窃现场查找到了犯罪嫌疑人的指纹。如果犯罪嫌疑人仅承认到过被害人家门外，但辩解自己没有在该地实施过盗窃行为，在这种情形下，即使个别犯罪嫌疑人的指纹仅在被盗房间门外发现，司法机关在一般情况下也会认定犯罪嫌疑人实施了盗窃犯罪行为。因为，在每一个被盗地点都发现了犯罪嫌疑人的指纹，而其又不能说明去过这些地方的正当理由，根据经验法则与逻辑概率，该证明已经达到了"排除合理怀疑"的标准。再如，在强奸案件中，司法官往往通过审查被害人身上有无伤情、被害人的报案时间、被害人与犯罪嫌疑人的关系等情况判断被害人是否有与犯罪嫌疑人发生性关系的意愿。又如，在故意杀人案件中，必须充分证明被害人已经死亡，如果仅有犯罪嫌疑人的有罪供述，而被害人却处于失踪状态，则难以对犯罪嫌疑人定罪处罚。

具体案件的证明标准不一给案件汇报带来的问题就在于汇报重点的选择。汇报人要熟悉各类案件证明标准的"关键环节"，以便在汇报过程中有所侧重。

（二）因法律适用引发分歧案件的特点

因法律适用引发分歧而启动汇报程序的案件在审查起诉工作中也是十分常见的。这种情形通常表现为罪与非罪、此罪与彼罪之争，或者是对重要的量刑

---

① 王敏远：《一个谬误、两句废话、三种学说》，载王敏远编：《公法》（第4卷），法律出版社2003年版。

情节产生争议。此类案件中，往往事实证据较为清晰，但是对于刑法理论的认识争议较大。

1. 案件基本事实相对清晰，细节决定案件性质

因法律适用引发分歧的案件通常是由于对法律的理解与适用产生争议，因此在大多数情形下，案件基本事实不存在证据认定上的分歧。虽然此类案件审查与汇报的重点不是证据问题，而是对刑法理论的认知，但是案件事实相对清晰却并不代表事实"简单"，在许多案件中，某些细节问题将直接影响案件性质的判断。

例如，在一起共同盗窃案件中，一名犯罪嫌疑人为抗拒抓捕而使用暴力，其他同案嫌疑人未使用暴力。则未实施暴力的犯罪嫌疑人是否构成转化型抢劫？在这一案件中，汇报人就应当将这些犯罪嫌疑人在实施犯罪前的犯意联络，实施过程中的具体行为，特别是实施暴力的犯罪嫌疑人在抗拒抓捕时其他犯罪嫌疑人的行为进行详细汇报。

2. 法学理论分歧较大

在大多数因法律适用而产生分歧的案件中，在法学理论上均存在较大分歧。这种分歧源于法律解释争议与犯罪构成体系争议。一方面，由于在制定的法律过程中存在一定的不确定性、不明确性、不精密性以及不具体性，因为"极度的确定性反而有损确定性"，因此在司法的过程中就需要对法律进行解释。正如波斯纳所言："法律训练的很大部分，特别是在精英法学院里，就是研究法律的不确定性。"[①] 另一方面，长期在我国刑法学界占据统治地位的闭合式的四要件犯罪构成理论目前受到了三阶层犯罪构成理论的冲击。两种学术观点的碰撞，使得我们在分析案件事实的过程中，产生了从主观到客观，以及从行为到责任的两种不同思维模式。不同的思维模式，也导致在一些法律问题的分析上得出不同甚至完全相反的结论。例如，对于安乐死案件。传统的四要件构成理论会认为，主体上行为人是具有正常意志的年满 18 周岁的成年人，主观上明知通过安乐死的手段能够剥夺病人的生命，客观上行为人实施了安乐死的行为，最后通过这种行为造成了病人的死亡，进而侵害了故意杀人罪保护的客体，因此对于行为人应当认定为故意杀人罪。而对于相同的情形，部分持三阶层犯罪构成理论的学者则认为，在构成要件符合性方面，行为人的确实施了一个杀人行为，即安乐死行为，但是由于行为人为缓解病人的痛苦而接受病

① ［美］波斯纳：《法理学问题》，中国政法大学出版社 1994 年版，第 55 页。

人要求为其实施安乐死行为①在违法性阶段评价过程中具有正当化事由，即阻却违法性评价。

（三）因量刑引发分歧案件的特点

因量刑引发分歧的案件常常出现在审判机关与检察机关对量刑事实的评价过程中。此外，检察机关在发表对被告人的量刑建议时，在有些情形下也会产生一定的分歧。例如，在法定刑是否升格或是否建议判处被告人死刑的情形时，检察机关对量刑建议的发表往往特别慎重。通常而言，此类案件有以下特点：

1. 量刑事实的认定复杂

在量刑过程中，量刑事实的认定是基础性工作，对正确认定被告人的刑罚起着决定性作用。在司法实践中，量刑事实的构成通常较为多样。其中既有与定罪事实相交融的情节（持枪抢劫、轮奸被害人等法定刑升格情节），又有独立于定罪事实的情节（自首、立功等单纯量刑情节）。犯罪嫌疑人、被告人对于实施犯罪的起因、主观恶性、行为手段等酌定情节也对刑罚量的确定有重要影响。此外，在伤害、盗窃、诈骗等特定案件中，被害人对于犯罪嫌疑人、被告人谅解的态度也在很大程度上影响着刑罚的确定。

量刑事实不仅构成多元，而且容易发生变化。有些案件中，犯罪嫌疑人在审查起诉阶段不能如实供述其所涉嫌的犯罪事实，但是在庭审中却将全部犯罪事实予以供认。有些案件中，犯罪嫌疑人在审查起诉阶段并未赔偿被害人任何损失，但是在审判阶段却又全部赔偿了被害人的损失，有的甚至还得到了被害人的谅解。由于这些影响量刑的事实在司法实践中呈现较大的不确定性，增加了公诉机关案件承办人在确定量刑建议的过程中对于量刑事实认定的难度。

2. 量刑评价标准差异较大

使用何种方法对确定的量刑情节进行评价在司法实践中是一个长期争议的问题。在传统的量刑模式中，"估堆"式量刑法是司法官通常采用的方式。所谓"估堆"式量刑法就是指法官根据案件中全部的量刑情节，估算出对被告人的总体的刑罚区间并据此确定最终的刑罚量。举例而言，一名被告人故意伤害致二人重伤，案发后主动投案并如实供述，可以认定为自首。根据"估堆"式量刑法，对该名被告人的量刑首先要确定全部的量刑情节，即根据法律规

---

① 此处实施的安乐死行为仅指消极安乐死行为，即停止治疗行为。对于积极安乐死行为，三阶层犯罪构成理论认为，该行为虽然具有主观正当化事由，但欠缺客观正当化条件，故不能阻却违法性与有责任，仍应认定为犯罪行为。

定，被告人致二人重伤，应当在 3 年以上 10 年以下有期徒刑幅度内量刑。考虑到被告人有自首情节，依法可从宽处罚。随后法官据此在法定刑幅度内直接确定被告人的刑罚。"估堆"式量刑法，主要凭借法官个人的法律素养和实践经验，并根据审判过程中确认的事实与证据，依据法律作出判断。这种量刑方式赋予了法官较大的自由裁量权，也就不可避免地会出现"同案不同判"现象，由此影响司法公信力，引起当事人不满。

这种"估堆"式量刑法在 2010 年有了较大改变。这是由于在这一年最高人民法院正式颁布了《人民法院量刑指导意见》。对审判人员的刑罚裁量权进行了规范，将"一步式"的量刑模式改为"分步式"的量刑。具体量刑步骤是：首先，根据基本犯罪构成事实，在相应的法定刑幅度内确定量刑起点；其次，在量刑起点的基础上增加刑罚量，确定基准刑；最后，根据量刑情节调节基准刑，并综合考虑全案情况，依法确定宣告刑。[①]

《人民法院量刑指导意见》正式实施之初，在规范量刑程序方面起到了积极作用，取得了阶段性成效，但是也出现了理解与适用标准不统一以及适用过于机械、僵化等问题。适用与理解的分歧导致刑罚裁量结果差异较大，违背统一适用法律的初衷，而机械、僵化的执法，也使得检察机关对法院量刑的监督陷入被动的境地。例如，在适用量刑指导意见确定盗窃罪的被告人的刑罚过程中，出现了遗漏罪量要素[②]的问题：根据调研反映[③]，在相同犯罪情节的考量

[①] 以故意伤害为例，《人民法院量刑指导意见》中规定，故意伤害罪可以根据不同情形在相应的幅度内确定量刑起点。如故意伤害致一人轻伤的，可以在 6 个月至 1 年 6 个月有期徒刑幅度内确定量刑起点。故意伤害致一人重伤的，可以在 3 年至 4 年有期徒刑幅度内确定量刑起点。以特别残忍手段故意伤害致一人重伤，造成 6 级严重残疾的，可以在 10 年至 12 年有期徒刑幅度内确定量刑起点。依法应当判处无期徒刑以上刑罚的除外。故意伤害致一人死亡的，可以在 10 年至 15 年有期徒刑幅度内确定量刑起点。依法应当判处无期徒刑以上刑罚的除外。在量刑起点的基础上，可以根据伤亡后果、伤残等级、手段的残忍程度等犯罪事实增加刑罚量，确定基准刑。有下列情形之一的，可以增加相应的刑罚量：（1）每增加一人轻微伤，可以增加 1 个月至 2 个月刑期；（2）每增加一人轻伤，可以增加 3 个月至 6 个月刑期；（3）每增加一人重伤，可以增加 1 年至 2 年刑期。同时，指导意见中还明确提出，雇用他人、接受他人雇佣实施伤害行为的，可以增加基准刑的 20% 以下。还有两种情况，可以减少基准刑的 20% 以下，即因婚姻家庭、邻里纠纷等民间矛盾激化引发的；犯罪后积极抢救被害人的。

[②] 中国刑法上的"罪量要素"，其实就是学人们时常论及的关于中国刑法上的犯罪既定性又定量的"定量因素"。"罪量要素"概念的首次提出者，是北京大学的陈兴良教授。陈教授建构了一个"罪体—罪责—罪量三位一体的犯罪构成体系。在这一构成体系中，给予犯罪成立的数量因素以独立的构成要件的地位"。详见陈兴良：《作为犯罪构成要件的罪量要素——立足于中国刑法的探讨》，载《环球法律评论》2003 年秋季号。

[③] 北京市人民检察院第二分院二审监督处课题组：《量刑规范化实证研究——二分院东片辖区三类案件量刑情况调研报告》，载《检察时空》2012 年第 4 期。

基础上，实施入户盗窃的被告人与非入户盗窃的被告人被判处的刑罚基本持平，甚至出现犯罪数额较高且未退赃的入户盗窃的被告人与犯罪数额较低且积极退赃的一般盗窃被告人判处同一刑罚的情形。入户盗窃行为不仅严重侵害被害人合法财产所有权，而且侵犯了公民的私人空间尤其是住宅权，因其犯罪发生场所的特殊性，应在量刑时予以从重考虑。

3. 刑事政策影响显著

在犯罪情势急剧变化的今天，为了控制犯罪，世界各国均显著突出了对刑事政策的重视。一个国家或者地区刑法理论的发展与更替以及理论立场的选择，无不与刑事政策息息相关。因此，可以毫不夸张地说，刑事政策涵盖了国家全部刑事法及其理论与刑事司法实践的内容。从量刑环节审视，刑事政策的影响十分显著。例如，为了保护未成年人，近年来"两高"出台了大量的司法解释。在这些司法解释中包含了大量的有关对未成年人犯罪的量刑态度。又如，为了保障某一时期的稳定，有关部门也会出台相应的刑事政策类指导意见，如在最高人民法院《适用宽严相济刑事政策若干规定》中列举了诸多从严打击的犯罪类型①。

此外，相对于成文的法律法规而言，刑事政策的变化也较快。这就需要案件承办人紧跟形势变化，不断更新政策知识的储备。

---

① 从严打击的犯罪有：爆炸、杀人、抢劫、绑架、毒品；以农村留守妇女、儿童、老人及社会弱势群体为侵害对象的案件；贪污贿赂、滥用职权、失职渎职的严重犯罪；包庇纵容黑恶势力犯罪、重大安全责任事故、制销伪劣食品、药品所涉及的职务犯罪；发生在社会爆炸、征地拆迁、灾后重建、企业改制、医疗、教育、就业等领域的职务犯罪；发生在经济社会建设重点领域、重点行业的严重商业贿赂犯罪；集资诈骗、贷款诈骗、制贩假币；制销假、劣药、有毒有害食品犯罪；严重侵犯知识产权和假冒伪劣商品犯罪；重大安全责任事故犯罪；重大环境污染、非法采矿、盗伐林木等破坏生态环境犯罪。

第四章

事实证据分歧案件的
汇报方法与技巧

汇报案件的事实及证据问题是汇报的中心内容，也是汇报的关键环节，一般包括案件的事实、证据情况等。汇报案件事实，必须按照"七何"要素进行，即违法犯罪的时间、地点、手段、情节、动机、目的和危害结果一种都不能少，要叙述清楚、完整。汇报一人多案的案件，在汇报案件事实部分可以使用以下三种方法。一是依主次罪的顺序汇报；二是按犯罪嫌疑人作案的时间顺序汇报；三是对作案次数较多而罪名、情节又大致相同的，按综合归纳的方法汇报。不管采用何种方法，都必须把犯罪嫌疑人所犯罪行叙述清楚。所谓清楚，就是简要、明确地叙述出犯罪嫌疑人实施犯罪的时间、地点、目的、动机、手段、经过、后果等，以便领导根据客观事实对该案定性处理。叙述犯罪事实不仅要求高度准确，忠于事实真相，而且必须全面、正确。

此外，由于证据间矛盾的存在，给案件汇报人在叙述案情时带来一定的困扰。这种困扰主要体现在，汇报人在陈述案情时如何介绍因证据冲突而产生的分歧情形，即是侧重于依照有利于指控犯罪的证据间所形成的情形进行汇报，还是侧重于依照有利于犯罪嫌疑人的证据所形成的情形进行汇报，抑或是针对矛盾证据形成的两种情形交汇汇报？我们认为，无论案件中的证据冲突有多么激烈，但在一些基础事实上总会形成一致。因为案件证据的冲突总是围绕着犯罪构成以及法定刑升格情节而展开的。例如，在伤害类案件中，犯罪嫌疑人辩解被害人的伤情不是自己造成的，但一般都会承认其与被害人发生了争执。而其承认的部分就属于案件的基础事实。虽然案件基础事实往往不直接决定犯罪嫌疑人的定罪量刑，但确对构建案件事实具有关键作用。这些基础事实又通常是根据证据印证的以及可以做到内心确信的。由此，汇报人就要基于这些确定的事实搭建汇报案件的框架。这往往是我们汇报案件事实时所要掌握的主线。

根据案件证据差异的情况，案件事实的冲突可以分为以下几种：

第一，犯罪嫌疑人单纯否认自己实施犯罪行为；

第二，犯罪嫌疑人的辩解形成新的案件事实；

第三，被害人、关键证人翻证或者出现新的书证、物证导致形成新的案件事实；

第四，因鉴定意见的结论不一形成不同的案件事实；

第五，因书证、物证等证据变化导致案件存疑；

第六，因启动非法证据排除程序导致证据变化的情形。

总体而言，汇报此类案件首先必须坚持客观公正、实事求是的工作原则，避免先入为主。这是由于在审查起诉工作过程中，案件承办人很可能围绕同一需要证明的事实，发现卷宗中含有证明方向不一甚至完全相反的证据材料。这就需要汇报人在汇报前对这些证据材料进行审查判断，辨别真伪，但是这并不意味着汇报人可以擅自隐匿自己认为应当排除的证据。汇报人在汇报时既要向领导汇报有罪或者罪重的证据，也要汇报有关无罪或者罪轻的证据，说明证据间相互矛盾情况，便于领导正确分析讨论，准确定案。不能随意取舍证据或者隐瞒相反证据做出片面汇报。如果汇报人随意取舍证据，这将影响领导对案件做出正确决策。当然，如何介绍案情、分析证据也要遵循繁简得当原则。这一点我们将在后文中进一步阐释。同时，在不同的案件类型中，承办人所要汇报的方法、角度、重点都是有所差异的。汇报人要根据案件证据情况的不同，分析事实冲突种类，进而在汇报中采用相应方式。

一、犯罪嫌疑人、被告人单纯否认自己实施犯罪行为所引发的案件汇报技巧与方法

犯罪嫌疑人单纯否认自己的犯罪行为属于一种消极辩解，一般不会形成与指控事实相交织的情形。例如，犯罪嫌疑人否认自己到过案发现场，没有实施犯罪行为。

首先，在这种类型的案件中，陈述案件事实的主线就要依据被害人、证人的陈述或视听资料记录的情况进行构建。

例如，在一起盗窃案件中，犯罪嫌疑人归案后始终否认自己参与了盗窃行为，而被害人又不能说明自己的财物是如何被盗（这也是绝大多数盗窃案件中被害人陈述的特点）。因此，案件事实的构建就应当依照监控录像的显示进行陈述：

犯罪嫌疑人甲某于 2008 年 11 月 17 日 11 时 55 分，伙同其他二人（未归案）来到北京市怀柔区大鸭梨饭店大厅内。该三人坐在正在就餐的被害人乙某身后的桌子边。其中甲某与被害人乙某背对而坐，另二人分别坐在甲某两侧。在甲某左手边的男子翻看菜谱，但始终未点菜。在甲某右手边的男子不断地与甲某进行交谈。12 时 0 分 18 秒至 23 秒，甲某与其右侧男子向后移动桌子，使该桌距离与被害人贴近。12 时 6 分 48 秒，与被害人同桌的一人起身，欲从被害人与甲某两人座椅之间空隙走过，但发现两把椅子已经靠在一起，无法通过，遂从另一侧离开。12 时 10 分 20 秒至 37 秒，甲某侧身，极力将身体向被害人座椅方向靠，其右手动作被身体遮挡，12 时 10 分 37 秒时，被害人对甲某的举动有所察觉，回身看甲某。甲某见或被发觉，立即抽手回身，并将其椅子向前拉。12 时 11 分 53 秒，甲某扭身回头观察被害人桌后起身离开。

12 时 17 分 26 秒，甲某右手边男子坐到甲某原来座位。12 时 20 分 35 秒，该男子将被害人挂在椅背外套内的钱包窃走后起身离开。随后，甲某左侧男子也起身离开。被害人乙某的钱包内有现金 8000 余元。在甲某坐在被害人身后至其离开的期间内，甲某曾 34 次回头观察被害人。

其次，在构建基础事实后，要着重阐述犯罪嫌疑人否认自己实施犯罪行为的理由、时机。犯罪嫌疑人单纯否认自己实施犯罪行为的辩解一般较为简单，但是直接否定指控事实。因此一方面，必须结合在案证据分析犯罪嫌疑人无罪辩解的理由；另一方面，要注意审查犯罪嫌疑人辩解提出的时机。

例如，在上述盗窃案件中，犯罪嫌疑人的无罪辩解是没有到过案发现场。但是根据监控录像记录记载及鉴定意见的证实，与实施盗窃行为人在一起行动的人即为本案的犯罪嫌疑人。虽然犯罪嫌疑人没有亲手实施盗窃行为，但是已经足以证实其与实施盗窃行为的人系共同犯罪。犯罪嫌疑人的辩解与现有证据形成的确定事实完全违背，故其辩解不能采信。

又如，在南京发生的一起著名的民事侵权案件中，被告彭某辩解没有撞倒原告，其是去搀扶摔倒在地上的原告。最终法院判决认定彭某撞倒原告的原因之一就在于，彭某的这一辩解并不是在第一次接受交警询问时提出的，而是在后来的庭审过程中提出的，其"无罪辩解"的时机不足以使人信服。我们知道，虽然民事侵权案件与刑事案件有所区别，但是二者之间有包容关系，如每一起故意伤害案件都符合民法意义上的侵权案件特征，只不过其行为性质更加恶劣，危害后果更加严重。因此，在民事侵权类案件中被告辩解的时机不当导致其辩解不能成立，而即使在证明标准对控诉方更为严格的刑事案件中，犯罪嫌疑人辩解时机的不当也将在很大程度上降低其辩解的可信性。

最后，要简明扼要地说明在案现有证据能否驳斥犯罪嫌疑人的无罪辩解，是案件证明体系排除合理怀疑。如果案件证据体系存在争议，要说明这些争议对案件带来的风险。如果现有证据不足以排除合理怀疑，要说明是否有进一步需补充证据的空间以及是否需要领导就侦查机关进行协调。

在汇报此类案件中，需要注意的几个问题是：

第一，陈述案件过程中避免过多使用指示代词。

在汇报人陈述案件过程中，陈述案件的角度都是从第三人的视角进行的。当案件事实因犯罪嫌疑人的辩解出现分歧时，汇报人往往需要将汇报视角切换到犯罪嫌疑人或被害人甚至证人一方。我们以一起受贿案件为例：

犯罪嫌疑人甲某系某市 A 区副区长，其利用职务便利，为某房地产开发商在拆迁、征地过程中谋取不正当利益，收受该房地产公司负责人给予的现金人民币 10 万元。对于收受贿赂一事，犯罪嫌疑人甲某予以否认。

当案件陈述到这一阶段时，汇报人必然提及行贿人的证言情况。汇报人是这样陈述行贿人乙某的证言的：

乙某说，我在 2006 年 8 月 2 日晚上 8 点，我到他家，见到了他爱人，把装有 10 万元现金的信封给了她。第二天，他打电话说别那么客气。对此，甲某予以否认。甲某说，他没有给过我钱，她也没和我说过收过钱的事情，不信你们可以去找我爱人了解这些情况。

通过上述这个案例陈述我们可以发现，案件中涉及 3 个以上人物时，用第三人称过多进行指代极易导致指代不明的情形，更何况听取汇报的人员无法区分此"他"与彼"她"。这种指代只能造成事实陈述不清。也就是说，汇报人在陈述当事人的言词时，尽量不要直接宣读证言，而将这些证言进行转述，并尽量减少第三人称指代。

第二，不能用主观判断替代必要的事实交代与说明。

此类案件汇报的核心在于向听取汇报的领导阐明犯罪嫌疑人的辩解是否会从根本上动摇案件的证明体系。在进行这方面情况说明过程中，汇报人不能仅仅使用"犯罪嫌疑人辩解不足以采信"、"现有证据足以证明"等定性判断替代必要的证据说明。例如，笔者曾在听取一起督办的抢劫案件过程中，汇报人在描述完基本案情后，便说："该案犯罪嫌疑人虽然辩解没有到过案发现场，也没有见到过被害人，但其辩解不足以采信。"随即，其就准备汇报下一起案件事实。这就使得听汇报的人感到十分困惑，即犯罪嫌疑人否认自己到过案发现场，在这种证据情况下承办人是如何形成内心确信，认为嫌疑人的辩解不足以采信的？而事实上，是汇报人遗漏说明了一个关键证据，即侦查机关通过技术手段查获了被害人被抢的手机位置，并由此抓获了携带这部手机的犯罪嫌疑人。此外，犯罪嫌疑人还利用从该部手机获取的被害人联络方式，对被害人进行敲诈、威胁。[①] 在笔者的询问下，汇报人补充说明了上述情况。至此，与笔

---

① 如果仅仅从犯罪嫌疑人身上起获赃物尚不足以证明持有赃物的人就是实施抢劫、盗窃等相关犯罪的犯罪嫌疑人。

者一同听取汇报的同事才大体了解案情，并就该案进一步需要完善的证据提出了相应意见。

第三，证据分析要简明扼要，直接阐释核心问题，不能长篇大论。

此类案件汇报过程中，最常见的问题在于汇报人往往"沉迷"于全部证据的分析整合，导致汇报过程过于冗长，主次不分。例如，运输毒品案件中，侦查人员从犯罪嫌疑人携带的背包夹层中起获了毒品。而犯罪嫌疑人却辩解自己仅是替别人运输背包，不知背包内有毒品。对于此类情形，汇报人就应当围绕案件中现有的哪些事实可以否定或印证其不明知携带毒品的辩解理由进行汇报。例如，背包携带方式、是否获得高额报酬、被抓获第一时间的表现等可以印证其主观明知的客观行为。但是有些汇报人却在分析证据时始终围绕犯罪嫌疑人辩解情况进行阐述，而对于客观行为事实不进行说明，这就未能抓住案件汇报的主线。

二、犯罪嫌疑人的辩解形成新的事实所引发的案件汇报技巧与方法

一般情况下，如果犯罪嫌疑人提出的辩解形成了新的事实，那么这种新的事实往往与侦查机关认定的指控事实相左。虽然犯罪嫌疑人陈述的事实会有较大部分与被害人陈述、证人证言所描述的事实相一致，但是在涉及犯罪构成的关键环节上，二者证据间的矛盾往往冲突显著。在这种类型的案件中突出的特点就是根据不同的言词证据可以形成两种甚至多种案件情形，这让汇报人在陈述案件事实经过时往往难以把握。

首先，针对这一类型的案件，陈述案件事实的主线原则上应从指控事实角度进行汇报。这是由于指控事实是整个案件的基础，如果从犯罪嫌疑人的辩解或对其有利证人的证言所描述情节构建案情，就会导致事实描述的冗长、繁琐甚至混乱。我们以一起"控制下交付"的贩卖毒品案件为例进行说明：

吸毒者甲某应民警要求，给贩毒者乙某打电话约定购买毒品海洛因。当乙某按约定与甲某见面并交易毒品后，随即被民警抓获。乙某归案后辩解，其是替甲某购买毒品，且没有加价。从其身上起获的毒品是从一名叫"顺子"的男子处购买的。另外，贩毒者乙某具有吸毒史，且曾因贩卖同种毒品被司法机关处理过。

上述这种案件事实的描述方式就是从指控事实的角度进行的描述。如果我

们从犯罪嫌疑人辩解的角度描述，就会发现陈述案件事实的过程较为繁琐：

> 　　贩毒者乙某接到了吸毒者甲某的电话，电话中甲某提出购买毒品海洛因的要求。后乙某辩解其随后找到了一名叫"顺子"的男子，并从该名男子处购买了毒品。买到毒品后，乙某来到约定地点与甲某碰面，并向甲某索要代购毒品的毒资。甲某将毒资交付给了乙某，但乙某否认其是向吸毒者甲某直接贩卖毒品，而是为甲某代购毒品，因为甲某向乙某提出购买毒品是在民警安排下进行的，且代购过程中乙某没有加价。但甲某是民警安排的证人，故在二人交易完毒品后，乙某被民警抓获。另外，贩毒者乙某具有吸毒史，且曾因贩卖同种毒品被司法机关处理过。

　　可以看到，后一种陈述是一种"否定＋否定"的陈述案情方式，即犯罪嫌疑人否定涉嫌实施贩卖毒品的犯罪行为，证人否定犯罪嫌疑人的辩解。这种方式导致案情的陈述一直在争执中进行，难以使听取汇报的领导尽快掌握案情。

　　其次，从指控事实角度进行汇报并不代表汇报人丧失客观立场。这一点是汇报人必须注意的。从指控事实角度进行汇报的目的是使陈述事实更加清晰，而不是如何有效指控犯罪。如何有效指控犯罪是"汇报人意见"部分需要完成的任务，不是描述案件事实的部分所需承担的任务。因此，在汇报过程中不能因为案件事实从指控角度进行描述就夹杂汇报人的主观有罪判断。

　　我们仍以上述案件为例，有些承办人在描述此类案件事实的过程中，习惯在陈述事实过程中进一步描述："毒贩乙某曾因贩毒被司法机关处理，其辩解可信程度低。"我们认为，对犯罪嫌疑人辩解可信程度高低的判断，是在发表意见阶段结合全案证据情况所要说明的问题，而不是事实陈述阶段说明的问题。如果在事实陈述阶段过多地进行主观判断，不但使案情叙述不连贯，而且可能会导致听取汇报领导认为汇报人办案过于主观，进而不愿接受汇报人的意见。

　　再次，要针对证据间的矛盾进行有针对性的分析汇报。思路清晰，能从全案角度驾驭证据的汇报往往能获得听取汇报领导的认可。反之，案件汇报人可能因为不能切中要害而不得不对案件审查进行返工。因为证据分析说明往往是此类案件的重要环节，决定着案件的最终走向。我们在此强调的有针对性分析是指，汇报中分析证据应从"客观证据"入手，而不能围绕犯罪嫌疑人的辩解进行。由于此类案件中，犯罪嫌疑人提出的辩解形成了新的事实，如果围绕其辩解进行分析汇报，必然导致证据采信出现偏差，容易使听取汇报的领导做出错误判断。"客观证据"是指书证、物证、痕迹等不易因当事人事后意志而转移的证据①。

例如，在受贿案件中，犯罪嫌疑人辩解其虽然接受了当事人的钱款，但是其接受钱款仅是基于师生、战友、同乡等较为密切的关系。在这种情形下，犯罪嫌疑人也可能会向侦查机关提供几名证人，证实其辩解。例如，这些证人向侦查机关提出，向犯罪嫌疑人行贿，没有获得利益的意图，送礼仅仅是出于维系人际关系的考虑。在这种情形下，如果承办人从犯罪嫌疑人的辩解角度进行分析汇报，就会从双方关系的密切程度、送礼的原因等方向首先入手。而这样分析证据就会被犯罪嫌疑人的辩解所牵制。我们认为，正确的分析路径应当是，在犯罪嫌疑人收受钱款这一事实已经得到确认的前提下，就应当从行贿人是否从受贿人处获得"利益"的角度进行分析。易言之，犯罪嫌疑人是否利用或超越职权，将行贿人的请托事项予以实现。对于这一事实的确认，往往就可以通过会议纪要、记录、法律法规等证据予以印证。例如，行贿人生产的产品不符合国家质量标准，不能进入市场销售流通，但是犯罪嫌疑人却利用自己主管的审批权限，为行贿人违规发放了许可证。这样，犯罪嫌疑人收受钱款与为行贿人谋取利益之间的联系就基本可以确定，由此也可以基本判断犯罪嫌疑人的辩解是不成立的。

我们认为，对证据间矛盾进行有针对性的分析汇报，体现的是汇报人对案件的整体把握能力，是需要案件承办人在长期办案过程中不断积累的。这种积累从每一篇结案报告证据分析的撰写开始。承办人只有潜心研究每一个案件的证据情况并注意总结，办案经验才能不断增长；而如果每办理一个案件都如同流水作业一般应对，则即使办理再多的案件也难以使自己的办案水平提高。

最后，如果现有证据不足以排除合理怀疑，要说明是否有进一步需补充证据的空间以及是否需要领导就侦查机关进行协调。此外，如果案件证据体系存在争议，要说明这些争议给案件带来的风险。

在汇报此类案件中，需要注意的几个问题是：

第一，事实描述时尽量避免"跳跃陈述"。

所谓"跳跃陈述"，就是指在汇报人陈述案件事实的过程中，一边依照指控犯罪事实进行陈述，一边又依照犯罪嫌疑人辩解形成的事实进行陈述，即在两种对立事实描述之间不断进行"切换"描述。这种陈述带来的最大弊端就是听取汇报的领导难以及时、准确地形成对案件主体事实的把握。下面我们通过一个案例来进行说明。在这个案例中，我们先通过前文介绍的陈述事实的方

---

① "客观证据"的客观性也是相对的，在个别案件中，不能排除犯罪嫌疑人作案前或作案后伪造对自己有利的书证、痕迹等证据。对于这些证据的审查，是需要案件承办人仔细甄别的。

式描述案件事实：

犯罪嫌疑人甲某系某市城建部门负责人。行贿人乙某系某房地产公司经理。2003 年在该市土地开发招标活动中，乙某为了使自己本不具备资质的公司中标，通过银行转账的方式，向甲某行贿人民币 100 万元。犯罪嫌疑人甲某收到钱款后，给乙某出具一张借条，但是借条缺乏必要的形式性要件（无借款日期、还款日期，出借人单位名称写错）。后甲某利用其职务便利，使乙某的公司顺利中标，获得土地使用权。

案发后，犯罪嫌疑人甲某承认为乙某谋取利益的事实以及接受乙某 100 万元人民币的事实，但其对自己的行为有两点辩解理由：第一，为乙某谋取的利益是正当利益，因为依照正当程序乙某也有机会获得该片土地的使用权；第二，虽然收受乙某 100 万元钱款，但该钱款系因其儿子出国留学而向乙某的借款，并出具了借款欠条。

这种描述事实的方式，汇报人先将案件主线依照顺序的方式描述，其次对争议事实进行说明。在陈述案件事实的过程中，汇报人已经将反驳犯罪嫌疑人辩解的证据融入案件事实中进行陈述，这就使得"嫌疑人的辩解是否成立"这一主观判断留给听取汇报的领导决策，也就防止了"夹叙夹议"叙述方式的弊端。但如果汇报人在描述事实的过程中进行"跳跃陈述"，就将导致案件事实的割裂：

犯罪嫌疑人甲某系某市城建部门负责人，其在任职期间收受了某房地产公司经理乙某的钱款人民币 100 万元。甲某在收受这 100 万元钱款后，为乙某在获得土地使用权的过程中谋取利益。该案中，甲某对为乙某谋取利益的事实予以供认，但是其认为自己为乙某谋取的是正当利益。可是乙某的房地产公司不具备土地使用权竞标资质，依照正当程序不能参与竞标，因此甲某提出的依照正当程序乙某也有机会获得该片土地的使用权的辩解不能成立。此外，甲某还辩解，其虽然接受了乙某的 100 万元人民币，但是该部分钱款系因为其儿子出国留学而向乙某的借款。但乙某却证实该 100 万元系行贿款。同时，虽然甲某出具了借款欠条，但是该借款欠条缺乏必要的形式性要件（无借款日期、还款日期，出借人单位名称写错），且乙某称出具借条仅是依照甲某要求所写，且系故意写错出借单位名称。

通过上述两种对争议事实的陈述方式的比对我们不难发现，后一种陈述事实的方式明显使得案件在陈述过程中极为凌乱，难以形成统一体系，不利于听取汇报的领导了解案件事实，而且还在陈述事实的过程中加入了自己的主观评价。

根据笔者近年来听取案件汇报的经验，汇报人出现这一问题的关键原因在于极力希望自己的汇报面面俱到，使听取汇报的领导全面了解案情。于是产生了急于解释犯罪嫌疑人的每一个辩解，但却事与愿违的情形。为了尽量避免出现"跳跃陈述"的情形，笔者建议，汇报人在组织该类案件的事实描述时，事先要撰写汇报提纲，在最大限度上避免急于利用反证反驳犯罪嫌疑人辩解的情绪，待所有的辩解意见阐释清楚后再组织证据进行反驳。套用某著名电影中的一句经典台词就是："让子弹再飞一会儿。"

第二，避免汇报案件事实过程中主次不分、遗漏关键事实。

因证据冲突产生不同案件情节是此类案件中的常见情形，但并不是所有的冲突情节都能够影响案件主要事实的认定。对于不影响案件主要事实的冲突不必在陈述案情时予以说明，而对于影响案件主要事实的冲突，应当通过前文所述的要求进行描述，使案件争议点清晰明了。下面我们通过一个案例来进行说明。在这个案例中，汇报人本应将案件中的争议事实（即丙某是否与乙某构成贩卖毒品罪的共犯）在汇报中予以体现，但是其在案件陈述事实过程中，却不能使听取汇报的人准确了解争议要点：

2007年7月18日10时许，在公安机关的授意下，吸毒者甲某与犯罪嫌疑人乙某电话联系购买毒品海洛因及冰毒。乙某称交易毒品价格为：海洛因440元1克，冰毒510元1克，但甲某称约定的交易毒品价格为：海洛因480元1克，冰毒580元1克。乙某称约定的交易地点是：A国际酒店，说他让其朋友在酒店开房间，并让甲某到B公交车站等候，由乙某前去接他，到A国际酒店开好的房间内验货后，再由甲某将钱款打入乙某提供的银行卡内。

当日14时许，乙某在B公交车站与一个上身穿绿色横条T恤的男子丙某接触后分开。14时10分，甲某乘坐出租车来到B公交车站与等候在那里的乙某见面后，由乙某驾驶一辆摩托车带着甲某前往A国际酒店。同时丙某打了一辆出租车尾随摩托车行进。15时许，丙某先在A国际酒店下车，进入该酒店后径直进入811房间，5分钟后丙某背着一个黑色双肩背包、挎着一个黑色电脑包由房间里出来，来到酒店大堂后，将包放在大堂的茶座上开始打电话。过了10分钟左右，甲某随乙某来到酒店，两人进入811房间。又过了大约10分钟，甲某给侦查人员打电话称验货完毕，有海洛因180克，价款近8万元；冰毒19克，价款近1万元。同时，甲某将一张中国建设银行卡卡号告诉侦查人员，让侦查人员将钱款汇入该账号。侦查人员接此暗号后，立即进入该房间，将在该房间内的乙某抓获并当场起获了毒品海洛因 177 克与冰毒 18 克。同时，丙某在该国际酒店的大堂内被抓获，并从其身上携带的包内起获毒品海洛因 25 克。

在汇报人陈述的这一段事实中，我们不难发现有如下三方面突出问题：

一是案件主要矛盾交代不明。在该起案件中，汇报的主要目的是现有证据能否认定丙某是乙某贩卖毒品的共犯。但是在交代案件事实的过程中，我们看不到丙某的辩解理由（如丙某为何进入 811 房间）、乙某对同案犯的指证情况（如 118 房间是谁登记入住的），我们也不了解通过客观证据能否印证丙某在作案过程中与乙某有通讯记录，建设银行卡卡号是谁提供的，该卡与丙某之间有无联系等诸多核心问题。这种情况导致听取汇报的领导不得不在汇报人进行证据分析时不断猜测：目前案件未认定是由于难以证明犯罪嫌疑人丙某没有实行行为，还是难以证明乙、丙之间具有共犯故意？抑或是起获的毒品不能与犯罪嫌疑人丙某建立联系？领导在听取事实汇报过程中感觉较为迷惑。

二是遗漏关键事实。在该起案件中，涉及犯罪嫌疑人丙某的两个关键事实汇报人没有在案件事实中予以陈述：（1）丙某从 811 房间出来后，给犯罪嫌疑人乙某发了一条短信，内容为"房间门没关"；（2）从丙某身上起获了一张建设银行卡，卡号即为乙某告诉甲某要其打入的购买毒品资金的银行卡号。这两个事实都是认定犯罪嫌疑人丙某的行为是否与乙某构成共犯的关键事实，但是汇报人却将这两个事实放在案件事实之后的"证据情况"部分进行说明。我们认为，将这两部分关键事实与陈述案件事实部分相割裂，直接导致案件情形不清晰。这是汇报人在撰写汇报材料时需要注意的。

三是罗列与案件核心事实无关的次要冲突证据。由于该案属于典型的"控制下交付"，因此甲某陈述与乙某供述之间关于约定贩卖毒品价格的分歧说法并不能从根本上动摇案件的证明体系。这种分歧就属于次要证据冲突，没有必要将这种冲突事实也在案件事实中一并描述。我们认为，过多陈述案件次要矛盾冲突，必然导致案件头绪混乱，影响汇报效果。因此，在汇报此类案件事实过程中，汇报人必须从诸多证明矛盾中提取出主要矛盾进行阐述，不能主次不分，将所有的矛盾情况均体现在案件事实的陈述之中。

第三，尽量避免在案件事实的陈述过程中"夹叙夹议"。

在此类案件中，由于证据冲突必然导致证据的采信问题，而这一问题通常也是此类案件汇报所需要解决的核心问题。在司法实践中，有些案件承办人在陈述案情时，往往急于驳斥犯罪嫌疑人的辩解或说明案件中的证据分歧目前难以排除，于是便一边陈述案情，一边对证据的采信进行解释。我们称这种汇报案件事实的方式为"夹叙夹议"。这种汇报方式往往适得其反，不仅不能使听取汇报的领导尽快了解案件与案件争议焦点，而且还在陈述案件事实过程中加入了过多的主观判断，与汇报案件中应遵循的"客观陈述案件事实原则"相违背。此类案件的汇报，需要汇报人厘清何种证据应在"陈述案情"时进行陈述，何种证据的分析意见应在"承办人意见"中进行阐释。下面我们通过一个案例来进行说明：

犯罪嫌疑人甲某系 A 公司经理兼总设计师，负责公司全面工作。A 公司的董事长为乙某。2003 年起，犯罪嫌疑人甲某与该公司董事长乙某发展为情人关系。2004 年，犯罪嫌疑人甲某要求公司财务为其购置一辆保时捷 911 跑车（购车费用 211 万元人民币）。犯罪嫌疑人甲某称拥有此车是自己人生的三个梦想之一，并且称使用公司钱款购买保时捷 911 跑车一事乙某事前知情，且同意将跑车登记在甲某名下。现有证据确实可以在一定程度上印证甲某的辩解，例如，一是公司出纳人员证明公司 10 万元以上的支出需要乙某亲自同意。二是公司行政主管证明公司财会人员均是乙某亲戚，即使甲某事前绕过乙某使用公司资金，事后乙某也能知晓。

2006 年，甲某与乙某的关系破裂。甲某从 A 公司离职，并主张其与乙某共同居住的公寓及 750 万元存款归其所有。乙某不同意甲某分割财产的主张，并向公安机关报案称甲某侵占 A 公司 211 万元用于购买 911 保时捷跑车。乙某否认自己明知该跑车系由公司钱款购买。该案中，现有部分证据虽然可以指证甲某擅自使用 A 公司资金为自己购置 911 跑车，如 A 公司股东丙某的证言，称其不知公司为甲某购置豪车，210 万元费用的支出凭单上填写的用途是"购买国外家具"，但是这些证据均不足以采信或存在反证，即股东丙某虽然出资，但是从未参与公司的实际经营，仅是定期分红，其对公司经营状况并不十分了解。而 210 万元支出凭单虽然没有如实填写，但是在会计记账中却记载了"利润分配"，由此支持了甲某的公司为其购买车辆的辩解。

在上述案例的事实描述部分，虽然汇报人基本陈述清楚了案件事实，但由于在陈述过程中不仅罗列了过多与案件无关的事实（如购买 911 跑车是其三个梦想之一等），而且加入了过多的证据分析，使整个案件事实的描述显得凌乱，也给人先入为主之嫌，这是汇报工作所忌讳的。如果该案采用以下方式汇报，效果则好很多：

犯罪嫌疑人甲某系 A 公司经理兼总设计师，负责公司全面工作。A 公司的董事长为乙某。2003 年起，犯罪嫌疑人甲某与该公司董事长乙某发展为情人关系。2004 年，犯罪嫌疑人甲某要求公司财务为其购置一辆保时捷 911 跑车（购车费用 211 万元人民币）。根据公司财务记录显示，该笔费用支出凭单上填写的用途是"购买国外家具"，会计账目中记载的用途为"利润分配"。

2006 年，甲某与乙某的关系破裂并产生财产纠纷。后乙某向公安机关报案称甲某侵占 A 公司 211 万元用于购买 911 保时捷跑车。甲某辩解称使用公司钱款购买保时捷 911 跑车一事乙某事前知情，且同意将跑车登记在甲某名下。

第四，其他应当注意的情形。

在"犯罪嫌疑人、被告人单纯否认自己实施犯罪行为引发的案件汇报"中需要注意的问题在此类案件中仍需要予以注意，如陈述案件过程中避免过多地使用指示代词，避免陈述角色频繁切换；不能用主观判断替代必要的证据说明；证据分析要简明扼要，直接阐释核心问题，不能长篇大论。如果听取案件汇报的领导属于政法委等外单位领导，则应当尽量回避进行证据采信与否的分析。

三、被害人、关键证人翻证引发事实争议案件汇报的技巧 与方法

被害人、关键证人翻证引发案件事实争议的案件在司法实践中时有发生。此类案件通常已经形成了一个较为"清晰"与"完整"的指控事实，但由于这些据以形成案件事实的言词证据发生了变化导致证据间产生矛盾。例如，在强奸案件中，被害人向侦查机关报案时称自己不愿与犯罪嫌疑人发生性关系。而随着案件的不断深入，被害人又向公安及司法机关声称自己在案发时愿意与犯罪嫌疑人发生性关系。再如，在某些贪污或职务侵占案件中，案发单位在向侦查机关举报犯罪嫌疑人贪污公款或侵占资金的行为时，由本单位负责人或其他相关人员证明被贪污或侵占的财物属于国有财产或单位资产。而随着案件的不断深入，案发单位或其上级主管（或控股）单位相关人员又出具证明称该部分财物允许犯罪嫌疑人进行分配。这些翻证情况直接导致案件证明体系的缺失。在此类案件的汇报过程中，需要我们注意以下几点问题：

首先，通常情形下根据未翻证前所形成的指控事实进行描述。

犯罪嫌疑人的辩解形成新的事实所引发的案件汇报情形类似，对于案件基础事实的描述，应当根据指控事实进行构建。这不仅是由于指控事实是引发整

个案件的基础，还因为在此类案件中，指控事实都是通过曾经确定的言词证据所形成的。只有从指控角度陈述案情，才更有利于听取汇报的领导了解翻证所引发的证明问题。如果汇报人首先陈述被害人、关键证人翻证后所形成的案情，不仅不符合案件证据变化的客观情形，而且不易使人了解案情。

其次，汇报人需根据翻证程度的不同选择相应的汇报方式。

在此类案件中，被害人、关键证人在许多情形下并不是对先前所有的证言都予以否认或改变陈述，而且也不是所有的翻证情形都影响案件事实的认定。这就需要汇报人在制作汇报提纲时将不影响案件事实认定的翻证情节剔除，以免分散案件争议焦点。但需要指出的是，在极个别情形下，某些情节翻证本身不对案件事实造成影响，但直接动摇翻证后言词证据的采信。那么在这种情形下就要在案件事实汇报过程中明确指出，然后在承办人意见中予以必要说明。我们以一起受贿案为例：

犯罪嫌疑人甲某为某国家机关工作人员。行贿人乙某为谋取不正当利益，利用到甲某家中拜访之机，将一个装有现金5万元的牛皮纸袋交给甲某。犯罪嫌疑人甲某的妻子丙某在侦查阶段证实，其在案发当日见到乙某将一个牛皮纸袋交给甲某，并且在事后听甲某说："乙某真客气，办点小事就送这么多钱。"在审查起诉过程中，丙某改变自己的证言，称案发当日其并不在场，而是开着自家的帕萨特轿车回自己母亲家，并称也没有听甲某说过那些话。而事实上，案发当日甲某家的轿车限行，无法出行。

从上述这个案例中可以看到，丙某的翻证陈述了两个新的事实。一个消极事实："没有见到乙某给行贿款。"一个积极事实："开自己轿车回娘家。"从一般意义上说，丙某陈述的积极事实与该案并无直接联系，属于可以不进行分析汇报的事实，但是该案的特殊情节就在于其提出的积极事实与其他确定事实相违背，直接降低其翻证的可信性。故在这种情形下，就有必要在案件事实中对其翻证所描述的积极事实予以说明。但同时要注意的是，避免在描述事实时就对证据进行过多分析。

最后，围绕翻证的关键环节进行补充说明。

在依照翻证前形成的指控事实进行描述后，与其他类型案件汇报所不同的是，汇报人应当对被害人、关键证人与犯罪嫌疑人的关系、翻证的时间、翻证后陈述的稳定程度、对翻证行为的解释等方面进行简明扼要的说明。这是由于翻证的原因是十分复杂的，有的是因为受到利诱、胁迫，有的是因为顾及与犯罪嫌疑人及其亲友的关系，有的是因为受到自身记忆力、感知力与表达力的影响，甚至有的完全是因为笔录制作人记载的内容产生歧义。因此，这就需让听取汇报的领导对被害人、关键证人翻证的客观情形进行了解，进而形成是否采纳翻证的内心确信。

四、因鉴定意见的结论引发事实争议案件汇报的技巧与方法

2012 年新修订的刑事诉讼法中，"鉴定结论"这一证据种类被重新定义为"鉴定意见"。这是由于"鉴定是聘请有专门知识的人通过科学技术手段对案件中专门性问题提出一种判断，它是基于鉴定人个人知识出具的一种意见，谈不上结论"。[①] 在司法实践中，因鉴定意见分歧引发事实争议的案件是极为常见的，也是困扰司法官对案件事实作出正确认定的重大现实问题，以致业内有"打官司就是打鉴定"的说法。造成这种情形的原因是多样的，既有鉴定方法的差异，又有鉴定人主观认识的不同；既有检材送检程序的不规范，又有鉴定设备的功能差异。在有些国家"鉴定人等就专门性问题提出意见的专家被称为'专家证人'或'意见证人'"[②]。鉴定意见一般都被认为是一种"意见性证据"，在广义上属于言词证据的范畴。既然鉴定意见属于言词证据，那么其就有鉴定人主观评价的因素，而且在鉴定过程中也存在诸多影响鉴定人评价的客观因素。

在司法实践中，因鉴定意见引发事实争议的案件主要有以下几种情形：

首先，鉴定意见对于犯罪行为造成的危害后果程度的评价不能得出唯一结论。由于我国刑法分则在相关罪名的"犯罪构成"设定中，存在相当数量的"定量"要素。这些"定量"要素不仅决定着法定刑的升格与否，而且决定着犯罪是否成立。例如，伤害案件中，被害人的伤情需要达到"轻伤"以上的后果才能追究行为人故意伤害罪的刑事责任。在盗窃案件中，如果行为人没有入户盗窃、公共场所扒窃、携带凶器盗窃等行为，其盗取的财产不足 2000 元人民币的，也不能以盗窃罪追究其刑事责任。司法实践中，"定量"因素通常不属于"众所周知"的事实，需要进行鉴定部门的专业审查与判断。例如，伤情需要鉴定人出具《人体损伤程度鉴定意见书》来确定被害人伤情是否构成轻伤。又如，被盗财物需要鉴定人出具《涉案财产价格鉴定意见书》来确定被盗物品价格。由此可见，鉴定意见对此类犯罪的构成与否起到了决定性作用，而司法实践中，也是这一类鉴定意见所产生的争议尤为突出。

---

① 黄太云：《刑事诉讼法修改释义》，载《人民检察》2012 年 4 月（下半月）。

② 张建伟：《证据法要义》，北京大学出版社 2009 年版，第 256 页。

其次，鉴定意见对于行为与危害后果间是否有因果联系不能得出唯一结论。行为与危害后果之间有无因果联系既包括行为与"直接后果"之间的联系，也包括行为与"加重后果"的联系。所谓"直接后果"就是行为直接造成的后果。例如，行为人对被害人进行殴打使被害人肋骨骨折。殴打与骨折之间就是"直接后果"中的因果关系。所谓"加重后果"就是指行为造成直接后果后，又继而产生了新的后果。又如，行为人对被害人进行殴打，导致被害人头部受伤，3个月后，被害人因颅脑损伤死亡。在这种情形下，行为首先造成了第一后果，即被害人头部损伤的后果，继而又因伤情引发了第二后果，即被害人死亡。被害人的死亡与行为人的行为之间就是"加重后果"中的因果关系。我们将上述两种鉴定意见一般称为对"致伤成因"鉴定，实质上就是对因果关系的鉴定意见。在司法实践中，此类鉴定的应用越来越广泛，但是也由此引发了相当的争议。

最后，对同一问题的不同鉴定意见之间得出不同甚至相反的结论。对同一问题进行多次鉴定，导致鉴定意见不统一的情形在司法实践中亦属常见现象，尤其多发于伤害类案件、网络犯罪案件以及认定犯罪嫌疑人责任能力有无的案件之中。在案件办理过程中，我们发现被害人个体的差异、进行鉴定的时间阶段不同、鉴定所采取的方法甚至设备不同，均可能导致前后鉴定意见的不统一。例如，在有些伤害类案件中，第一次鉴定结论的意见是被害人的伤情构成轻伤，而在第二次进行鉴定时，又发现被害人受损部位发生了功能障碍，进而评定伤情时为重伤。又如，在一起伤害案件中，第一次鉴定意见认为，被害人右耳骨膜破裂系人为外力打击所致，而在第二次鉴定中，得出的意见是骨膜破裂系被害人患有中耳炎所导致。

在汇报此类案件过程中，我们认为应当注意以下几点问题：

第一，贯彻"详略得当"原则陈述案件事实。

汇报案件中，陈述案件事实需要遵守"详略得当"原则自不必多言。在此，我们所要强调的是，在此类案件中，应当详细陈述哪些部分，又应当简要陈述哪些部分。根据此类案件的特点，鉴定意见的争议往往是伴随着犯罪嫌疑人辩解而产生的。例如，"致伤成因"类鉴定几乎都是在犯罪嫌疑人做无罪辩解的情形下进行的，而且这种辩解形成了一种新的事实。由此，在陈述事实方面，就要遵循前述中有关"嫌疑人辩解形成新事实"的案件汇报要领。此外，在汇报案件事实过程中，更要注意犯罪嫌疑人的辩解与鉴定意见之间形成的内在联系，即犯罪嫌疑人辩解其所实施或被害人实施的行为与鉴定意见形成的理由或依据间是否存在联系。这是汇报此类案件时需要详细阐述的要点。我们以一起故意伤害案为例进行说明：

犯罪嫌疑人甲某于 2007 年 3 月 2 日，因债务纠纷与被害人乙某发生争执。后甲某持水果刀（单刃、长 16cm、宽 2cm）刺向被害人乙某，致乙某右肩、右腋皮肤裂伤，根据诊断证明记载，被害人乙某送至医院时，伤口长度累计达 8cm。乙某手术后，右肩至右腋伤口愈合疤痕累计达 16cm。B 市某鉴定机构鉴定人出具的鉴定意见认为，被害人乙某的伤口累计达 16cm，符合《人体轻伤鉴定标准（试行）》意见中规定的标准，故评定为轻伤。后犯罪嫌疑人甲某及其辩护人提出，被害人乙某身体遗留的 16cm 疤痕系医生在治疗清创过程中扩创造成的，病历记录也记载医生在对乙某治疗过程中进行了清创处理。据此，甲某及其辩护人认为，清创是一种治疗手段，不是伤害行为，不应由犯罪嫌疑人甲某承担此责任，根据轻伤鉴定标准，甲某在被害人乙某身上造成的直接创口达不到轻伤标准。甲某的行为属于一般违法行为而非犯罪行为。

　　在上述案例中，画有波浪线部分的文字均属于在此类案件中应当进行详细描述的部分。这些细节直接关系到听取汇报的领导是否同意承办人对鉴定意见的取舍。这些细节就是案件事实的依托，是达成汇报目的的关键。此外，这些案件中，需要"略"的情节一般包括案件起因、动机以及过于具体的行为等。对于这些情节，在事实描述中一笔带过即可，不必展开论述，以免分散案件争议核心。

　　第二，对鉴定意见的形成依据及基础知识在汇报中应适当有所体现。

　　由于鉴定意见大多涉及较为专业领域的知识，因此，此类案件汇报人在汇报完案件事实后，应当对案件中存在分歧的因鉴定意见形成的依据、相关基础知识进行必要的说明，确保听取汇报的领导对鉴定意见的形成过程在总体上有所了解。同时，有必要将相关的法条附后，供领导参考查阅。同时，如果承办人在办理案件过程中曾就相关专业问题咨询过专家，且专家的答复对案件认定产生直接影响，也应在汇报案件事实后一并说明。

　　我们仍以上一个案件为例来做进一步讲解。在该案的事实情况汇报完成后，汇报人应当继续就相关情况进行必要说明：

　　在案件办理过程中，我们到 B 市某司法鉴定机构就清创手术是否导致伤口扩大的问题向该领域专家丙某进行了咨询。丙某答复：清创手术是用于清除伤口异物及去除严重感染的人体组织，根据现有病历记录记载，被害人乙某的伤口有清创后扩大的可能。

在进行上述说明后，汇报人可以向领导示意汇报暂时到此，并等待领导补充提问。此外，在汇报材料的最后，还应将相关资料附后，以便查阅：

附1

清创术：是用外科手术的方法，清除开放伤口内的异物，切除坏死、失活或严重污染的组织、缝合伤口，使之尽量减少污染，甚至变成清洁伤口，达到一期愈合，有利受伤部位的功能和形态的恢复。

附2

《人体轻伤鉴定标准（试行）》

第二十一条 肢体皮肤及皮下组织单个创口长度达 10 厘米（儿童达 8 厘米）或者创口累计总长度达 15 厘米（儿童达 12 厘米）；伤及感觉神经、血管、肌腱影响功能的。

第五十三条 多种损伤均未达本标准的，不能简单相加作为轻伤。若有三种（类）损伤均接近本标准的，可视具体情况，综合评定。

第三，尽量避免在汇报过程中大量使用鉴定中过于专业的术语。

在此类案件中鉴定意见多涉及专业领域知识，通常情形下这些专业知识又属于对一般人而言较为陌生的领域（如法医学、信息技术、力学、机械工程等）。这一特点就要求汇报人在案件汇报过程中，特别是在陈述鉴定意见的分歧过程中，将专业的术语转化为普通的生活语言。这是由汇报的任务及目的所决定的。通常而言，在正式场合进行的案件汇报时间有限。例如在司法实践中，经检委会讨论的案件绝大多数情况下是多个案件等待讨论，所以检委会不可能留给汇报人过多的时间去解释专业术语。更重要的是，过多的专业术语也会导致听取汇报的领导难以及时对需要解决的问题进行了解。

五、因书证、物证等证据变化的案件事实汇报的技巧与方法

书证、物证与鉴定意见一样在绝大多数情形下属于间接证据，不能单独以其所证明的内容反映案件全部事实。因此，在这一类证据发生矛盾和冲突时，不可避免地要与全案中的其他证据进行比对、印证。例如，证实侵害对象性质的书证、物证发生变化，导致案件性质发生争议的情形（如职务侵占罪与盗窃罪中财物是否归行为人占有，贪污、挪用公款罪中被侵占、挪用的财物是否属于国有财产）。

在侵害对象证据产生争议的案件中，印证侵害对象性质的证据通常与案件

事实夹杂在一起，而且在绝大多数情形下，属于间接证据，难以凭单一证据反映全部案件事实。这就需要汇报人在陈述案件事实过程中，将这一部分事实的证据进行提炼，并加以特别说明。

首先，在陈述的过程中，应将书证出具的时间、来源、提供者进行说明。

其次，由于存在争议的书证、物证往往伴随着犯罪嫌疑人的辩解或证人证言产生，因此有必要将此类证据与犯罪嫌疑人的辩解、证人证言结合起来。

再次，还应将与该书证证明内容有关的其他关键证据进行说明，确保听取汇报的领导能对该证据的证明力做到全面了解。

最后，在汇报此类案件的过程中，需要注意的一个问题是，汇报人不要在陈述案件的过程中进行证据分析。在司法实践中，我们发现，经常有案件承办人在汇报此类案件时，一边陈述案情，一边讲自己对案件证据的认证过程。这一方面显得案件事实较为凌乱，另一方面会使听取汇报的领导认为汇报人办案过于主观。正如本章开篇所言，在此类案件中，汇报人的首要任务是使听取汇报的领导全面、准确了解案情。汇报人的处理意见可以在随后的部分予以说明，二者不能混淆。我们以一起贪污案为例进行说明：

> 甲某系某国有大型企业副总经理，主管该企业配件出口业务。其在 2000 年至 2005 年任职期间，伙同时任该企业财务主管的乙某，通过伪造的金融凭证的方式虚列支出，将出口配件的部分营业款 200 万元人民币转移到自己实际控制的 B 公司账户中。经查，B 公司股东为甲某弟弟及乙某的妻子二人，两名股东仅为名义股东，未实际出资，也不参与 B 公司的管理。根据 B 公司的财务记录及相关金融凭证证实，该 200 万元均用于 B 公司的经营活动及甲某与乙某二人的个人消费。
>
> 甲某承认将该企业钱款划入自己控制公司的事实，但辩解根据该企业上级主管部委的规定，企业高管人员可以分得部分营业额，作为对高管人员的奖励。甲某在辩解的同时，也出具了该部委于 2003 年颁布的《关于×部下属企业高管人员奖励办法》。该《办法》规定：对于营业额奖励的比例由各企业党组讨论并报部委批准后生效。经查，甲某所在的该企业虽然在 2003 年讨论过分配办法，但是未形成最终决议，也未向部委报送。

在上述案例中，第一部分汇报人首先将案件的事实经过进行了陈述（由于篇幅限制，在该案例中，我们精简了犯罪嫌疑人的具体作案手段。在实际汇报过程中，应根据案件具体情形及汇报场合，对犯罪嫌疑人的行为手段进行适当细化描述）。这部分的任务是从指控事实角度陈述案情，使听取汇报的领导对案件有初步了解。随后在第二部分中，汇报人结合犯罪嫌疑人的辩解将与指控事实冲突的书证进行客观陈述，使听取汇报的领导进一步了解案件分歧要点。随后，汇报人又将与此书证证明事实相关的其他证据进行说明，使案件整体的证据情况有了较为全面的展示。特别值得提倡的是，在陈述该案的过程中，汇报人基本保持着围绕证据陈述事实的态度，没有将证据的分析意见掺杂在事实陈述中。

在书证变化的案件中，还存在证明犯罪主体资格的书证等相关证据产生争议的类型。行为人主体资格争议主要是指有关行为人的刑事责任能力（如年龄、精神疾病等），以及特殊主体犯罪中行为人的身份（如公职人员等）等方面的证据产生争议。

此类案件中，犯罪嫌疑人对于案件的事实经过通常不持异议。因此，在陈述案件事实过程中，可以简要陈述。在陈述事实之后，再就犯罪主体资格的证据变化情况进行说明。在这一类案件中，犯罪主体资格证据的变化情况需要汇报人予以说明的情况有：主体资格证据变化前所依据的相应证据、相反证据出现的时间、种类、来源以及提供人等。此外，对于因鉴定意见的不同而导致证明犯罪嫌疑人刑事责任能力存疑的情况，还要遵循鉴定意见证据分歧案件的汇报规则。

六、启动非法证据排除程序导致证据变化时案件事实汇报的技巧与方法

在前文中，我们所介绍的有关证据争议所引发的案件汇报技巧与方法均是围绕证据的"证明力"进行的。在这一部分中，我们将主要介绍因"证据能力"分歧而引发的案件汇报所需注意的问题及相关技巧。在此，我们对"证明力"与"证据能力"两个相近似的概念进行简要的说明。"证明力"是证据价值的大小。证据具有客观性，并与案件待证事实具有关联性，则其具备"证明力"。"证据能力"又称为"证据资格"，是指某种材料作为证据的资格。正如英国学者威廉·肖指出："许多外行人认为对于发现事实真相来说是重要的事物，却被法律基于司法程序的目的加以排除。"[①] 由此可见，"证据能力"是探讨"证明力"的先决条件，不具备"证据能力"的材料，没有必要对其"证明力"的大小进行判断。

近年来，在我国刑事诉讼的立法及司法活动中，对于"证据能力"的重

---

① 张建伟：《证据法要义》，北京大学出版社 2009 年版，第 134 页。

视逐渐加深，2010 年，最高人民法院、最高人民检察院、公安部、国家安全部、司法部颁布了《关于办理死刑案件审查判断证据若干问题的规定》和《关于办理刑事案件排除非法证据若干问题的规定》，将"证据能力"的审查判断以法律的形式确定下来。2012 年新刑事诉讼法的修订，又将两个规定中有关"证据能力"的内容予以吸纳。由于非法证据的排除不仅对案件本身的证明体系影响极大，而且还极易引发社会关注（如刑讯逼供）。因此这类案件也是诉前案件汇报中的重点。

根据《关于办理刑事案件排除非法证据若干问题的规定》，排除的非法证据总体上分为两类，即非法言词证据以及非法取得的物证、书证等其他证据。根据非法证据类型的不同，承办人所采取的汇报方式也应有所差异。

（一）非法言词证据排除案件汇报的技巧与方法

在排除非法言词证据的案件中一般会存在两个事实：一个为基本案件事实，另一个为非法获取言词证据的事实。在通常情形下，犯罪嫌疑人、证人甚至被害人在提出侦查机关存在刑讯逼供等非法获取言词证据的情形下，也会提出相应的辩解理由。这些辩解理由既有可能是消极地否认其实施相关行为，也可能是提出了某些积极的抗辩事由。总之，这些辩解理由反过来又都会影响侦查所认定的案件事实。

针对此类案件的特点，承办人在汇报案件事实的过程中应当注意以下几点：

第一，在陈述案件基本事实过程中，根据案件具体情况，应遵循犯罪嫌疑人积极辩解或消极辩解情形下案件汇报的方式。即依照指控角度陈述事实。此外，还应汇报案件线索来源以及据以认定指控事实的关键证据。通过这种方式汇报案件基本事实，其目的并不是要分析案件证据的证明力，而是要给听取汇报的领导介绍案件背景及基本情况。在此汇报人切忌提早对证据取舍进行分析。

第二，在陈述基本案情后，介绍非法获取言词证据的事实情况。其中，应当介绍犯罪嫌疑人、证人、被害人提出言词证据系非法获取的时间、情绪状态以及是否有其他线索甚至证据证实非法取证行为。

第三，说明犯罪嫌疑人、证人、被害人在侦查阶段的供述、陈述情况。例如，是否存在反复等。

第四，说明是否有补充侦查的余地并简要介绍该案目前是否引起舆论关注等情况。

下面我们以一起故意杀人案的非法证据排除案例进行示例：

1998 年 2 月 15 日，河南省 S 市 T 县 Z 村村民甲某到公安机关报案，称其叔父乙某自 1997 年 10 月离家后，已经失踪 4 个多月，怀疑被与其有矛盾的同村丙某杀害。T 县公安局刑警队将丙某作为重点嫌疑人，但未发现任何证据，遂将丙某释放。1999 年 5 月 8 日，该村民在淘井时发现一具无头、无四肢男尸，男尸被编织袋包裹，尸体上压了三个重达 250 公斤的石碾。村民怀疑是失踪的乙某，遂向公安机关报案。公安机关再次将丙某列为重大嫌疑人。

公安机关认定：1999 年 5 月的一天，丙某与素有暧昧关系的同村一妇女发生关系时，被村民乙某看到。乙某与这名妇女也有私情，因此与丙某发生争斗。乙某持刀追打丙某，打斗中，丙某夺过刀将乙某杀死，后丙某将乙某的尸体肢解并投入井中。

公安机关认定丙某为该案嫌疑人的主要证据为丙某在侦查机关的一具无名男性残体、9 次有罪供述、一把刀具及一个包裹尸体编织袋。包裹尸体编织袋经犯罪嫌疑人丙某的妻子丁某辨认，认定该编织袋系丁某所编。无名男尸经过 DNA 比对未能确定身份。无名男尸经测量，身高为 1.70 米（乙某身高 1.65 米）。

犯罪嫌疑人丙某在审查起诉阶段推翻在侦查阶段的全部 9 次有罪供述，称自己遭受侦查人员刑讯逼供，其不得已才作出有罪供述。经审查发现，9 次供述在作案细节上与现场勘验情况大致吻合，但在杀人地点、弃尸情节上有所反复。证人丁某在审查起诉阶段，也向承办人提出自己曾遭受侦查人员刑讯逼供，才作出不利于丙某的证言。

（二）非法物证、书证等证据排除案件汇报技巧与方法

2012 年新修订的刑事诉讼法首次在狭义的法律层面上设立了非法物证、书证等证据排除制度。但需要注意的是，修改后的刑事诉讼法对于此类证据的排除并未采用绝对排除主义，而是采取了十分慎重的态度。易言之，修改后的刑事诉讼法在物证、书证等证据的"证据能力"问题上采取了原则上不排除的立法态度。对于需要排除的此类证据，刑事诉讼法设定了严格的条件，即"收集物证、书证不符合法定程序，可能严重影响司法公正的，应当予以补正说明或者作出合理解释；不能补正或者作出合理解释的，对该证据应当予以排除"。① 所谓"可能严重影响司法公正"，是指"收集物证、书证不符合法定

---

① 《中华人民共和国刑事诉讼法》（2012 年修订）第 54 条。

程序的行为明显违法或者情节严重，如果允许办案人员以这种行为收集证据的话，可能会对司法机关办案的公正性、权威性以及司法公信力产生严重的损害。以非法方式收集的实物证据和书证是否排除应当综合考虑案件性质及犯罪的严重程度。非法取证的严重程度、非法取证行为对社会造成的不良影响、对司法公正造成的危害程度和社会公共利益等几方面因素，还要结合案件的其他证据是否能够补正或者侦查机关能否做出合理解释"。①

根据权威专家对修订后刑事诉讼法有关非法书证、物证排除规定的解读，我们不难发现，在案件审查起诉过程中，对需要排除非法物证、书证等证据进行汇报的案件，在陈述案件基本事实后，汇报人还要结合法律规定，详细说明拟排除这些证据的理由，并且陈述有关非法书证、物证提取过程的事实。汇报人应当注意以下几点问题：

第一，汇报人应当说明发现案件中书证、物证系通过非法手段获取的线索来源以及证明物证、书证系通过非法手段获取的相关证据。由于刑事诉讼法采取了非法书证、物证原则不排除的立法例，那么在启动这一程序时，就要将书证、物证来源的"非法性"交代清楚，否则听取汇报的领导有可能会误认为这些证据通过非法手段获得仅是一种可能性，而非确定性。在此需要指出的是，汇报人在陈述证明非法手段获取物证、书证的证据时，与汇报案件基本事实的要求一样，不要过多地对证据进行分析论证，这样也会导致汇报先入为主。

第二，汇报人应当说明侦查机关采用何种非法方式、手段获取的相关书证、物证以及这种非法的手段、方式对公民权利的侵害程度。由于非法书证、物证排除的标准之一是要达到"可能严重影响司法公正"的程度。我们认为，"可能严重影响司法公正"是指除了通过非法手段进行取证外，也包括物证、书证的真实性及与案件事实的关联性方面存在严重缺陷。例如，书证、物证提取过程有无见证人、扣押物品清单有无相关人员签字、对扣押物品的数量、质量、特征等记载描述是否准确、现场勘查过程中是否遗漏收集应当提取的相关物证、用于鉴定的物证书证在保管过程中是否受到破坏或改变等②。因此，在汇报过程中，承办人就要结合上述情形进行描述，使听取汇报的领导对于非法取证手段的危害程度以及证据的关联性、真实性等方面有全面的了解。

第三，汇报人应当说明非法取证的手段对社会的不良影响及对司法公正的

① 黄太云：《刑事诉讼法修改释义》，载《人民检察》2012年4月（下半月）。
② 具体审查内容汇报人应当参阅最高人民法院、最高人民检察院、公安部、国家安全部、司法部2010年《关于办理死刑案件审查判断证据若干问题的规定》。

损害程度。汇报人对这些情形进行说明，进一步阐释非法取证的危害程度。

第四，汇报人应当说明排除非法证据后是否可以通过补充其他证据的方式予以补正，侦查机关是否作出补正或合理解释，以及在审查起诉阶段是否采取了相应的补充侦查措施。由于排除非法物证、书证的另一个要求是"不能作出补正或者作出合理解释"，因此在汇报过程中，汇报人必须对侦查机关的补正、解释情况进行说明。如果遗漏这一情况，会使听取汇报的领导认为汇报人在审查案件过程中工作不细致。

七、范本

实训材料

张新明涉嫌受贿案

一、侦查机关移送审查起诉认定的事实

犯罪嫌疑人张新明于2009年2月，利用担任某区梨园派出所所长的职务之便，接受其朋友李武的请托，允诺为李武的妹妹李文违规办理落户手续。后李武携带其妹妹李文的材料，在张新明的带领下，来到梨园派出所办理落户手续。在为李文办理落户手续过程中，梨园派出所负责户籍登记的民警王平明确向张新明提出李文并不符合落户条件，但张新明指示王平直接办理。2009年3月1日，在张新明的安排下，李文的户籍正式落入梨园派出所管辖的梨园小区。后李武为表示感谢，给予张新明行贿款1万元人民币。

认定上述事实的证据：

（一）犯罪嫌疑人的供述

张新明于2009年6月17日的供述

今年2月，我一个叫李武的朋友，他的妹妹李文买了梨园派出所辖区内的商品房，因为是期房，没拿到房产证，只有购房合同，他妹妹想早点落户，于是他就找到我帮忙。我答应了，叫所里王平都他办了落户手续。办成后一天，我记得大约是3月5日，李武约我吃饭，送了1万元给我。这1万元被我用掉了。

（二）证人证言

1. 证人李文于2009年7月2日的证言

在家里我跟我哥说了需要上户口的事，因为梨园小区商品房是期房，还没拿到房产证，上不了户口，眼看下半年孩子要上学，很麻烦，问我哥认识人吗，

我哥说正好他朋友张新明是梨园派出所的所长，可以找他帮忙。我没有去找张新明。我把材料给了我哥，都是他出面帮我办的。不过我哥说要打点一下，我就给了我哥1万元。后在2009年3月就上户了。我没问1万元用到哪里，李武也没告诉我。我认为张新明应该帮了忙，否则肯定办不成。

问：李武现在在哪？

答：他在今年4月移民到加拿大。

2. 证人王平于2009年6月30日的证言

问：你在所里从事什么工作？

答：户口管理、身份证办理及内勤。

问：李文落户到梨园派出所是你办的吗？

答：（经查看户口登记材料）是我办的。

问：是李文自己来办的吗？

答：不是，是张新明所长带一个男的来办的，当时手续不全，不符合条件，但张所长吩咐我给办了。

（三）书证

1. 李文的户口登记簿

户主：李文，非农业家庭户口，住址：梨园小区8号。

2. 某省公安局出入境管理处证明材料

记载：兹证明编号为1212549的中国护照，持照人为中国籍男子李武，1969年8月16日生。该护照记录显示，李武于2009年4月19日持该护照离开中国境内进入加拿大。

（四）其他材料

1. 李武从温哥华寄至某区检察院的信

关于帮李文上户口的经过

本人李武，男，40岁，于今年4月移民到加拿大温哥华，现从事贸易生意。张新明与我是朋友关系，我妹李文在梨园小区买了房，因为房产证没拿到，上不了户口。她问我认识梨园派出所的人吗，正好张新明在那当所长，我就找张帮忙，张满口答应，亲自带我找到办户口的民警，帮我妹办成了这事。我就问我妹要了1万元，说是感谢张新明。有一次我请张新明吃饭的时候，就将这1万元给了张新明，张推脱不要，我硬塞给他了。

2009年7月15日于温哥华寓所

2. 梨园派出所民警唐虎荣的纪检谈话记录

时间：2009年5月11日上午9时至11时30分

地点：某区分局会议室

问：我们是分局纪检委的，今天找你谈话，主要想了解你组在办理肖华明案的一些问题，希望你能说清楚。

问：你还有什么要讲的？

答：有，主要是反映张新明在担任梨园派出所所长时，帮他人解决户口落户，收了他人送的1万元钱。

问：什么时候的事？送钱的人是谁？

答：今年二三月，送钱的人好像叫李文。

二、分析意见

对于犯罪嫌疑人张新明供述的上述事实，需要证明的内容有两个方面：第一，张新明利用职务便利为他人谋取利益；第二，张新明为他人谋取利益后收受了相关钱款。承办人就证实这两方面内容的证据分别进行分析：

（一）现有证据足以证明犯罪嫌疑人张新明利用职务便利为李武谋取利益的事实

第一，本案中，请托人李武需谋取的利益为不符合落户手续的李文办理落户。这一事实根据证人李文的证言及犯罪嫌疑人张新明的供述可以证实。

第二，根据梨园派出所民警王平的证言可以证实，在李文并不符合落户条件的情形下，其依照所长张新明的要求，违规为李文办理了落户手续。王平的证言与犯罪嫌疑人张新明的供述吻合，证实了张新明利用其担任梨园派出所所长的职务便利，要求下属违规为不符合落户条件的人办理落户手续的事实。

第三，根据侦查机关调取的李文的户口本以及李文本人的证言证实，李文于2009年3月1日落户于梨园派出所管辖的梨园小区，印证了李武已通过张新明谋取利益的事实。

（二）犯罪嫌疑人张新明供述的收受请托人1万元人民币的事实，现有证据尚未达到排除合理怀疑的程度

本案中，犯罪嫌疑人张新明收受请托人李武的人民币1万元的事实有以下证据与相关材料能够证明或予以反映：

第一，犯罪嫌疑人张新明的供述，其供称于2009年2月为李武妹妹李文违规办理落户手续并收受李武人民币1万元的事实。

第二，证人李文在证言中证实，李武称认识本案犯罪嫌疑人张新明，可以委托张新明帮助李文办理落户手续，但需要1万元打点关系。后李文向李武提供了1万元人民币。但李文不能证实1万元钱款的去向。

第三，已移民至加拿大的李武在提供的情况说明中称其为感谢张新明帮助

李文落户一事，给张新明1万元人民币的情况。

第四，梨园派出所唐虎荣在其向纪检部门谈话过程中，检举张新明曾于2009年二三月间为他人解决户口，收受李武行贿1万元的情况。

综合上述四方面证据与相关材料，虽然从表面上看供证一致，可以初步认定张新明收受行贿款的事实，但是却存在不具备证据能力与证明力不足两方面问题：

第一，从证据能力方面分析，上述材料中李武提供的说明以及唐虎荣的谈话记录均不具备作为证据的能力。这是由于李武提供的说明系从国外传来，根据最高人民法院《关于适用〈中华人民共和国刑事诉讼法〉的解释》第405条的规定："对来自境外的证据材料，应当对材料来源、提供人、提供时间以及提取人、提取时间等进行审查……材料来源不明或者其真实性无法确认的，不得作为定案的根据。"本案中，李武提供的说明没有笔迹鉴定，也没有通过我国驻加使领馆人员见证，证据真实性不能得到确认，故该材料不能作为证据使用。此外，唐虎荣揭发张新明受贿1万元的材料不是对侦查机关陈述而是在纪检部门完成，该谈话材料不能直接作为证据使用。同时，其也未在检举过程中详细说明其线索的来源，故唐虎荣的检举材料也不能作为证据使用。

第二，从证据的证明力角度分析，证人李文的证言中虽然提及了其提供1万元给李武疏通关系之用，但其并不能证明该1万元全部提供给了张新明，即其证言不能直接证明张新明受贿1万元的事实。故该证言在证明力方面由于得不到其他证据的印证而凸显不足。

综上分析可以看出，现有证据中能够直接证明张新明收受1万元行贿款事实的证据仅有犯罪嫌疑人自己的有罪供述，且其供述不能得到其他证据的有效印证。故就现有证据而言，该起事实尚未达到起诉标准。

（三）处理意见

承办人认为，该起事实尚有补充证据的空间，应当建议侦查机关从以下两个方面进行补充侦查：

第一，通过我国驻加使领馆协助，调取能够证明李武书面说明真实性的材料。

第二，由侦查机关对唐虎荣进行询问，向其核实张新明收受1万元行贿款线索的来源。

如果通过补充侦查后能够对上述证据进行完善，则可对该起事实追加起诉，反之则建议不认定该起事实。

第五章

法律适用分歧案件的
汇报方法与技巧

如果说因事实证据问题引发的案件汇报的关键环节在于将案件事实与证据情况进行有机结合，那么因法律适用引发分歧案件汇报的关键环节就在于将案件事实的细节与法律适用问题的分歧要点进行有机衔接。因为在此类案件中，基本不存在事实认定上的争议与分歧，案件事实的描述都是为法律适用的判断所服务的。

由法律适用问题所引发争议的案件几乎贯穿于整部刑法的始终。因此，在此类案件的汇报过程中，我们不可能像对因事实证据引发分歧的案件那样进行详细分类，仅可进行大致划分①：

第一类是因犯罪构成问题而引发的法律适用问题，主要包括三个方面：

第一个方面是围绕构成要件符合性问题展开的，主要探讨行为人的行为、主体身份或侵犯对象是否符合刑法分则构成要件的规定。例如，介绍嫖娼行为是否属于介绍卖淫行为、组织他人冲闯外国驻华使领馆的行为是否属于组织他人偷越国境罪中偷越国境的行为、居间介绍促成盗掘文物的行为是否属于倒卖文物行为、盗窃行为与诈骗行为的区别、国有公司长期聘用的但不在机构编制内的人员是否属于国家工作人员、伪证罪中的证人是否包含被害人等。

第二个方面是围绕违法性要件问题展开的，主要探讨行为人的行为与危害后果之间是否存在因果关系以及行为人的行为是否具有正当防卫、紧急避险等违法性阻却事由。例如，施工过程中违反一般安全条例的行为与事故发生导致被害人死亡之间是否存在因果关系；滥用职权罪中，行为人执行公务时超越职权的行为与造成严重后果之间是否存在因果关系。又如，互殴中是否存在正当防卫等。

第三个方面是围绕有责性要件问题展开的，主要探讨行为人的主观责任是属于过失，还是故意以及犯罪动机、违法性认识的可能性、期待可能性等问题。例如，交通肇事罪与危险方法危害公共安全罪中行为人的主观要件是过失，还是故意等。又如，故意伤害致人死亡与过失致人死亡、故意杀人等罪名之间行为人主观心态的区分等。

第二类是探讨共同犯罪问题。例如，承继的共犯处罚范围、不作为是否构成共同犯罪、共犯身份问题以及共犯的犯罪形态问题等。

第三类是探讨法定量刑情节能否认定的问题。这主要围绕犯罪的完成形态以及行为人的行为是否构成自首、立功等情形。例如，危害公共安全的犯罪是

---

① 本文采取的分类方式依照"三阶层"犯罪构成的结构进行，即构成要件符合性、违法性、有责性。具体关于"三阶层"犯罪构成要件的论述，可参阅张明楷：《刑法学》（第4版），法律出版社2011年版。

否存在犯罪未遂状态、转化型抢劫是否存在未遂状态。又如，交通肇事后，明知他人报警而停留在案发现场不逃离，归案后又如实供述的情形能否认定为自首。再如，行为人被抓获归案后，提供其他案件犯罪嫌疑人线索，并由其亲友带领侦查人员抓获其他犯罪嫌疑人的行为能否构成立功。

第四类是探讨从旧兼从轻原则以及刑法溯及力的适用问题。与因事实证据分歧引发的汇报案件一样，不同类型的法律分歧案件所采取的汇报方式也有所区别。汇报人要根据案件中理解法律分歧情况的不同，进行有针对性的汇报。在此类案件汇报前，汇报人可以就相关问题与专家学者进行交流沟通，还可以提请领导邀请相关专家参加研讨或列席案件汇报会议。此外，对于已有的类似案例，特别是最高人民法院公报或《刑事审判参考》中出现的案例，应当在阐释意见过程中予以说明。

一、因犯罪构成问题产生分歧案件的汇报技巧与方法

在因犯罪构成问题产生的法律争议主要集中在法律的"形式要件"与"实质要件"层面，具体而言，就是行为、侵犯对象或主体身份是否符合刑法分则中的罪状表述；行为是否具有违法性，即是否侵犯法益、行为人是否应当对其行为侵害的法益负责等方面。

司法实践中，这类案件在因法律理解与适用问题而进行汇报的案件中占有很高比例。一般而言，这种分歧的产生是由于成文法所固有的"缺陷"。因为任何一种制定法条文的明确性与适当性都是相对于特定的时间、空间而言的。社会的发展与演变必然要求对法律进行解释，易言之，对于法律理解与适用的争议核心就是解释刑法过程中产生的争议。所以有学者指出："刑法学的本体就是刑法解释学。"[1] 当汇报人进行涉及刑法解释问题的汇报时，应当注意以下几点：

（一）案件陈述事实过程中对争议行为性质的描述用语应当具体明确

这一要求实际是对汇报案件"繁简得当"原则的又一具体细化。对于不影响案件性质或法律适用分歧的案情，应当作为一般事实简要陈述，不能长篇大论。在司法实践中，有些案件汇报人认为因法律适用分歧引发的案情细节对法律适用的认定有重要作用，于是就对案件中的几乎每一个细节都进行描述。

---

[1] 张明楷：《刑法学》（第4版），法律出版社2011年版，第15页。

这种方式给听取汇报的领导一种案件处处是重点，但又处处抓不住重点的感觉。最后的结果就是汇报人既没有将案情交代清楚，也没有将争议的问题予以明确。我们以一起组织卖淫案为例进行说明：

问题：如何理解组织卖淫中的"卖淫"行为？

犯罪嫌疑人刘某任海淀区某洗浴中心经理，负责日常经营事务，该洗浴中心的服务项目主要是各类按摩。刘某作为洗浴中心的经理，负责招募按摩小姐、规定收账分红方式，且明确告知若客人有"推油"的要求就提供服务等。该洗浴中心犯罪嫌疑人刘某在庞某、甘某等人的协助下多次组织按摩小姐贺某、程某、付某等人，在包间内假借"泰式按摩"的名义，对男客人进行"推油"、"打飞机"等手淫、口淫活动，收取费用不等。后民警接到群众举报后赶至现场，在洗浴中心包间内当场抓获正在进行"推油"等手淫行为的贺某、张某（已经被行政处罚），同时将涉嫌组织卖淫的刘某等抓获。刘某归案后承认自己协助组织卖淫的事实，但辩解自己属于从犯，应当从轻处罚。

通过前述案例我们看到，对于犯罪嫌疑人刘某在共同犯罪中的职责、地位并不是问题的重点，而是对于刑法意义上"卖淫"行为的定义。这就要求汇报人应当主要围绕该案中"卖淫人员"的具体行为（如是否有个别进行传统意义上性交的行为）、嫖资数额、对"卖淫人员"的管理方式等重点进行汇报。而在这一案件汇报过程中，汇报重点却变成了犯罪嫌疑人刘某在共同犯罪过程中的作用及地位，偏离了汇报的主线。由此可以看到，过多对案件争议事实的描述不仅不能达到"全面汇报"的初衷，反而会造成陈述事实的混乱。这些与案件争议事实无关，且对支撑案件基础事实无关的细节就是在此类案件中需要简化甚至省略的部分。这体现了"繁简得当"原则中"简明扼要"部分的体现。而对于"具体明确"部分的要求就体现在对争议事实、情节的描述上。具体而言，在探讨行为是否符合构成要件规定的问题时，汇报人就应当将犯罪嫌疑人的行为进行具体描述。例如，在界定介绍卖淫行为与介绍嫖娼行为时，汇报人就应当详细介绍犯罪嫌疑人在"居间介绍"过程中与卖淫团伙的关系（如是否与团伙中的骨干成员有密切往来）、与嫖客的关系（如是否为朋友、同事）。

要求汇报人介绍这些细节的目的在于为法律解释提供基础材料。我们知道，任何用语尽管核心意义明确，但总会在外延部分存在模糊状态，需要通过解释界定刑法用语的扩展边际。所以法律被制定后必须通过解释来进行完善。

也就是前文所说的，刑法解释是刑法学的生命。对于一些看似不符合刑法字面规定的行为，就需要通过审查与之相关的细节来判断其是否在实质上符合刑法分则的罪状表述。这是对法律进行实质解释时常常需要进行判断的问题。在对法律适用进行解释时，我们通常用到的解释方法是文理解释、体系解释、历史解释、比较解释以及目的解释。

文理解释，解释者需要区分刑法用语与其他法律部门用语乃至生活用语的区别。汇报人在汇报案件时，进行文理解释的第一步是详细阐明与需解释用语相关的具体行为是怎样的。第二步说明刑法用语中需解释用语的含义及与其他语境中含义的区别。第三步说明汇报人作出结论的法理依据。例如，交通肇事犯罪中对"责任"的解释。2000 年 11 月 10 日最高人民法院《关于审理交通肇事刑事案件具体应用法律若干问题的解释》第 2 条规定："交通肇事具有下列情形之一的，处三年以下有期徒刑或者拘役：（一）死亡一人或者重伤三人以上，负事故全部或者主要责任的；（二）死亡三人以上，负事故同等责任……"在司法解释中，引入了"事故责任"这一定义。由此带来的问题是，"事故责任"是直接套用行政管理法规中的责任认定，还是需要进一步区分刑法意义上的责任与行政法规意义上的责任概念。我们以一起交通肇事逃逸案为例进行说明：

犯罪嫌疑人甲某于 2010 年 11 月 25 日 13 时许，驾驶重型半挂牵引车（冀BG××××）行驶至北京市某高速路口进京 22 公里处，乙某驾驶出租车（内乘被害人丙某）在甲某驾驶的重型半挂牵引车后侧同向行驶。后在两车行驶过程中，乙某驾驶的出租车前部与重型半挂牵引车后部相撞，导致出租车内被害人丙某死亡、驾驶员乙某轻伤。在事故发生的过程中，犯罪嫌疑人甲某无超速、酒驾、闯灯、未尽避让义务等违章行为。事故发生后，犯罪嫌疑人甲某弃车逃逸，后被民警抓获。经某区交通支队认定，犯罪嫌疑人甲某在发生事故后逃逸。根据道路交通安全法的规定，发生事故逃逸的一方应认定为全部责任。故犯罪嫌疑人甲某在此次事故中负事故全部责任。后侦查机关以犯罪嫌疑人甲某涉嫌交通肇事罪将其移送审查起诉。

在上述案例中，画波浪线的部分属于需要详细阐明的与需解释用语相关的具体行为。这部分能清楚地反映出本案中，犯罪嫌疑人甲某所负的全部责任是行政法意义上的责任，而不是刑法意义上的责任。如果省略该部分的事实描述，就不能使听取汇报的领导知晓甲某所负责任的属性，也就使其失去了进行文理解释的基础。

体系解释，解释者需要避免刑法条文间出现矛盾。汇报人在论证过程中必须向听取汇报的领导说明与需解释用语有协调关系的其他法律规范。我们仍以上述案例进行说明：

> 该案中，我们在文理解释的基础上，可以将该司法解释中的"责任"用语，与《刑法》第133条条文表述进行体系比对。《刑法》第133条规定："违反交通运输管理法规，因而发生重大事故，致人重伤、死亡或者使公私财产遭受重大损失的，处三年以下有期徒刑或者拘役。"从刑法条文表述中不难发现，交通肇事罪中，违反交通运输管理法规是造成交通事故的原因，二者间具有先后的因果关系。但是在本案中，认定犯罪嫌疑人甲某负事故全部责任的唯一情形是事后逃逸情形。因此，以甲某的事后逃逸行为判断其负交通事故的主要责任进而构成交通肇事罪的结论，造成了法律间的体系冲突，因此是不恰当的。

历史解释，解释者需要论证制定刑法的历史背景以及刑法发展的源流。汇报人要向听取汇报的领导介绍立法机关在当年出台法律时的立法意见、立法的时代背景以及与该案争议事实有关的分歧意见等情况。我们以一起强迫交易案件为例进行说明：

> **问题：通过暴力、威胁等方式阻止他人参与竞拍，从而使自己拍得竞拍物的行为是否属于强迫交易行为？**[①]
>
> 犯罪嫌疑人甲某纠集多人于2010年4月16日，在北京市朝阳区某大厦举办的拍卖会现场通过暴力、言语威胁等方式，阻止拍卖会场其他竞拍人进行竞拍。后甲某在无人继续竞拍的情形下以人民币173万元的价格购买了位于京通苑的房屋一套（面积110平方米，起拍价为人民币120万元）。

在描述完上述事实后，汇报人为了进一步说明强迫交易行为的本质，便采用历史解释的方式介绍罪名设定的沿革：

---

① 该案发生在《刑法修正案（八）》生效前，生效后，此种行为已经被明确规定为强迫交易行为。

强迫交易罪是1997年修改刑法时增设的罪名。该罪由"投机倒把罪"分解而来。其立法目的在于通过打击在经济活动中严重侵犯公平自愿原则的行为维护正常的社会主义市场经济秩序。由于该罪在制定时，"我国市场经济正在发展过程中，对一些扰乱市场经济的违法犯罪行为看得还不是很清楚"[1]，因此在罪状表述中仅概括表述了强买强卖以及强迫提供或接受服务这两种行为。随着市场经济的不断深化，经济活动越加纷繁复杂，越来越多的新型经济活动出现。而且在工程招标、物品拍卖、同业经营竞争和资产转让收购等领域，强迫交易犯罪行为越加猖狂，并已成为黑恶势力摄取社会财富和资源的常用手段。为了明确交易的含义，细化强迫交易的内容，《刑法修正案（八）》新增的强迫交易罪状属于注意规定。

目的解释，解释者需要注意的问题是，"目的"指的是刑法目的，即立法原意，而不是汇报人希望达到的某种目的。汇报人不能用自己的主观判断替代立法原意。目的解释必须遵循罪刑法定的原则。我们以一起猥亵儿童案为例进行说明：

问题：如何理解猥亵儿童罪中的"当众"？

犯罪嫌疑人甲某自2008年9月任某市A小学音乐教师。后甲某于2010年9月至10月间，在该小学音乐教室内，利用给学生上音乐课之机，多次以辅导学生唱歌练气为由，指令全体同学背转身，分别将该校6名7～10岁女学生叫到讲台上，用红布蒙上眼睛后，对被害人实施抚摸小腹、生殖器等行为，并多次使部分女生对其口淫。

认定"当众"情节，仅通过单一的文理解释、体系解释或历史解释是难以做出有力的解释的。这时就需要通过目的解释的方式来进行汇报：

刑法将"在公共场所当众"作为猥亵儿童罪法定刑升格情节。其立法目的有两个层面：一方面在于保护被害人的心理，因为此类行为涉及被害人的隐私，而隐私一旦在公共场合被公然亵渎，则必然对被害人的心理造成的损害要远远高于秘密场合下实施此类行为而造成的侵害。另一方面，当众实施此类犯罪，昭示行为人主观对法益的漠视以及对刑法法律的无视，因此有

---

[1]　全国人大法工委刑法室编：《中华人民共和国刑法修正案（八）条文说明、立法理由及相关规定》，北京大学出版社2011年版，第131页。

必要科以更为严格的刑罚。这两方面并不是在一个层面，而是有位阶的高低，即将保护被害人的隐私及心理健康作为第一要务，而将一般预防作为第二要务。这是由法益所决定的。因此，理解"当众"情节就应当从被害人的角度去理解。

将"当众"解释为以被害人的感受为标准认定，不违反罪刑法定原则。将"当众"解释为可以包括一种在公共场所即使在场他人未能感知而被害人能感知到众人的情形，不会侵害普通公众对"当众"这一用语的一般认知。因为从"当众"这一词语本身意思就含有"当场面对众人"的公然之意，故即使对这一词语的平义解释也是从行为人角度出发的。

（二）案件陈述事实过程中对争议主体身份的来源、变化过程描述应当准确

在汇报犯罪嫌疑人主体身份是否符合刑法分则规定的案件中，通常出现因单位改制、任命审批等原因导致犯罪嫌疑人担任的职务身份变化较大的情形。在这种情形下，汇报人在陈述案件事实的过程中，就需要将犯罪嫌疑人所担任职务的任命机关、分管工作、一般职责、变化情况等涉及与认定其身份的基本情况有所交代。这是由职务类犯罪案件的性质所决定的。在司法实践中，对于国家工作人员身份的认定一般采取"职责论"的立场，即犯罪嫌疑人是否属于国家工作人员，不仅是凭借行为人是否属于编制内人员（如有无干部履历表），而且还要结合行为人是否从事公务来判断。因此，汇报人在陈述此类案件过程中，必须围绕犯罪嫌疑人是否从事公务这一核心进行。我们以一起受贿案为例进行说明：

问题：国有企业改制期间，国家工作人员与企业解除劳动关系后，还能否被认定为国家工作人员？

犯罪嫌疑人甲某于1999年经国资委任命，担任A电表厂（国有企业）厂长职务。2001年，该电表厂破产进行企业改制，2005年8月该厂被吊销执照。2002年1月，甲某与A电表厂解除劳动关系，但仍在改制期间担任企业改制领导小组组长，同时任拆迁组成员。2003年11月，B公司为感谢犯罪嫌疑人甲某在出让A电表厂使用土地期间的帮助，向其行贿人民币8万元。

在这个案例中，我们可以看到存在两条时间主线：一条是犯罪嫌疑人甲某任职情况及其所在单位改制情况；另一条是甲某收受贿赂的涉嫌犯罪事实。需要注意的是，这两条主线是交代犯罪嫌疑人身份变化对犯罪行为影响的关键。

在汇报过程中，必须对这两条主线交代清楚，而且必须具有条理，不能出现"跳跃陈述"的情形。这一案例中，汇报人较好地把握了时间主线的相互关系，使案情陈述具有条理。

（三）对于罪名有争议的案件应当侧重不同罪名间的区别要点进行汇报

因构成要件符合性问题产生争议的案件中，有相当一部分属于适用罪名的争议。例如，诈骗罪与盗窃罪的区别、诈骗罪与合同诈骗罪的区别、抢劫罪与强迫交易罪的区别等。在汇报这类案件的过程中，应当注意以下几个方面：

一是对于影响案件定性的关键事实应当详细描述。

所谓影响案件定性的关键事实是指认定此罪与彼罪的关键环节。例如，盗窃罪与诈骗罪区别的要点就是被害人是否陷入犯罪嫌疑人制造的虚构事实，产生"认识错误"而向其交出财物。如果犯罪嫌疑人仅是通过制造"骗局"，吸引被害人注意力后，又趁被害人不备而窃得财物的行为就属于盗窃行为而非诈骗行为。

此外，在罪名争议的案件中，还通常存在证据问题与定性争议问题相交织的情形，例如，盗窃罪与故意毁坏财物罪在法律上存在主观上是否以"非法占有为目的"分歧。当从理论上难以说服对方时，最有效的方式就是站在对方的角度上，用证据证明对方所主张的观点是否存在偏颇。例如，对于盗窃罪持"非法占有为目的"必要说的观点，如果一时不能接受对方"非法占有目的"必要说的观点，就可以用证据印证犯罪嫌疑人具有"非法占有的目的"。这是一种迂回前进的方式。因此，在此类案件中，汇报人在陈述案件事实，就必须有意识地强化细节，并力求准确、明了。我们以一起盗窃罪与故意毁坏财物罪争议案为例进行说明：

问题：犯罪嫌疑人甲某的行为构成盗窃罪，还是故意毁坏财物罪？

犯罪嫌疑人甲某系北京市丰台区南四环 A 汽车修理厂职工。其于 2011 年 3 月 6 日凌晨 6 时许，乘无人之机，潜入其单位隔壁的 B 汽车修理厂内盗取该厂财物。根据监控录像显示，甲某进入 B 汽车修理厂厂房后，径直来到厂房经理办公室门前，意图打开办公室房门但未果。随后，其又来到该厂储物仓库门前，将门锁撬开后进入。犯罪嫌疑人甲某先后六次进出该仓库，依次将仓库内的 6 块瓦尔塔 66－27 型电瓶、世达 150 件套、数显扭扳手等修车工具以及两桶 4 升金美孚机油窃走。经鉴定上述物品价值人民币 11300 元（未起获实物）。2011 年 6 月 11 日，犯罪嫌疑人甲某被抓获归案。归案后，犯罪嫌疑人甲某辩解称其没有非法占有 B 厂财物的故意，而是因其与 B 厂经理乙某有矛盾，而将 B 厂房财物窃出后销毁。甲某称其将上述物品窃取后随即扔到修理厂外的垃圾桶中。经勘查，该垃圾桶距 B 厂大门约 500 米。

可以看到，在这一案件中，汇报人在陈述案件事实过程中就有意识地通过描述案情细节的方式，将定性问题转为证据问题进行分析，即为讨论甲某是否具备"非法占有的故意"做铺垫。例如，通过描述犯罪嫌疑人多次进出仓库、所谓的弃赃地点与案发现场距离长达数百米等细节均反驳了犯罪嫌疑人"毁坏财物"的辩解。由此证明犯罪嫌疑人具有非法占有的目的。这也从另一方面回避了理论争议。这种汇报思路也是值得借鉴的。

二是就争议问题在法学理论上存在的分歧情况可以进行必要的说明。

对于法理上存在分歧意见的案件，汇报关键是如何进行法律解释。通常情形下，由于解释者所持立场的不同会得出不同甚至相反的结论。汇报人对于这种分歧在汇报案件前就应当充分了解，以进一步充实、完善汇报材料。需要注意的是，我们在此所提到的充实汇报材料，并不是要求汇报人如同写学位论文一样将各种理论学说罗列在材料之中。这样做非但不能使案件汇报清晰，而且还将导致汇报过于冗长，并且不能突出重点，最终只能事倍功半，得不偿失。我们要求汇报人利用法学理论完善汇报材料，是要求汇报人在陈述意见的过程中，在理论层面上能简明扼要地阐释观点，在回答听取汇报者追问时，有所充分准备。也就是说，很多理论材料是用于回答询问所准备的。汇报人在陈述意见的时候，不必就理论问题长篇大论。我们以一起串通投标罪案例为例进行说明①：

问题：犯罪嫌疑人甲某与乙某是否构成串通投标罪？

A 公司就一项重大工程招标时，意欲投标的 B 公司委托 C 公司带来投标事项。C 公司的犯罪嫌疑人甲某为了能够使 B 公司中标，而与 A 公司中参与管理投标事项的犯罪嫌疑人乙某串通，乙将其他投标公司的投标报价告诉给甲某。犯罪嫌疑人甲某遂以最低报价使 B 公司中标，导致重大工程遭受损失。

① 该案例转引自张明楷：《罪刑法定与刑法解释》，北京大学出版社 2009 年版，第 124～126 页。

对于这一案件事实，由于基本案情较为清晰，故不必进行过多描述，仅交代清楚案件争议点即可。因此在陈述完案件事实后，汇报人应就争议问题进一步说明。这种说明是要在围绕争议事实的基础上进行的。同时，如果有需要，应当将其他相关的法律法规附后备注：

我国《刑法》第233条第2款规定："投标人与招标人串通投标，损害国家、集体、公民的合法权益的"，以串通投标罪论处。而如何理解《刑法》中所规定的"投标人"与"招标人"。因为根据《招标投标法》的规定，只有A公司与B公司分别是招标人与投标人。案件中涉案的C公司与犯罪嫌疑人甲某、乙某均不属于招标投标法意义上的投标人与招标人。

附：

《中华人民共和国招标投标法》

第8条 招标人是依照本法规定提出招标项目、进行招标的法人或其他组织。

第25条 投标人是响应招标、参加投标竞争的法人或其他组织。

在进一步阐明问题后，通常情形下汇报人应当就听取汇报领导提出的有关事实、证据等问题进行第一轮回答。随后，汇报人就应阐明自己的观点，在阐述观点时应确保观点明确、说理清晰、简明扼要：

承办人认为，犯罪嫌疑人甲某与乙某属于刑法意义上的投标人与招标人。

第一，刑法规定串通投标罪是为了保护招标投标的市场竞争秩序，甲某与乙某的行为严重侵害了这种秩序。

第二，《刑法》与《招标投标法》的规定并无冲突，《招标投标法》招标人、投标人主要是从民事行为主体资格进行限制，没有限制自然人作为招标人、投标人。串通投标罪不仅没有排除自然人犯罪主体，而且其规定的就是自然人主体。

第三，司法实践中，串通投标人之间多为谋取个人利益，且严重损害市场经济秩序，如果将这种情况排除在该罪之外，则不利于保护市场经济秩序的健康发展。

通过前述立论观点，汇报人已经较为清楚地将自己的观点表达给听取汇报的领导，并进行了简明扼要的说明。同时应当看到，汇报人在阐释观点的过程中，没有单纯地堆砌法学理论中的不同观点，而是直接说明自己的观点。这种阐释方式，不仅使汇报人的思路清晰地展示出来，而且还为听取汇报的领导留下了必要的思考空间，确保了案件汇报的质量。

三是阐释法学理论过程中应尽量使用平实通俗的语言。

处理法律适用争议的案件过程中，不可避免地存在法学理论上的分歧。汇报人应当充分运用理论知识来解决实践问题，因此，汇报人必须具有良好的法学功底。同时，由于汇报案件是一件对话性很强的工作，汇报人不能仅满足于对案件结论的自我认知，还应当通过平实的语言将自己的观点结论表达出来。这就是资深检察官们常说的，汇报案件陈述观点要"深入浅出"。所谓"深入"就是在考虑问题、分析问题时的着眼点要有理论的高度，不能简单机械地理解法律；所谓"浅出"就是在解决问题说出观点的时候要用平实、通俗的语言将思维过程中涉及的法学理论明了地进行说明。

近年来，越来越多的法学院校毕业生通过自身努力进入政法队伍，检察机关也不例外。这些同志受过良好的法学教育，具有较高的法学理论功底。这些高素质法律人才的加入提高了检察队伍的整体知识水平，但是在司法实践方面却略显不足。具体到汇报案件工作方面就是其常常不自觉地将汇报案件变为"学术研讨"，在阐述观点的同时大量使用"舶来"法律术语，如期待可能性、行为无价值、结果无价值、主观超过要素、客观归责等。我们并不是反对司法官引入、吸收、运用这些法治发达国家的先进成果，而是在办案及汇报过程中，需要将这些理论成果的用语"本土化"。也就是说，汇报人在利用这些理论分析问题的过程中，不必将理论的概念原封不动地在汇报过程中进行表述，而只需要将其内涵通过分析论证表达出来，做到"润物细无声"。原因在于：

首先，在汇报中过多地使用新概念，特别是"舶来"的新概念容易导致认识、理解误区。因为人们要对新事物有一个认识的过程，使用大量新概念，汇报人就不得不进行反复的解释，而且根据法律语境不同，很多法律用语都有不同的含义。例如，"客观归责"指的是一种判断行为是否属于犯罪行为的方式，而不是我们通常所讲的仅凭借行为而定罪的"客观归罪"。如果汇报人不进行详细的解释，将极易导致误解。

其次，过多使用新概念容易使听取汇报的领导误认为汇报人只注重理论不重视案件基本事实。正如前文所述，新的概念使得汇报人不得不进行反复解释与说明，这就不可避免地导致案件汇报的重心向"法律课堂"转变，偏离了案件核心事实，给人留下抓不住重点的不良印象。

最后，有些新概念虽有道理，但在某些领域与现行的刑法理论通说存在一定分歧，如果直接引用则难以得到认同。以期待可能性理论为例，在传统"四要件"犯罪构成中，对于认定犯罪所采纳的标准是"主客观相统一"，即只要犯罪主体身份适格，在故意或者过失意志下实施行为，并且这种行为导致客体受到侵害就可以评价为犯罪。但是期待可能理论认为，即使行为人意识到其行为将导致法益侵害，仍然实施该行为并导致法益侵害，但是由于在其实施这一行为时，不能期待他采用此行为之外的方式，就不能对其进行归责[①]。这就与当下的刑法通说产生了矛盾，如果汇报人直接套用这一概念，很难达到很好的汇报效果。

四是适当在案件汇报材料后附有相关法律法规索引。

由于我国刑法分则及相关司法解释中存在一定数量的空白罪状，空白罪状没有具体说明某一犯罪的构成要件，只是指明了必须参照的其他法律、法令。例如，《刑法》第136条规定："违反爆炸性、易燃性、放射性、毒害性、腐蚀性物品的管理规定，在生产、存储、运输、使用中发生重大事故，造成严重后果的，处三年以下有期徒刑或者拘役；后果特别严重的，处三年以上七年以下有期徒刑。"又如，最高人民检察院《关于渎职侵权案件立案标准的规定》中对于滥用职权罪的解释："滥用职权罪是指国家机关工作人员超越职权，违法决定、处理其无权决定、处理的事项，或者违反规定处理公务，致使公共财产、国家和人民利益遭受重大损失的行为。"通常而言，这类由其他法律法规所确定的构成要件内容对于司法工作者而言绝大多数是较为陌生的。在汇报这一类型的案件过程中，汇报人不仅应围绕着这些法律法规所规定的有关内容陈述案件事实，还应当在汇报材料后附上相关法律法规以备听取汇报的领导查阅。

二、因共同犯罪问题产生分歧案件的汇报技巧与方法

共同犯罪案件一般涉案人数较多，有些案件还存在有组织犯罪、集团犯罪等特殊形态，案情相对复杂。在此类案件中，不同犯罪嫌疑人的具体行为、主观认知、参与时间都存在不同程度的差异。这就要求汇报人应当注意安排好不同内容的汇报顺序，使之符合逻辑。汇报案件事实没有固定的格式，无论如何安排汇报顺序，都要把"七何"要素及有关证据情况汇报出来，使之符合逻辑关系，便于听者了解案情。汇报顺序可以采用顺序、倒叙和插叙等不同形式。

对于多人参与犯罪或数人犯数罪的共同犯罪案件，汇报时应突出重点、层

① 期待可能性理论起源于德国1895年帝国法院判决的一起著名案件："癖马案。"有关该案及期待可能性理论的阐述可以参考陈兴良、周光权：《刑法学的现代展开》，中国人民大学出版社2006年第一版，第289~304页。

次分明。对多人犯一罪案件，首先可将该罪的全过程汇报清楚，使领导对全案有基本了解；其次汇报每一个参与犯罪的人，在共同犯罪中所处的地位、作用和应负的刑事责任。对多人犯多种罪的案件，先简要汇报该案所涉及的犯罪嫌疑人，其所犯罪行的性质、次数，再按照从重罪到轻罪的顺序，或者按犯罪的时间顺序逐条汇报，最后综合说明各犯罪嫌疑人参与了哪些犯罪活动及在犯罪中的作用、地位。

对于一般共同犯罪案件的事实描述，应当注意以下几个方面：

第一，从宏观上介绍共同犯罪案件的概况。所谓案件概况就是各个犯罪嫌疑人的地位、从属关系、案件性质等方面。在这一部分，汇报人可以用寥寥数语进行概括性介绍，使听取汇报的领导对案件从总体上有一个大致的了解。需要注意的是，如果共同犯罪案件所涉及的案件相对简单，该部分也可以融合在陈述案件事实中进行。

第二，事实描述要紧紧围绕参与主要犯罪事实的犯罪嫌疑人进行。如前所述，共同犯罪案件人数较多，汇报人在陈述案情的时候，不可能同时将全部涉案人员的各个行为在汇报中进行描述。在这种情形下，就要将案件的主线首先呈现在听取汇报的领导眼前，而参与主要犯罪事实的犯罪嫌疑人行为往往就是案件事实的核心。

第三，介绍主要案件事实的同时应当兼顾其他犯罪嫌疑人的行为，特别是要着重描述与争议事实有关行为。在有些案件中，有些犯罪嫌疑人的个别行为，可能将对案件性质的认定产生截然不同的影响。针对这一问题，我们以一起盗窃案为例来进行说明：

问题：犯罪嫌疑人甲某的行为是否属于"携带凶器盗窃"？

2012年7月5日，犯罪嫌疑人甲某（21周岁）纠集犯罪嫌疑人乙某（15周岁），驾驶捷达小型客车前往北京市某城建小区建筑工地，欲盗窃该工地内建筑用钢材余料。在驾车前往盗窃现场前，乙某携带了一把砍刀放在捷达车后座位置。当日凌晨2时许，犯罪嫌疑人甲某与乙某来到案发现场。二人将车辆停在工地外，徒步进入工地准备盗窃钢材，但因钢材过于沉重，二人未能搬动，遂回到车内准备纠集他人前往案发现场继续盗窃钢材。在二人正在联系他人时，被途经的公安巡逻民警发现。经盘查，二人供认意图盗窃。经鉴定，二人欲盗窃的钢材余料价值人民币1900元，未达数额较大标准。

本案中，犯罪嫌疑人虽然携带凶器，但凶器放置在车内，未随身携带，故该情形能否认定为携带凶器盗窃存在争议。

我们认为，在上述案例的事实描述过程中，汇报人对于案件的主线描述尚属明确，但是对于许多关键细节如共同犯罪人之间对于盗窃事实主观方面的认知则介绍遗漏较多。如乙某携带砍刀上车是其自己的行为还是甲某的授意；甲某是否见到乙某携带砍刀上车；如果见到，甲某作何反应；砍刀放在车上的位置嫌疑人是否可以随手取得；车辆距离盗窃钢材的现场有多远等。这些细节在汇报材料中均未能得到体现。更为严重的是，事后我们发现汇报人还遗漏了一个重要细节，即乙某还随身携带了一把水果刀，而甲某对乙某携带水果刀的事实并不知情。在这一案件汇报过程中，汇报人对于案件事实描述部分关键细节缺失较多，难以达到汇报目的。后汇报人根据相关领导提出的意见，对事实部分进行了重新梳理，修改后情况如下：

> 2012年7月5日，犯罪嫌疑人甲某（21周岁）纠集犯罪嫌疑人乙某（15周岁，未达盗窃罪追诉年龄），驾驶捷达小型客车前往北京市某城建小区建筑工地，欲盗窃该工地内建筑用钢材余料。在驾车前往盗窃现场前，乙某对甲某说："带上一把砍刀防身。"甲某对此表示同意。乙某遂将该砍刀放在捷达车左侧后座位置。此外，乙某还随身携带了一把水果刀，放在其右侧裤兜内。甲某对乙某携带水果刀的行为并不知情。当日凌晨2时许，犯罪嫌疑人甲某与乙某来到案发现场。二人将车辆停在工地外（停车地点距离盗窃现场约50米距离，砍刀留在车内，水果刀乙某随身携带），徒步进入工地准备盗窃钢材。由于钢材过于沉重，二人未能搬动，遂回到车内准备纠集他人前往案发现场继续盗窃钢材。在二人正在联系他人时，被途经的公安巡逻民警发现。在民警的盘查下，二人供认了意图盗窃。经鉴定，二人欲盗窃的钢材余料价值人民币1900元，未达数额较大标准。

三、因法定量刑情节问题产生分歧案件的汇报技巧与方法

（一）因犯罪完成形态问题引发分歧的案件

根据我国刑法的规定，有些犯罪是否既遂不仅是量刑情节更是入罪情节。在司法实践中，这种情形多见于普通盗窃犯罪行为[①]。在汇报该类案件的过程

[①] 普通盗窃犯罪是指除入户盗窃、携带凶器盗窃、扒窃以及以数额巨大财物为盗窃对象以外的一般盗窃行为。对于多次盗窃未遂是否构成犯罪目前存在争议，本书暂不讨论。

中，需要汇报人注意的几个问题是：

第一，认定既未遂标准的法律基础理论知识应扎实。具体而言，即对于犯罪行为的种类是结果犯、行为犯、危险犯等要在理论上有充分认知，以及对于具体犯罪成立的标准如何掌握，如盗窃罪采用失控说、控制说还是控制加失控说。汇报人在制作汇报提纲前应当对这些基础理论熟练掌握，并依据通说理论组织观点。

第二，陈述案件事实部分，应当就界定犯罪行为是否完成的关键事实进行详细描述，而对于犯罪目的、动机等与汇报案件事实无关或关联性不强的情节就应当简要汇报。

第三，汇报案件过程中，陈述汇报人对于案件处理意见的观点时，应适当说明分歧意见，以及依照各种分歧意见处理会对案件造成的不同影响。所谓适当说明，是要求汇报人就案件分歧要点进行说明，而不是对反对意见进行论述甚至评判，否则案件汇报就成了"案例教学"。这是汇报过程中应当注意避免的情形。

根据上述三点注意事项，我们以一起盗窃案为例进行具体说明：

问题：犯罪嫌疑人甲某的盗窃行为是否既遂？

犯罪嫌疑人甲某系某旅馆服务员，其于 2011 年 7 月 11 日 9 时许，在该旅馆员工集体宿舍（该旅馆地下室一层）中，将同宿舍被害人乙某的一台华硕笔记本电脑（15 寸）从被害人储物柜中盗出。由于进出该宿舍仅有一个门口，该门口外就有监控设备。犯罪嫌疑人甲某因害怕其携带笔记本电脑出门被摄像头记录下，于是甲某将笔记本电脑放在该宿舍窗外的平台上。由于该宿舍系地下室一层，因此该窗外平台实际低于屋外地面，并且在其上盖有防止行人掉落的篦子。将笔记本电脑放在这个位置，从宿舍内部和外面道路上均不易被发现。因此，犯罪嫌疑人甲某计划将该笔记本放在该平台后，自己在从屋外撬开篦子，将先前放在平台上的笔记本电脑取走。后甲某在屋外，由于未能撬开篦子导致未能取到笔记本电脑。

当日 16 时许，被害人乙某发现自己的笔记本电脑被盗，遂拨打电话报警。当日 18 时许，在民警的协助下，乙某找到了被甲某放置在窗外平台的笔记本电脑。后经勘查，侦查机关抓获了犯罪嫌疑人甲某。甲某对自己盗窃的行为供认不讳。

在这一案件中，汇报人在事实陈述的过程中，重点描述了被盗物品被犯罪嫌疑人放置的位置特征。在这一环节上进行相对细致的描述，我们认为是较为妥当的。因为该部分事实与盗窃行为是否使被害人"失去对财物的控制"这一有关犯罪既遂形态的核心事实密切相关。准确、得当的描述有助于听取汇报的领导做出适当的判断。

在陈述汇报人观点的环节，汇报人结合案件事实阐释了自己的观点：

> 承办人认为，犯罪嫌疑人甲某的行为应属于盗窃既遂：
>
> 第一，犯罪嫌疑人甲某虽然未能实际控制被盗笔记本电脑，但是由于其行为直接剥夺了被害人乙某对其笔记本电脑的控制，已经侵害到了盗窃罪所保护的法益。
>
> 第二，虽然被盗的笔记本电脑在实质上仍处于被害人居住的宿舍内，但这并不同于被害人仍然控制财物。因为控制财物需要行为人观念上的认知。如果被害人没有对财物具有观念上的认识，也根本谈不上所谓的"控制"。
>
> 第三，案发后，被害人是在民警的提醒下，才在地下室窗外平台上发现其笔记本电脑，从事实上印证了犯罪嫌疑人将赃物藏匿的地点是一般人不易被发现的位置。这也就从实际上剥夺了被害人对财物的控制。
>
> 反对的意见认为，犯罪嫌疑人并未将被盗财物带离案发现场，且该笔记本电脑属于较大物品，因此犯罪嫌疑人并未实际控制财物，而且在客观上被害人也没有失去财物。但正如承办人分析的，判断被害人是否对其财物"失控"，除了考虑客观状态，还需要考虑被害人对财物的主观认识。

在陈述自己观点的过程中，汇报人紧紧围绕着盗窃罪既未遂标准的"失控说"进行，说理层次较为明确，逻辑条理基本清晰，同时也指明了相关分歧意见，这种说理方式是较为适当的。

（二）因自首、立功等法定量刑情节问题争议而汇报的案件

存在自首、立功等法定情节的认定产生争议的案件，在通常情况下，会产生一个独立于案件基本事实以外的"衍生事实"。"衍生事实"是指与认定自首、立功等情节密切相关的事实。在此类案件中，汇报的重点在于将"衍生事实"所涉及的要点描述清楚。具体而言，有关自首情节的认定，核心要点就在于"自动归案"、"如实供述自己的罪行"以及"司法机关尚未掌握的本人其他罪行"、"不同种罪行"等方面。有关立功情节的认定，其核心要点就在于"立功线索来源"、"协助抓捕其他犯罪嫌疑人"等方面。汇报人在陈述相关事实的过程中，需要紧紧围绕上述环节进行。

在汇报自首问题方面，汇报人首先应当采用顺叙的方式陈述犯罪嫌疑人归案过程。在叙述过程中，应当注意以下几个方面：

在犯罪嫌疑人"自动归案"方面，应当围绕以下要点进行汇报：

第一，归案前犯罪嫌疑人身处的状态。例如，案发后滞留现场的；案发后逃离的；因特定违法行为被采取劳动教养、行政拘留、司法拘留、强制隔离戒毒等行政、司法强制措施的；因其他犯罪行为被羁押的；被纪检监察等部门予以调查谈话或采取强制措施的。

第二，犯罪嫌疑人归案的方式。例如，等待民警处理的；自行前往司法机关投案的；被亲友劝说后归案的；向其所在单位、城乡基层组织或其他有关负责人员投案的；委托他人投案的；在投案途中被抓获的。

第三，犯罪嫌疑人因形迹可疑被盘问时的状态。例如，是否被司法机关在其身上、随身携带的物品、驾乘的交通工具等处发现与犯罪有关的物品；司法机关对其进行一般排查性询问时是否主动交代自己的罪行。

第四，司法机关是否掌握犯罪嫌疑人作案的事实，或者是否已经确定了犯罪嫌疑人。

在犯罪嫌疑人"如实供述自己的罪行"方面，应当围绕以下要点进行汇报：

第一，犯罪嫌疑人供述其所犯罪行的犯罪构成是否完整。例如，供述主要犯罪事实后对行为性质或主观认识进行辩解。

第二，符合《刑法》第 67 条第 2 款规定的犯罪嫌疑人所供述的罪行性质与司法机关掌握的罪行性质是否相同。例如，其供述的其他罪行虽然与司法机关掌握的罪名不同，但是如实供述的其他罪行与司法机关所掌握的罪名属选择性罪名或者在法律、事实上有密切关系的罪行（如因受贿被采取强制措施后，又交代因受贿为他人谋取利益行为，构成滥用职权罪的，应认定为同种罪行）。

第三，犯罪嫌疑人是否如实供述共同犯罪中其所知同案犯的罪行，以及主犯是否如实供述所知其他同案犯的共同犯罪事实。

第四，犯罪嫌疑人供述主要犯罪事实外，是否如实供述了自己的姓名、年龄、前科等影响定罪量刑的情节。

第五，犯罪嫌疑人多次实施同种罪行的，其已向司法机关供述的犯罪情节、犯罪数额是否多于其未交代的犯罪情节或犯罪数额。

第六，犯罪嫌疑人的有罪供述是否稳定。例如，犯罪嫌疑人先做有罪供述，翻供做无罪辩解或者先做辩解，再供述主要犯罪事实。在这一点上，需要注意的一个问题是，汇报人必须将犯罪嫌疑人供述、辩解或翻供的时间予以交代。因为供述时间节点的差异将有可能影响自首情节的认定。例如，犯罪嫌疑人自动投案时虽然没有交代自己的主要犯罪事实，但在司法机关掌握其主要犯罪事实之前主动交代的，应认定为如实供述自己的罪行。

对于"司法机关还未掌握犯罪嫌疑人其他罪行"，也应当根据相关司法解释的规定，围绕其罪行是否被司法机关实际掌握，或是否已被通缉；抓获嫌疑人的司法机关是否在通缉令发布的范围内；该罪行是否已录入全国公安信息网络在逃人员信息数据库等相关环节展开汇报。

在汇报立功问题方面，汇报人应当围绕立功线索来源、提供线索与抓获嫌疑人之间的关联性、协助司法机关抓获其他犯罪嫌疑人的具体方式。

在汇报立功线索过程中，应当说明其立功线索是否通过贿买、暴力、胁迫等非法手段，或者系被羁押后与律师、亲友会见过程中违反监管规定，获取他人犯罪线索。对于案件中查证有上述行为的情形下，汇报人应在简要陈述犯罪嫌疑人"立功"过程后，对非法手段获取相关线索信息的过程进行详细说明，并说明能够证明其立功线索来源不法的相关证据。需要特别指出的是，对于犯罪嫌疑人立功线索来源非法的证明标准与证明其涉嫌犯罪的标准是一致的，都要排除合理怀疑。司法实践中，有些承办人认为，如果犯罪嫌疑人立功线索来源不明，犯罪嫌疑人又不能充分说明的，就应当认定立功线索来源非法。我们认为，这种认识是不恰当的。否定犯罪嫌疑人的立功情节属于在刑事诉讼程序中对犯罪嫌疑人不利的事实认定，司法机关在没有确实的证据证明其立功线索非法的情形下，依然要遵循"有利于犯罪嫌疑人"的原则。此外，在汇报立功线索的过程中，对于某些特定身份的犯罪嫌疑人（如前司法工作人员）还应当说明立功线索是否从其以往查办违法犯罪的职务活动中已掌握的线索而来。对于普通身份的犯罪嫌疑人，也要说明其立功线索是否从负有查办犯罪、监管职责的国家工作人员处获取。

在汇报"协助抓捕其他犯罪嫌疑人"的方式过程中，应当注意汇报以下几方面：一是是否按照司法机关的安排，以打电话、发信息等方式将其他犯罪嫌疑人、同案犯约至预定地点；二是是否按照司法机关的安排，当场指认、辨认其他犯罪嫌疑人、同案犯的；三是是否带领侦查人员抓获其他犯罪嫌疑人、同案犯的；四是是否提供司法机关尚未掌握的其他案件犯罪嫌疑人的联络方式、藏匿地的；五是犯罪嫌疑人协助司法机关抓捕同案犯时，是否仅通过提供同案犯的姓名、住址、体貌特征等基本情况，或提供犯罪前、犯罪中掌握使用的同案犯联络方式、藏匿地等信息。

此外，对于证明犯罪嫌疑人具有自首、立功等法定量刑情节的证据，汇报人应当在汇报过程中予以说明。如果因证明上述量刑情节的证据产生矛盾而需要汇报的，汇报人应当围绕相关证据的缺陷以及造成这些缺陷的原因进行汇报。例如，立功线索来源材料形式不符合法律规定等。

四、因新旧法律适用问题产生分歧案件的汇报技巧与方法

对于因新旧法律适用产生分歧的案件，是相对简单的案件汇报类型。但需要指出的是，此类案件事实虽然相对清晰，但是在汇报过程中，更需要注重逻辑思维的条理性。具体而言，案件汇报人应注意以下几点：

第一，在陈述案件事实经过的时候，应当采用正叙的方式，即遵循事实发展的自然过程来陈述案情，不能随意采用倒叙、插叙等方式。这是因为此类案件中，犯罪嫌疑人各个行为的时间节点对于法律适用十分重要。如果陈述案件事实过程中随意插入行为人不同时段的行为，则易导致听取汇报的领导很难将案件事实与行为时的法律进行清晰的对比。

第二，陈述案件中犯罪嫌疑人的行为时，不仅要强调其行为开始的时间，而且还要强调行为及危害后果停止的时间。如果停止的时间有争议，也需要着重说明。这是由于行为人在实施犯罪过程中，可能产生一行为或多个同种性质的行为跨越新旧法律实施期限的情形，我们通常称这些行为为跨法继续犯罪和跨法连续犯罪。

第三，汇报人在陈述案情后，应当在汇报材料的附件中列明新旧法律内容的区别，以便听取汇报的领导参阅。

下面我们以一起盗窃案来进行说明：

问题：未成年人犯罪前科消灭是否适用于前一处罚既包括未成年犯罪又包括成年后犯罪的情况？

犯罪嫌疑人甲某（1990年1月15日出生）曾于2007年至2008年间曾多次实施盗窃犯罪。2008年11月12日上述犯罪行为经河北省万全县人民法院认定，犯罪嫌疑人甲某实施部分犯罪行为时，其尚未成年，故对其在未成年时的犯罪行为予以从轻处罚，并判处其有期徒刑1年6个月。犯罪嫌疑人甲某于2009年7月23日刑满释放。

2011年8月5日19时许，犯罪嫌疑人甲某又在北京市某小区27号楼"比邻网吧"1号包间内，趁无人注意之机，盗窃该网吧电脑主机一台，经鉴定物品价值人民币1600元。后被侦查机关抓获。

检察机关认为，犯罪嫌疑人甲某的行为构成盗窃罪，虽然其曾因故意犯罪被判处有期徒刑以上刑罚，刑罚执行完毕5年内又故意犯应当判处有期徒刑以上刑罚之罪，但是由于其前罪的部分犯罪行为发生在其未成年时期，根据《刑法

修正案（八）》的规定："被判处有期徒刑以上刑罚的犯罪分子，刑罚执行完毕或者赦免以后，在五年以内再犯应当判处有期徒刑以上刑罚之罪的，是累犯，应当从重处罚，但是过失犯罪和不满十八周岁的人犯罪的除外。"故本案不应认定犯罪嫌疑人甲某为累犯。

法院认为，犯罪嫌疑人甲某的行为构成盗窃罪，但鉴于其在前罪中，已有数起犯罪行为发生在成年之后，不属于《刑法修正案（八）》所规定的未成年累犯前科消灭规则适用的情形。故犯罪嫌疑人甲某系累犯，应当从重处罚。2011年12月8日，丰台区人民法院判处犯罪嫌疑人甲某有期徒刑八个月，并处罚金1000元。

附：

《刑法》

第65条规定 被判处有期徒刑以上刑罚的犯罪分子，刑罚执行完毕或者赦免以后，在五年内再犯应当判处有期徒刑以上刑罚之罪的，是累犯，应当从重处罚，但是过失犯罪和不满十八周岁的人犯罪的除外。

在上述案例中，所要探讨的是如何理解"未成年犯罪时间跨度"问题。在汇报材料中，汇报人首先需要说明犯罪嫌疑人犯前罪的时间跨度跨越了其18周岁这个时间节点。随后，需要简要解释犯罪嫌疑人犯后罪的情况（包括作案时间、罪名、简要作案过程等）。由于该案基本不涉及事实问题，因此汇报材料应尽快转入问题核心，将不同分歧意见列明。在汇报完分歧意见后，应当停下来等待领导询问相关案件事实及法律适用等问题。在回答完领导的询问后，再明确提出自己的观点，并阐释相应理由。

五、范本

实训材料

李某某交通肇事案

一、提请检委会讨论事项

北京市某区人民检察院检察委员会在审议李某某是否构成交通肇事罪一案的过程中，检察长意见与多数委员意见不一致。故区检察院于2012年10月29日向我院提请案件指导，即犯罪嫌疑人李某某的行为是否构成交通肇事罪。我处对该案进行了审查，并形成了相关意见，现提请检委会讨论。

二、犯罪嫌疑人的基本情况及诉讼过程

犯罪嫌疑人李某某，男，1976 年 10 月 16 日出生，汉族，初中文化，系北京雅鑫荣福混凝土集团有限公司司机，户籍地：河东省南市曹明镇 18 号。

诉讼过程（略）

三、报送机关意见

（一）报送机关承办人意见

该案中据以认定犯罪嫌疑人主要责任的依据系其具有交通肇事后逃逸情节，但现有证据不足以证明犯罪嫌疑人明知发生了交通事故。故难以认定其具有逃逸情节，建议做出存疑不起诉处理。

（二）报送机关处室意见

该案中犯罪嫌疑人驾驶车辆左前侧撞击被害人，且事故发生后犯罪嫌疑人有短暂停车行为，证明其意识到已经发生交通事故。而后其仍驾车驶离案发现场，应认定为交通肇事后逃逸，可以评价犯罪嫌疑人在事故中负主要责任。故应对犯罪嫌疑人提起公诉。

（三）报送机关检委会多数委员意见

多数委员同意处室意见，应当认定犯罪嫌疑人具有逃逸情节，应对犯罪嫌疑人提起公诉。

（四）报送机关检察长意见

区检察院检察长认为，本案不宜按照犯罪处理。理由是：犯罪嫌疑人如果不逃逸，就事故本身来说，主要责任在于被害人。现在公安机关依据犯罪嫌疑人逃逸，认定其对事故承担主要责任，主要是行政执法上的认定，是为了解决民事赔偿问题。刑事上的交通肇事后逃逸与民事及行政法上的交通肇事后逃逸标准是有区别的。刑事上的交通肇事后逃逸的前提应当是在构成交通肇事罪的前提下逃逸，在没有构成交通肇事罪的前提下逃逸的，不应认定为交通肇事罪。

四、案件事实及主要证据

首先，起诉意见书认定的事实：

与依法审查后认定的事实基本一致。

其次，依法审查后认定的事实：

犯罪嫌疑人李某某于 2011 年 10 月 10 日 21 时 30 分许，驾驶"中联"牌重型水泥罐车（车号：京 G740××），由东向西行驶至本市某区北路路口东侧时，遇停止信号后停车等待。该方向显示通行信号后，李某某驾车驶过路口西侧，并在最左侧车道内继续直行。当该车通过路口约 28 米后，适有被害人樊某（男，28 岁）驾驶的普通二轮摩托车由路口东南方向驶来。两车在同车

道同向行驶过程中，被害人樊某被李某某驾驶的水泥罐车左侧车轮碾轧，导致其颅脑损伤死亡。

事故发生后，犯罪嫌疑人李某某继续驾车向前行驶六七十米后停下。停车几秒后，李某某驾车加速驶离现场。案发当日 23 时许，区公安分局交通支队民警在目击群众的指证下，将李某某查获。犯罪嫌疑人李某某归案后，辩解不知其驾驶的车辆发生了事故，没有逃逸的主观故意。

经区交通支队查证认定：

被害人樊某具有"A2"机动车驾驶证，但持有的摩托车行驶证系伪造。樊某驾驶的二轮摩托车照明系统失灵，可导致整车无照明、无信号装置工作显示。

犯罪嫌疑人李某某驾驶的"中联"牌重型水泥罐车外观项目不合格，整车制动不合格，前照灯灯光亮度不合格。李某某在事故发生后驾车逃逸。

综上情节，公安机关认定李某某发生交通事故后驾车逃逸，本应当承担全部责任，但是鉴于被害人驾驶与准驾车型不符的机动车，属于对方当事人有过错，可以减轻李某某的部分责任。故认定李某某在此次事故中负主要责任，樊某负次要责任。

认定上述事实的证据：

（一）证明犯罪嫌疑人李某某驾驶的车辆与被害人驾驶的摩托车发生交通事故的证据

该案中，侦查机关从犯罪嫌疑人驾驶的车底部提取了血迹，经DNA司法鉴定证实该血迹为被害人所留。同时，公安机关出具的工作说明认定被害人躯干应符合碾轧形成的特征伤，且衣服上隐约可见轮胎碾轧形成和痕迹。此外，现场目击证人李某的证言证实犯罪嫌疑人驾驶的牌照为京 G740××水泥罐车将被害人碾轧。

（二）证明被害人死亡且被害人的死亡与犯罪嫌疑人的行为具有因果关系的证据

被害人的死亡证明、火化证明以及急救中心对被害人检测的心电图证明被害人于案发后死亡。尸体检验报告证明被害人死于重度颅脑损伤。结合痕迹证据可以发现，留在肇事车底部的被害人血迹为喷溅状血痕，符合活体经碾轧所成。此外，根据现场勘查可以看到，现场遗留血迹完整，无其他车辆碾轧痕迹。由此排除了其他车辆碾轧被害人的可能。

（三）证明犯罪嫌疑人与被害人在事故所承担责任的证据

1. 证明被害人责任的证据

（1）北京市公安局公安交通管理局车辆管理所出具的机动车牌证、驾驶证鉴定证明证实被害人持有的"京 BH7427"机动车行驶证为假。

（2）北京市学院路机动车检测场出具的道路交通事故车辆技术检验报告证实被害人驾驶的普通二轮摩托车照明系统故障，可导致整车无照明、无信号装置工作显示。

2. 证明犯罪嫌疑人责任的证据

（1）北京市学院路机动车检测场出具的道路交通事故车辆技术检验报告证实犯罪嫌疑人驾驶的京 G740××号水泥罐车外观项目不合格，整车制动不合格，前照车灯灯光亮度不合格。

（2）现场勘验笔录、区交通支队出具的《关于认定李某某交通肇事逃逸相关情况的说明》等材料证实：犯罪嫌疑人李某某所驾车辆为平头驾驶室的重型专业作业车，驾驶员可以看到距离前部 1 米左右的距离，且当车辆碾轧死者及其所戴头盔，肇事车辆应有明显颠簸感，作为从事专业运输的驾驶员，应当知道所驾车辆发生事故。

（3）现场勘验笔录证明事故发生地点位于某区北路路口西侧东向西方向最左侧车道内。

3. 证明本案中双方当事人在行政法上的责任依据

区交通支队出具的交通事故认定书认定：李某某驾车发生事故后逃逸，樊某未按照驾驶证载明的准驾车型驾驶机动车。根据《道路交通安全法实施条例》第 92 条规定："发生交通事故后当事人逃逸的，逃逸的当事人承担全部责任。但是，有证据证明对方当事人也有过错的，可以减轻责任。"确定：李某某为主要责任；樊某为次要责任。

五、需要说明的问题

（一）肇事者一方的民事赔偿情况

被害人樊某的家属向某区人民法院提起了民事诉讼。某区人民法院的一审判决是：

被告中国人民财产保险公司北京丰台支公司赔偿原告（被害人家属）死亡赔偿金人民币 110000 元及急救费人民币 530 元。

被告北京某混凝土集团有限公司赔偿原告死亡赔偿金、丧葬费、交通费、住宿费、被抚养人生活费、精神损害抚慰金等共计人民币 1055249 元。

后北京市中级人民法院将本案发回北京市某区法院重审，现该案未审结。

由于被害人家属的民事诉讼被发回重审，现被害人家属要求追究犯罪嫌疑人的刑事责任。

（二）肇事者对事故责任认定提出异议

犯罪嫌疑人李某某曾向北京市公安局公安交通管理局提出了对事故责任认

定书的复核。北京市交管局于 2011 年 11 月 23 日做出不予受理决定。不予受理的理由是：当事人樊某亲属已就该事故向北京市某区人民法院提起诉讼，法院已于 2011 年 11 月 22 日受理。

六、审查意见

（一）犯罪嫌疑人李某某与被害人樊某在事故发生原因的责任分担情况

经过承办人审查，并向公安机关交通管理部门相关负责人了解后，承办人倾向认为在案发过程中，被害人的实际责任并不低于肇事者的责任。

首先，因为被害人驾驶与其准驾车型不符的机动车上路，等同于无照驾驶，也就是说其根本没有资格驾驶该车上路。

其次，被害人在夜间驾驶一辆无任何灯光、照明系统的摩托车，导致其他车辆难以将其发现。因此，被害人的行为无异于自陷风险之中。

虽然李某某驾驶的水泥罐车与被害人樊某驾驶的摩托发生事故的位置位于最左侧的车道，根据相关交通管理法规规定，在同方向划有两条以上机动车道的道路上，货运汽车应当在慢速车道行驶。也就是说，事故双方均违反了该条规定。

在该案的事故责任认定书中，认定嫌疑人李某某主要责任的依据仅是其具有逃逸行为，并未就双方当事人对事故发生的原因负何种责任进行评判。故目前对于事故发生的原因双方应当承担何种责任不能做出权威性的准确评价。

（二）现有证据可以证明犯罪嫌疑人李某某在事故发生后驾车逃逸

结合全案证据，承办人认为，犯罪嫌疑人李某某在本案中还是能够认定其具有刑法意义上的"交通肇事后逃逸"情节的。因为犯罪嫌疑人驾驶的车辆虽然为大型水泥罐车，但是其碾轧被害人的位置为车左前轮。该位置正好位于驾驶员正下方。同时，根据证人证实，事故发生时，曾发出巨大的碰撞声音。因此驾驶员具有感知车辆碾轧被害人的客观条件。此外，根据犯罪嫌疑人供述及证人证言证实，李某某驾车碾轧被害人前行六七十米后，曾有停车行为，该行为可以印证其明知事故发生的主观心态。故结合上述证据，可以认定犯罪嫌疑人在事故发生后具有逃逸情节。被害人家属可以据此情节向肇事者追究民事赔偿责任。

（三）事故责任认定书中据以认定犯罪嫌疑人主要责任的法律依据与刑法及司法解释中关于交通肇事罪的认定存在冲突

《刑法》第 133 条规定："违反交通运输管理法规，因而发生重大事故，致人重伤，死亡或者使公私财产遭受重大损失。"这表明重大事故的结果与行为人违反交通运输管理法规之间必须有因果关系。易言之，只有在由于行为人违反交通法规，导致重大事故且对事故的发生负主要或全部责任的情形下，行为人才有可能被评价为交通肇事罪。

本案中，公安交通管理部门据以认定犯罪嫌疑人李某某负事故主要责任的依据是《道路交通安全法实施条例》第 92 条的规定："发生交通事故后当事人逃逸的，逃逸的当事人承担全部责任。但是，有证据证明对方当事人也有过错的，可以减轻责任。当事人故意破坏、伪造现场、毁灭证据的，承担全部责任。"该条文规定的核心是：虽然逃逸情节是事故发生后的行为，但是由于逃逸将导致发生事故的责任难以认定，故直接推定逃逸者负事故全部责任，当对方当事人有过错时，才减轻逃逸者的责任。该条中所规定的"逃逸全责"属于事后推定，与《刑法》第 133 条所要求的违反法规与发生重大事故之间需要具备因果关系的规定相冲突。由于该案中事故责任认定书援引的法规与上位法规定相冲突，故该认定书不能作为认定犯罪嫌疑人构成交通肇事罪的依据。

承办人认为，由于在该案件事故发生过程中，犯罪嫌疑人应负的责任由于未得到交管部门的确认而难以准确认定，导致事实不清，因此应对犯罪嫌疑人做出存疑不起诉决定。

七、处室意见

该案在我处内部讨论后形成两种意见：

第一种意见：同意承办人意见，建议对犯罪嫌疑人做存疑不起诉处理。

第二种意见：建议采纳公安机关出具的事故责任认定书中对事故双方当事人之间责任的认定。

第一，从法学理论上讲，逃逸行为能否作为刑法意义上的主要责任存在分歧。虽然从通常的刑法意义上而言，行为与责任应当同时存在，即不能用事后行为评价事故发生时的责任，但是就道路交通领域而言，如果不强制推定逃逸者负全部责任或主要责任，将难以厘清事故发生时双方当事人的责任。因为肇事车辆一旦逃逸，将导致事故现场变动，使得认定当事人责任的基础不复存在。在这种交通肇事逃逸案件中，如果继续要求坚持查清事故发生时双方当事人的责任，将导致案件事实难以查清，进而导致放纵犯罪。

第二，本案中犯罪嫌疑人在事故发生过程中也存在违反交通运输管理法规的行为。犯罪嫌疑人驾驶水泥罐车在案发过程中，不按标线行驶是事故发生的重要原因之一。如果犯罪嫌疑人依照标线行驶，将不会发生事故。

第三，事故责任认定书依据的道路交通管理法实施细则是现行有效法规，而且认定的依据有事实和证据支撑，从这一角度而言，事故责任认定书没有错误。

第四，鉴于以往办理交通肇事案件中，公安机关出具的事故责任认定书具有权威性。不经过法定程序不能改变事故责任认定书认定的事实。因此在办理刑事案件中，可以直接依照事故责任认定书认定的责任进行处理。

第五，本案中被害人家属以民事赔偿诉讼需等待刑事处理结果为由进行上访，因此起诉也有利于息诉罢访，故建议对犯罪嫌疑人提起公诉。但该意见也认为，起诉后由于对法律认识问题的差异，该案存在诉讼风险。

八、市检察院案件请示汇报情况

2012 年 11 月 20 日，我处将该案向市院公诉二处进行汇报。市院公诉二处听取汇报后，处长及组长等多数意见认为：从法理上讲，事后逃逸行为不能作为认定事故责任的依据，但是《道路交通安全法实施条例》对这一行为的规定是法律拟制，即强制推定责任，这是由立法本意所决定的。故在《刑法》上也应当强制推定逃逸者全责或主要责任，因此，可以对犯罪嫌疑人提起公诉。

九、专家咨询意见

2012 年 11 月 16 日，我处就该案向本院专家咨询委办公室提请专家论证申请。专家咨询委拟定由两位专家提供咨询，现将二位专家意见汇报如下：

（一）A 教授意见

同意第二种提起公诉意见，本案应当采取依法认定的主要责任。因为司法解释中规定：交通肇事致一人死亡负事故"全责"或"主责"的追究刑事责任，其"主责"、"全责"应当是指"依据交通运输法规"认定的责任。既然依据《道路交通安全法实施条例》第 92 条应当认定李某某是"主责"，就应当作司法解释中的"主责"，作为适用该司法解释追究刑事责任的依据。

（二）B 教授意见

这个案件不能认定为交通肇事罪。首先，从客观归责角度来说，死亡结果不能归属于行为人的行为，而应归属于被害人自己的行为。被害人对自己的死亡负有更重的责任。逃逸行为不可能成为致人死亡的原因行为。其次，从主观方面说，很难认定行为人当时对死亡结果存在过失。最后，行政法上的交通事故的责任认定与刑法上的刑事责任的认定基本上是两回事，不应当认为交警出具的责任认定书对刑事责任的认定具有权威性。

十、我院主管检察长意见

我院主管检察长认为，本案认定犯罪嫌疑人构成交通肇事罪还是有合理依据的，故基本同意我处内部第二种意见，即犯罪嫌疑人的行为符合交通肇事罪的犯罪构成。

附：

《中华人民共和国道路交通安全法》

第二十二条 机动车驾驶人应当遵守道路交通安全法律、法规的规定，按照操作规范安全驾驶、文明驾驶。

国务院《道路交通安全法实施条例》

第四十四条 在道路同方向划有2条以上机动车道的，左侧为快速车道，右侧为慢速车道。在快速车道行驶的机动车应当按照快速车道规定的速度行驶，未达到快速车道规定的行驶速度的，应当在慢速车道行驶。摩托车应当在最右侧车道行驶。有交通标志标明行驶速度的，按照标明的行驶速度行驶。慢速车道内的机动车超越前车时，可以借用快速车道行驶。

第九十一条 公安机关交通管理部门应当根据交通事故当事人的行为对发生交通事故所起的作用以及过错的严重程度，确定当事人的责任。

第九十二条 发生交通事故后当事人逃逸的，逃逸的当事人承担全部责任。但是，有证据证明对方当事人也有过错的，可以减轻责任。当事人故意破坏、伪造现场、毁灭证据的，承担全部责任。

第六章

量刑分歧案件的汇报方法与技巧

对于量刑情节分歧而产生的量刑分歧案件汇报我们已在上一章节中进行了讲解。在这一章节中，我们介绍的量刑分歧案件专指在量刑情节（包括法定与酌定量刑情节）没有争议，仅就量刑情节所对应的刑罚幅度、计算方式、刑罚适用方式以及量刑均衡方面产生分歧的案件。在当前司法实践中，《人民法院量刑指导意见（试行）》（以下简称《量刑指导意见》）已经成为各级法院量刑的最重要依据，对《量刑指导意见》的理解与适用就成为此类案件中最为重要的内容之一。在这一章节中，我们将在讲解量刑分歧案件的汇报步骤与方法过程中，重点介绍在汇报量刑分歧案件过程中如何结合案情解读《量刑指导意见》的规定。

一、量刑分歧案件的汇报步骤

（一）指明检法关于量刑分歧的关键点

量刑分歧主要是在抗诉案件的汇报中涉及。与其他需要汇报的案件相同，汇报人首先应当就量刑分歧的关键点进行说明。易言之，就是将量刑建议情况与法院量刑意见不一致的情况进行说明。在这一环节中，汇报人需要对产生分歧的量刑环节进行详细说明，量刑环节包括：量刑情节幅度的选择、计算方式、刑罚的执行方式以及量刑均衡等问题。例如，对交通肇事逃逸后自首的被告人可否大幅减轻处罚。

（二）列明法院对被告人的量刑情况

在此类案件汇报过程中，应当在汇报中说明人民法院的量刑情况。量刑情况包括：（1）法院判处的主刑、附加刑；（2）判处刑罚的执行方式，即是否判处缓刑；（3）检察机关的量刑建议情况；（4）法院判处刑罚对各量刑情节的评价情况。将上述内容作为此类案件汇报的首要信息，其最主要目的在于让听取汇报的领导及时了解案件分歧要点，使其能够有针对性地听取案件关键环节，并以此做出正确决策。

（三）围绕量刑争议事实陈述案情

在除量刑情节计算方式产生分歧的量刑争议案件中，对于量刑情节对应刑罚幅度的选择、是否适用缓刑以及量刑是否均衡等问题，均需要梳理全案的量刑情节。汇报人在陈述案情的过程中，一般应当根据顺序的方式进行说明，但是为了叙述方便，也可以进行必要的调整。我们以下面的案例为例进行说明：

问题：故意伤害致人重伤，自首后又赔偿被害人损失能否减轻处罚？

原审人民法院量刑情况：被告人王某犯故意伤害罪，判处有期徒刑2年6个月。

被告人王某（男，30岁）因发现其前女友与被害人刘某（男，32岁）建立男女朋友关系遂怀恨在心，后被告人王某于2011年11月12日17时许，持一根镐把进入被害人刘某的暂住地，对刘某头面、胸背、手臂等部位进行殴打，导致被害人刘某左眼眼球摘除，头面部、手臂部不同程度损伤，经法医鉴定，被害人刘某眼部伤情为重伤（七级伤残），面部伤情为轻伤，手臂部伤情为轻微伤。案发后，被告人王某主动到公安机关投案，如实供述自己的犯罪事实。后在公安机关主持下，被告人王某与被害人刘某达成赔偿协议，赔偿被害人损失人民币15万元。15万元赔偿已全部支付给被害人，被害人表示可以谅解被告人的行为。

上述案件中，陈述的案件基本采用了顺叙的方式。通常而言，对于量刑争议的案件，叙述的重点在于全面、准确地反映量刑情节。在这个案例中，需要体现的量刑情节分别为：伤害后果——重伤一处（七级伤残）、轻伤一处、轻微伤一处；行为方式——入室持械打击被害人要害部位；悔罪表现——自首、赔偿被害人损失；其他情节——情感纠纷。在汇报此类案件的过程中，由于量刑情节可能众多，汇报人可根据具体情况，在案件事实陈述完毕后，可以对量刑情节进行必要的总结与说明。

（四）分析量刑情节的适用

不同的量刑情节根据分类不同，在量刑过程中对于刑罚量的影响也有较大差异。根据刑罚报应主义所强调的罪行与刑罚的对等性，量刑情节可以分为结果型情节与行为型情节。我们将其称为刑罚本体罪量。结果型情节包括侵害法益（单一法益、复合法益）、犯罪后果（伤害程度、盗窃数额等）、犯罪对象（弱势群体）、犯罪形态（犯罪预备、未遂、中止、既遂）、犯罪频率、关联犯罪（由其他犯罪转化而来，如寻衅滋事转化故意伤害）等。行为型情节包括行为手段（暴力性、公然性）、共同犯罪、从犯、胁从犯、教唆犯等。

根据量刑功利主义对刑罚量修正的需要，在量刑时需要考虑犯罪特殊预防与一般预防的目的。我们对这两类罪量要素称为调整罪量。其一，犯罪人的特殊预防必要性所对应的量刑要素包括：犯罪决意的程度、目的、动机、期待可能程度的大小、犯罪人责任能力、悔罪程度（赔偿损失、被害人谅解）、再犯可能性。特别需要指出的是，虽然赔偿被害人损失在总体上反映犯罪人的悔罪程度，但也具有弥补犯罪后果的积极意义，故该罪量要素具有复合属性。其二，根据积极的一般预防目的需要，刑事政策也属于特定的罪量因素，如危害民生领域的职务犯罪，对弱势群体的犯罪等就属于刑事政策所考量的因素。

在量刑过程中，应当首先考虑本体罪量，再考虑调整罪量。在评价本体罪量过程中，一般也要先考虑结果型情节，再考虑行为型情节。汇报人在阐释观点时，应当先说明本体罪量中的量刑情节如何适用，再说明调整罪量如何适用。

二、《人民法院量刑指导意见》适用分歧案件的汇报方法

（一）《人民法院量刑指导意见》量刑步骤概述

2010年9月最高人民法院制定的《人民法院量刑指导意见（试行）》（以下简称《量刑指导意见》）颁布实施，该意见对规范审判过程中量刑的环节起到了积极作用，初步扭转了传统粗放式的"估堆"式量刑体系，取得了阶段性成果，但是在司法实践中，也出现了检法人员对量刑要素、量刑基准的理解与适用标准不统一以及部分司法人员适用量刑指导意见过于机械、僵化等问题。

鉴于当前的刑事审判活动中，对犯罪人的量刑均已统一由《量刑指导意见》进行规范，故在此对《量刑指导意见》确定的量刑步骤与量刑方法进行必要的介绍。

量刑步骤分为确定起点刑、确定基准刑、调整基准刑、确定宣告刑四个步骤。对于起点刑的确定。根据《量刑指导意见》规定，起点刑要根据基本犯罪构成事实在相应的法定刑幅度内确定。所谓基本犯罪构成事实，是指一般既遂状态下所应判处的刑罚，也就是一个完全刑事责任能力主体在既遂状态下所应判处的刑罚。在确定起点刑后，需要对基准刑进行确定。根据《量刑指导意见》规定，根据行为人的犯罪数额、次数、犯罪后果的增加可以在起点刑的基础上增加相应的刑罚量，但是增加的刑罚量不能突破该行为所对应的法定最高刑。例如，故意伤害致人轻伤，所对应的法定最高刑为3年有期徒刑，行为人每增加造成一人轻伤的，一般可以增加刑期3个月至6个月，但即使行为人造成轻伤人数众多，对其行为增加的刑罚量也不能超过3年。最后通过"特殊量刑情节"与"一般量刑情节"确定的比率调整基准刑，进而确定宣告刑。

（二）汇报量刑分歧案件中对《量刑指导意见》的说明

虽然《量刑指导意见》在理论上对量刑步骤与方法进行了较为明确的规定，但是在司法实践中，检法就这一规定的适用范围与计算方式仍存在一定的分歧。这些分歧也导致了检察院的部分量刑建议并未被法院采纳。在此类分歧案件的汇报中，汇报人在介绍案件分歧焦点、案件事实、基本证据情况后，需要对《量刑指导意见》的规定进行必要的说明。这种必要的说明一是针对与案件分歧焦点有关的规定，而不是通篇介绍；二是针对特定的汇报对象，由于《量刑指导意见》属于专业性较强的规范，并不是所有的司法人员均对其有详细深入的了解。如果汇报的场合是检委会，汇报人就应当相对详细进行介绍，而如果汇报的对象是主管公诉业务的副检察长，汇报人就可以简要说明，甚至蜻蜓点水般带过。做这种区分是由于检委会组成人员众多，各位委员的专业领域也有所不同，分管侦监或者自侦部门的领导可能就对《量刑指导意见》不太熟悉，因此，在汇报量刑分歧案件过程中，汇报人一定要注意汇报场合的不同进行变通。

（三）汇报案件中有无在量刑情节选择幅度方面的分歧

量刑事实，是指影响到对犯罪嫌疑人从宽或者从严处理的相关事实，包括法定量刑事实和酌定量刑事实。对于法定的量刑情节要着重汇报违法犯罪嫌疑人是否属于累犯，有无自首或者立功的表现，是否为主犯，是否年满18周岁等。酌定量形情节包括行为人在案发后是否积极抢救被害人、是否积极退赔、认罪态度如何、平素表现如何等。这些情节虽然不影响定性问题，但是影响到对犯罪嫌疑人采取何种强制措施，影响到对其最终的量刑。

在汇报这些量刑情节的同时，需要说明人民法院与人民检察院就具体量刑情节刑罚幅度的选择存在分歧的原因。例如，对于自首情节的认定，检法均无争议，但是对于这一情节减少的刑罚幅度方面，法院认为该情节可以减少刑罚幅度40%，而检察机关认为只能减少刑罚幅度20%，且不宜做减轻处罚。对于这一分歧，就应当依照犯罪嫌疑人罪行的轻重以及自首的具体情形进行分析。在此，我们将主要量刑情节刑罚适用中需汇报的问题汇总如下：

1. 通用量刑情节在汇报时需要注意的问题

（1）"共同犯罪"情节在严重侵害被害人人身及财产权利的案件中进行单独评价，但"共同犯罪"情节作为基本犯罪构成的除外。

"共同犯罪"情节应当考虑共同犯罪的人数、对被害人的侵害程度等方面。

（2）"犯罪未遂"情节应当考虑行为是否终了、犯罪未得逞原因、犯罪人的意志等方面。

（3）"犯罪中止"情节应当考虑犯罪中止的时间、中止的动机以及已造成危害的大小等方面。

（4）"自首"情节应当考虑投案的时间、动机、方式、罪行的轻重、如实供述的程度等方面。

"明知他人报警后在现场等待民警"、"经侦查人员电话传唤归案"的以"自动投案"论。

（5）"立功"情节应当考虑立功的大小、次数、内容、来源、效果以及罪行轻重等方面。

（6）"坦白"、"如实供述"等情节应当考虑供述的稳定性、程度等方面。"坦白"、"如实供述"与"当庭自愿认罪"不重复评价。

（7）"退赃"、"退赔"、"赔偿被害人损失"等情节应当综合考虑犯罪性质、对损害结果的弥补程度以及主动程度等方面。共同犯罪中部分犯罪嫌疑人"退赃"、"退赔"、"赔偿被害人损失"的，对其他未"退赃"、"退赔"、"赔偿被害人损失"的犯罪嫌疑人一般不从轻处罚。

（8）"被害人谅解"情节应当考虑犯罪性质、谅解的原因、真实程度、认罪悔罪程度等方面。"被害人谅解"与"退赃"、"退赔"、"赔偿被害人损失"等情节同时存在时，一般不同时适用最大的从轻处罚比例。

（9）"累犯"情节应当考虑前后罪的性质、刑罚执行完毕后至再犯罪的时间间隔以及前后罪行轻重等方面。

（10）"前科劣迹"情节应当考虑前科劣迹的性质、时间间隔、次数、处罚轻重等情节。

汇报过程中要注意"前科劣迹"情节虽然一般适用于故意犯罪，但是犯交通肇事罪等业务过失犯罪，有违反交通运输管理法规等前科劣迹的仍要作为量刑情节进行评价。

"前科劣迹"与"累犯"情节并存时，在不重复评价的前提下，可视具体情节同时适用。

（11）"针对弱势群体犯罪"是指以未成年人、老年人、残疾人、孕妇等弱势群体为犯罪对象。量刑时应当考虑这类人群的弱势程度与加害行为之间的比例关系。

（12）"在灾害和突发事件期间犯罪"情节应当考虑灾害与犯罪类型之间的关系、犯罪的动机及原因、造成的危害后果等多方面考虑。

（13）"防卫过当"与"避险过当"等情节应当考虑不法侵害的性质、保护权益的性质、过当的程度、防卫或避险的起因以及罪过形式等方面。

2.《量刑指导意见》中各罪量刑情节汇报时需注意的问题

（1）交通肇事罪

在汇报交通肇事罪量刑情节过程中，对于犯罪嫌疑人具有酒后、吸毒后驾车；严重超速、超载驾车；无照驾车；驾驶无牌照车辆；驾驶安全设施不合格或报废车辆；肇事后逃逸等情形的，一般应说明对上述行为要选择较高的刑罚量。

需要注意避免重复评价问题：逃逸情节作为入罪情节评价的，不宜在确定基准刑部分予以再次评价。犯罪嫌疑人逃逸后自首的，应结合具体案情，对从轻处罚的幅度做必要限定，一般不宜适用减轻处罚。犯罪嫌疑人负主要责任的，在确定基准刑部分已经考虑事故责任分配问题，在调整基准刑部分则不需再考虑被害人过错问题。

（2）故意伤害罪

在汇报故意伤害罪中"特别残忍手段"情节，应当围绕犯罪嫌疑人是否使用残酷的、非人道的手段伤害他人。例如，犯罪嫌疑人使用工具或病菌、危险化学品等致人毁容或使身体、精神摧残并造成六级以上伤残。对于"持械殴打"情节应当围绕犯罪嫌疑人是否使用棍棒、刀具等对人身伤害程度较高的工具实施加害；对于枪击致人受伤的应当着重说明枪械的来源及使用情况，并从重评价。对于"打击要害部位"情节应当围绕犯罪嫌疑人是否打击头、内脏等人体重要器官所在部位，并使该部位受到损伤。对于"民间纠纷引发"情节，应当围绕是否由亲友、同事、邻里间因经济、情感或相邻关系等一般民事纠纷引发的伤害案件。对于案件中被害人有两处以上伤情的，应当说明每增加一处伤情可以增加相应的基准刑。

（3）强奸罪

在汇报强奸罪"情节恶劣"情节过程中，应当围绕强奸手段残忍程度，如长期对同一女性长期非法拘禁并多次实施强奸、劫持女性进行强奸或者当众强奸造成恶劣社会影响等方面进行汇报。

（4）非法拘禁罪

在汇报"非法拘禁增加的时间"时，需要注意，增加的时间一般为非法拘禁超过 24 小时后的时间，但具有捆绑殴打、侮辱情节的除外。

汇报非法拘禁罪中，需要注意避免重复评价问题：犯罪嫌疑人因具有"使用械具或捆绑等恶劣手段"、"实施殴打、侮辱、虐待行为"而作为入罪标准的，在后续量刑环节中不再重复评价，但对于非法剥夺被害人自由的时间，需要在增加基准刑部分予以评价。

（5）抢劫罪

在汇报抢劫罪过程中，对于确定起点刑，需要说明抢劫既有既遂，又有未遂，分别达到不同量刑幅度的，依照处罚较重的确定起点刑；达到同一量刑幅度的，以抢劫罪既遂确定起点刑。

需要注意避免重复评价问题：携带凶器抢夺以抢劫罪论的，携带凶器及管制刀具等器械的情节不再作为调整基准刑评价情节。因实施盗窃、抢夺、诈骗行为时，为抗拒抓捕而使用暴力致人轻微伤以上伤情而转化为抢劫罪的，伤情不再作为调整基准刑评价情节。抢劫未劫得财物，但造成被害人轻伤的，伤情不再作为调整基准刑评价情节。抢劫致一人重伤的，伤情不再作为调整基准刑评价情节。

（6）盗窃罪

在汇报盗窃罪过程中，对于确定起点刑，需要说明盗窃既有既遂，又有未遂，分别达到不同量刑幅度的，依照处罚较重的确定起点刑；达到同一量刑幅度的，以盗窃罪既遂确定起点刑。单次盗窃未遂，以数额巨大的财物为盗窃目标的，或者具有其他严重情节的，起点刑选择"数额较大"的量刑档。

需要注意避免重复评价问题：盗窃财物达到"数额较大"标准，又同时具备"入户盗窃"、"公共场所扒窃"、"携带凶器盗窃"或"多次盗窃的"，一般以"数额较大"作为确定起点刑依据，其他情节作为确定基准刑依据。盗窃财物达到"数额较大"百分之五十标准，同时具有"曾因盗窃受过刑事处罚"、"一年内曾因盗窃受过行政处罚"、"组织控制未成年人盗窃"、"灾害、突发事件期间盗窃"、"盗窃弱势群体"、"在医院盗窃病人或其亲友财物"、"盗窃特定款物"、"盗窃造成严重后果"的，上述情节作为起点刑情节考虑，不再在基准刑阶段评价。盗窃财物达到"数额巨大"、"数额特别巨大"百分之五十标准，同时具有"组织控制未成年人盗窃"、"灾害、突发事件期间盗窃"、"盗窃弱势群体"、"在医院盗窃病人或其亲友财物"、"盗窃特定款物"、"盗窃造成严重后果"的，上述情节作为起点刑情节考虑，不再在基准刑阶段评价。

（7）诈骗罪

在汇报诈骗罪过程中，对于确定起点刑，需要说明诈骗既有既遂，又有未遂，分别达到不同量刑幅度的，依照处罚较重的确定起点刑；达到同一量刑幅度的，以诈骗罪既遂确定起点刑。单次诈骗未遂，以数额巨大的财物为诈骗目标的，或者具有其他严重情节的，起点刑选择"数额较大"的量刑档。

需要注意避免重复评价问题：对于"多次诈骗"中以后次诈骗财物归还

前次诈骗财物的，计算诈骗数额时应当将案发前已经归还的数额扣除。

（8）抢夺罪

在汇报抢夺罪过程中，需要注意避免重复评价问题：基准刑中的"抢夺的次数"是指犯罪嫌疑人被抓获前实施抢夺的次数。犯罪嫌疑人"一年内抢夺三次以上的"在调整基准刑阶段评价。上述两情节选择适用，不重复评价。

（9）职务侵占罪

职务侵占罪一般以犯罪数额作为评价犯罪构成和刑罚量的依据。侵占的次数不是犯罪构成的要件，但可在调整基准刑情节中予以评价。

（10）敲诈勒索罪

同时符合"数额较大"与"多次敲诈"的，原则上以"数额较大"作为量刑起点，将"多次敲诈"作为确定基准刑评价依据。

"特别严重情节"、"严重情节"一般应视犯罪数额勒索的严重程度，如是否以人身安全或隐私为要挟、危害后果等情节确定。通过上述情节认定犯罪嫌疑人符合"特别严重情节"、"严重情节"的，在确定基准刑阶段不再评价。

基准刑中增加的"敲诈勒索的次数"是指犯罪嫌疑人被抓获前实施抢夺的次数。犯罪嫌疑人"一年内敲诈勒索三次以上的"在调整基准刑阶段评价。上述两情节选择适用，不重复评价。

（11）妨害公务罪

在汇报妨害公务罪中，如果存在执行公务行为"不规范"的问题，需要围绕下列情节进行汇报：

第一，公务人员在执法活动中是否未携带相关证件、材料等瑕疵行为或不文明执法行为。第二，公务人员的执法行为是否部分超越执法权。第三，公务人员是否采用过激的、不适当的执法手段。第四，公务人员是否存在其他不规范的执法行为。

（12）聚众斗殴罪

在汇报聚众斗殴罪"民间纠纷引发的聚众斗殴"情节时，应当围绕犯罪嫌疑人是否因恋爱、婚姻、家庭、邻里纠纷等民事纠纷引发冲突。

对于双方均属于聚众斗殴性质的犯罪嫌疑人，一般不适用"赔偿被害人"与"被害人谅解"等酌定量刑情节；对于单方聚众斗殴的犯罪嫌疑人，一般应严格限制上述量刑情节的从轻幅度。

（13）寻衅滋事罪

寻衅滋事系共同犯罪的，由不同犯罪嫌疑人基于共同故意实施了多起行为的，以全部行为作为每个犯罪嫌疑人的量刑情节，同时应注意区分主从犯。

（14）掩饰、隐瞒犯罪所得、犯罪所得收益罪

在汇报过程中，对于"掩饰隐瞒的手段"情节，应当围绕犯罪行为人实施的窝藏、转移、收购、代为销售、加工、提供资金账户、财产转换、介绍买卖、典当、拍卖、抵押等辅助上游犯罪违法所得或其产生收益进行掩饰、隐瞒的情况进行，应注意对于主观故意的汇报，如果存在事先明知或者应当明知，应以上游犯罪的共犯论处。

掩饰、隐瞒犯罪所得、犯罪所得收益罪"严重情节"一般应视犯罪数额、次数、行为手段、危害后果等情节确定。通过上述情节认定犯罪嫌疑人符合"严重情节"的，在确定基准刑阶段不再评价。

（15）走私、贩卖、运输、制造毒品罪

在汇报毒品犯过程中，对于"控制下交付"情节，应当围绕"控制下交付"是否符合刑事诉讼法相关规定，公安机关是否运用特情侦破的毒品案件等进行。

对于"数量引诱"情节，应当说明犯罪嫌疑人是否持有毒品待售，或已经有证据证明本来只有实施数量较少的毒品犯罪故意，在特情引诱下实施了数量较大或数量大的毒品犯罪情况。

对于"以贩养吸"的犯罪嫌疑人，其被查获的毒品数量应当认定为其犯罪数量，但量刑时应当考虑犯罪嫌疑人吸食毒品的情节，酌情处理。

犯罪嫌疑人具有多个"情节严重"量刑情节，一般以毒品数量作为起点刑确定标准，其他情节在确定或调整基准刑环节评价；毒品数量未达情节严重标准的，以贩卖次数或对象作为起点刑确定标准。

毒品犯罪量刑汇报过程中，还应注意：教唆犯与教唆未成年人等弱势群体实施毒品犯罪同时存在，不重复评价。犯罪嫌疑人既属于毒品再犯，又属于累犯的，不重复评价。贩卖毒品罪为卖而买既以既遂论处，所以一般不存在未遂情节。

（四）汇报量刑过程中有无在计算方式上存在分歧

在司法实践中，往往出现对量刑情节计算过程及步骤产生争议，进而导致最终量刑结果产生较大分歧。在此类案件中，汇报人要紧扣量刑计算过程中的争议进行说明，应当客观、准确地汇报案件中产生争议的不同种量刑步骤或方法，而不能仅一味地批判指责与自身观点不一致的量刑计算方式。对于量刑方式，一般存在基准刑确定方面的分歧与调整基准刑方面的分歧两类。

1. 对于基准刑确定方面的分歧汇报

在基准刑确定方面，通常发生分歧的情形有以下两个方面：

第一，数额犯罪与次数犯罪情节并存时，如何避免重复评价的问题。这类情形主要发生在盗窃罪中。因为在《刑法修正案（八）》及新的盗窃犯罪司法解释出台后，在确定盗窃罪起点刑与基准刑中出现了许多竞合情节，如达到数额较大的公共场所多次盗窃，"数额较大"与"公共场所多次盗窃"就同属于起点刑情节，同时后者"多次盗窃"又可以作为确定基准刑情节评价。在这种情形下，汇报人就应当着重说明不同量刑方式间对于量刑起点与基准刑的确定是如何分配刑罚量的，以及是否存在对量刑情节重复评价的问题。

第二，基准刑的确定能否突破法定最高刑。由于基准刑的确定依据的是行为次数与后果，因此在累加过程中可能会出现基准刑突破了法定最高刑。例如，在被告人致多人轻伤的情形下，基准刑根据致伤人数可能增加至三年以上。但是，根据《量刑指导意见》的规定，基准刑的确定不能突破法定最高刑，因为量刑步骤是在法定刑幅度内确定的，不存在法定最高刑以外的基准刑。在出现这种分歧的情形下，汇报人必须简明扼要地介绍《量刑指导意见》的具体规定，并说明分歧意见中判决确定的基准刑所突破法定刑的幅度。

2. 对于调整基准刑方面的分歧汇报

对于调整基准刑中存在的分歧主要为特殊与一般量刑情节计算方式的区别。

在前文中我们已经介绍过，这一环节中存在"特殊量刑情节"[①] 与"一般量刑情节"[②] 两类。这两种量刑情节在计算上存在一定差异：如果案件中仅存在一般量刑情节，则采用"同向相加，逆向相减"的方法计算[③]。当两种量刑情节同时存在时，在量刑计算上，应当先用特殊量刑情节以连乘的方法对基准刑进行调整，再用一般量刑情节进行调整，两者之间是连乘的关系[④]。在汇报过程中，如果出现特殊量刑情节与一般量刑情节计算方式混用的情况，汇报人就应当首先介绍《量刑指导意见》对此类情形的处理方式，再汇报分歧量刑情节中存在的问题。

---

① 特殊量刑情节：未成年、限制行为能力、又聋又哑的人、盲人、防卫过当、避险过当、犯罪预备、未遂、中止、从犯、胁从犯、教唆犯等情节。

② 一般量刑情节：除上述特殊量刑情节之外的其他量刑情节。

③ 例如，被告人既有累犯情节（可增加基准刑 10%），又具有自首情节（可减少基准刑 20%），则对该被告人基准刑的调节方法是：基准刑 × （1 + 10% − 20%）。

④ 例如，被告人既有从犯情节（可减少基准刑 30%），又有累犯情节（可增加基准刑 10%），那么对该被告人基准刑的调节方法就是：基准刑 × （1 − 30%） × （1 + 10%）。

三、刑罚执行方式存在分歧的汇报方法

在量刑分歧案件中，对于刑罚执行方式的争议主要集中在能否对被告人适用缓刑方面。对于此类分歧案件的汇报重点有三个方面：第一，程序法律方面：被告人审判前的羁押情况。第二，实体法律方面：被告人是否符合刑法规定的缓刑适用条件。第三，刑事政策方面，对被告人适用缓刑是否符合相关刑事政策的规定。

（一）准确汇报被告人审判前的诉讼经过

在司法实践中，被告人审判前的羁押状态表明了检察机关对于被告人最终量刑的一种态度，因为逮捕的条件在于：有证据证明有犯罪事实，可能判处徒刑以上刑罚的犯罪嫌疑人、被告人，采取取保候审尚不足以防止发生社会危险性的，应当予以逮捕。对于已逮捕的被告人而最终判处缓刑，就可能涉及批准逮捕质量不高或缓刑适用确有错误两类情形。同时，对于被告人审判前、后羁押状态发生变化及变化的原因应当说明。在对量刑有情节可能有影响的诉讼过程也应一并列明。例如，被告人未被逮捕情形下，是侦查机关未提请逮捕，还是检察机关未批准逮捕。

（二）围绕刑法规定的缓刑适用条件陈述案情

2011 年《刑法修正案（八）》对于缓刑的适用条件进行了部分调整，即被判处拘役、三年以下有期徒刑的犯罪分子，同时符合下列条件的，可以宣告缓刑，对其中不满 18 周岁的人、怀孕的妇女和已满 75 周岁的人，应当宣告缓刑：1. 犯罪情节较轻；2. 有悔罪表现；3. 没有在犯罪的危险；4. 宣告缓刑对所居住社区没有重大不良影响。对于是否对罪犯适用缓刑，在实体方面应当围绕上述四个方面进行。其中需要重点论述的是如何理解在具体案件中"犯罪情节较轻"的问题。具体而言，就是要阐述刑法总则中缓刑适用条件的"情节较轻"与刑法分则个罪中"情节恶劣"之间的关系。缓刑适用条件中的"情节较轻"是对案件总体情状的判断，包括对法益的侵害或危害程度、行为人实施犯罪的决意程度、实施犯罪的期待可能程度等。刑法分则罪名中的"情节严重"主要是指危害程度一个方面。也就是说，分则中作为法定刑升格的"情节严重"是总则是否适用缓刑"情节"中的一个组成部分，即二者具备包容关系。即是否适用缓刑需要对行为人进行综合判断。我们以一起贩卖毒品的案例进行说明。

问题：多次贩卖毒品的可否适用缓刑？

　　被告人张某（男，29周岁，无前科），长期吸食毒品甲基苯丙胺。2011年11月间，张某通过微信认识了吸毒人员夏某（女，22周岁）。2012年1月初，夏某通过微信联系张某求购冰毒，张某同意了。后张某联系一个叫小文的人（另案处理）以人民币600元购买冰毒约0.3克，后张某在顺义区天竺镇杨二营村某歌厅门口将上述冰毒交给夏某，夏将人民币600元购毒款交给张某。一周后，夏某再次联系张某求购冰毒，张某再次联系"小文"以人民币600元价格购得冰毒约0.3克，并在该歌厅门口将上述冰毒交给夏某，夏将人民币600元购毒款交给张某。又一周后，夏某第三次联系联系张某求购冰毒，张又一次联系小文以人民币600元价格购得冰毒（约0.3克），张某在月色无边歌厅附近，让一辆黑出租司机将冰毒送到顺义区后沙峪镇铁匠营村某超市交给夏某，夏将人民币600元购毒款交给司机转交给张某。后公安机关将吸食毒品的夏某抓获，经夏某指正，公安机关又将张某抓获归案。张某归案后，如实供述其向夏某多次贩卖毒品事实。

　　2012年3月，公安机关未提请检察院逮捕的情形下决定对张某取保候审，并移送检察院审查起诉。同年4月，检察院以张某多次贩卖毒品，情节严重为由提起公诉。同年6月，法院认定检察院指控张某多次贩卖毒品的事实成立，以贩卖毒品罪判处被告人张某有期徒刑三年，缓刑四年。

　　缓刑适用于争议案件中，对于陈述案件事实与诉讼过程应当汇报的内容包括被告人的法定、酌定量刑情节，特别是对于多次贩卖毒品这一认定案件关键量刑争议点的情节需要详细说明。此外，还应围绕案情对被告人的诉讼过程进行说明。

　　在对案件陈述完毕后，汇报人应当结合案件中的具体量刑情节与缓刑适用条件进行分析与说明：

　　本案中，被告人张某多次贩卖毒品甲基苯丙胺，属于对国家毒品管制及人大党委会禁毒决定严重侵害，因此该行为应评价为法益侵害程度高。同时，其反复实施贩卖毒品行为，印证其实施犯罪的决意程度较高。虽然被告人辩解其并未加价贩卖毒品，但是贩卖毒品行为从来不是通过是否获利、获利多少来反映其侵害法益的程度。毒品的数量、流通的次数、交易渠道的搭建才是这一罪名需要考虑的。此外，在本案中被告人也并不具备自首、立功等法定从轻、减轻处罚事由，因此应当综合评价为刑法总则意义上的"情节较重"。

（三）结合案情与刑事政策对刑罚的适用进行分析

在司法实践中，刑事政策也是司法官在量刑过程中需要重点考虑的因素之一。在此类刑罚适用方式争议的案件中，汇报人在汇报完案件争议焦点与基本案情后，应当对于刑事政策的导向性进行必要的说明，并说明不同刑罚执行方式可能产生的不同社会效果。需要注意的是，汇报过程中，应当具体列出刑事政策的具体文件，不能凭主观直觉判断。我们继续以上文中的案例进行说明：

从刑事政策方面，毒品犯罪案件历来是我国刑事司法打击的重点。根据最高人民法院《关于贯彻宽严相济刑事政策的若干意见》第7条的规定："贯彻宽严相济刑事政策，必须毫不动摇地坚持依法严惩严重刑事犯罪的方针。对于……走私、贩卖、运输、制造毒品等毒害人民健康的犯罪，要作为严惩的重点，依法从重处罚。"因此，根据相关刑事政策的精神，一审判决对于被告人张某实施的贩卖毒品罪这一重点打击的刑事犯罪，判处缓刑确属不当。

四、量刑不均衡案件的汇报方法

量刑应当客观、全面地把握不同时期、不同地区的社会经济发展和治安形势的变化，确保刑法任务的实现；在对于相同性质的犯罪案件，在"同一地点、同一时期"的刑罚基本均衡①。所谓"同一地区"一般是指在市、县等区域内，"同一时期"一般是指在近两三年内本地区对同类或近似案件作出的量刑情况，当然如果出现法律变化导致同一时期出现量刑建议幅度差异较大的情况不在此列。

在汇报因量刑均衡问题产生分歧的案件，汇报人应当注意把握以下两点：一是要辩证地看待量刑均衡。对于案情相近似的案件量刑不一致的，应当着重分析案件之间的不同之处是否会导致量刑之间存在较大差异，即这种量刑差异是否合理。二是要把握量刑均衡与刑罚个别化之间的关系，也需要关注量刑是否实现个体公正。对于造成危害后果基本相同的同类性质案件，还要全面汇报被告人的主观恶性、人身危险性等个体情况。我们通过一个故意伤害案例进行说明。

---

① 熊选国主编：《量刑规范化改革——量刑规范化办案指南》，法律出版社2011年版，第33页。

问题：对被告人张某与同案被告人的量刑是否不均衡？

1. 被告人情况及案件诉讼过程

本案中，被告人为张某，其与同案犯王某、全某（该二人均已判决）为朋友关系。被害人一方为田某、梁某、魏某，三人系邻居关系。王某、全某二人已因本案被北京市 F 区人民法院判决，判决被告人王某、全某犯故意伤害罪，判处有期徒刑一年六个月。

2013 年 8 月，北京市 F 区人民检察院以张某涉嫌故意伤害罪对其提起公诉。同年 9 月北京市 F 区人民法院作出一审判决：被告人张某犯故意伤害罪，判处有期徒刑一年四个月。

2. 案件事实

原审被告人王某于 2012 年 7 月 12 日 20 时许在北京市 F 区大十三里村，同村村民田某家门外找狗时，与田某发生口角。当晚 21 时许，原审被告人全某找到田某理论时，与田某、梁某发生口角并相互撕扯（此时双方均未造成对方受伤）。随后，全某跑回住处纠集王某和张某并各持一根镐把赶到大十三里村委会门前，与在此的田某、梁某、魏某发生互殴。

在互殴过程中，王某持镐把将田某、梁某打伤，全某持镐把将梁某打伤，张某持镐把将魏某打伤。经北京市公安司法鉴定中心鉴定，被害人田某左颧骨骨折，右尺骨远端粉碎性骨折，其身体所受损伤程度属轻伤；被害人梁某额骨骨折，左侧眶顶壁及眶外壁骨折，右肱骨下段骨折，其身体所受损伤程度属轻伤（偏重），构成十级伤残；被害人魏某左侧尺骨远端骨折，其身体所受损伤程度属轻伤。后王某、全某、张某逃跑，该村村民田刚追赶至王某、全某的住处并将二人带回村委会，张某则在作案后离开北京。2013 年 2 月 28 日，被告人张某在 K126 次火车上被铁路警方查获归案。归案后，张某拒不供认犯罪事实，拒绝赔偿被害人损失。（注：现有证据足以证实其伙同王某、全某对三名被害人进行殴打，对于此点我院与法院没有争议）

3. 需要说明的情况

被告人张某在其同案王某、全某之后归案，审理王某、全某故意伤害案的合议庭组成人员与审理张某案件的合议庭组成人员均有所不同。

在这一案件中，我们可以看到，本案涉及的人员众多，在案件中各被告人与被害人的行为相互交织，因此在陈述案情前，必须先介绍双方当事人的基本情况。同时，鉴于此类汇报案件的特点，必须就同案与本案被告人的量刑情况进行比较，使听取汇报的领导就案件的整体情况有一个基本认识。并且本案中由于被告人不认罪，因此在汇报案件事实的过程中，需要提及其辩解是否影响定罪以及在该情节上检法有无分歧。此外，由于此案量刑差异造成的原因之一是前后两个案件合议庭组成人员不同，对于这一情况，我们认为也应当在汇报过程中有所反映。

特别需要注意的是，此类案件的关键是量刑问题，量刑问题与各被告人在案件中的行为及案发后的认罪、悔罪态度等情节息息相关。因此，必须将这些情节在汇报过程中全面反映。鉴于该案中当事人较多，各个当事人的行为又较为复杂，因此有必要采取列表的方式将量刑情节予以表明：

列表1　被告人在案件中的行为、作用及地位情况

		田某	梁某	魏某
被害人受伤部位		左颧骨骨折 右尺骨远端粉碎性骨折	额骨骨折 左侧眶顶壁及眶外壁骨折 右肱骨下段骨折	左侧尺骨远端骨折 多发软组织伤（头、胸背、左膝）、左前臂皮肤裂伤
被害人伤情		轻伤	轻伤（偏重） 十级伤残	轻伤
被害人行为		案发前与王某发生争吵，并与梁某一同对王某进行撕扯。三被告人返回后，田某与全某均持木棍对打	案发前见田某与王某争执，遂上前与王某撕扯。三名被告人返回后，梁某持竹竿与全某对打	带领治安队员龙振洋赶到现场制止打架，但被张某用镐把打倒在地
被告人行为	全某	持镐把先将田某手中木棍打掉，并持打被害人左脸及右臂	打梁某左脸，将梁某打倒。后全某持镐把对梁某殴打	无
	王某	无	持镐把对梁某身体反复进行殴打	无
	张某	无	无	持镐把打在魏某左臂、头部后背及腿部

列表2　被告人归案情况及认罪悔罪态度

犯罪后果	均持械致三人轻伤（其中一人十级伤残）		
原审被告人	全某	王某	张某
自首（如实供述）	自动投案如实供述	自动投案如实供述	抓获归案拒不供认
赔偿	赔偿部分损失5万元	赔偿部分损失5万元	拒不赔偿
被害人谅解	否	否	否
量刑情况	1年6个月	1年6个月	1年4个月

通过列表我们就可以将案件中三名被告人的作用及归案后的认罪、悔罪态度等量刑情节非常清晰地展现在听取汇报的领导面前。当汇报人将案情结合上述两个表介绍完毕后，相信绝大多数听取汇报的领导对该案中各被告人的量刑情节有了较为全面与清晰的认识。可见，在此类案件中，列表汇报法是一种有效的汇报方式。汇报人应当善于通过列表的方式汇报案情，做到边陈述案情，边通过表格梳理案件信息。

五、范本

实训材料

郭某某量刑抗诉案

一、提请解决的问题

一审法院对被告人郭某某量刑畸轻建议提请抗诉。

二、被告人基本情况及诉讼过程

被告人郭某某，男，198×年7月6日出生，北京市人，汉族，中专文化，无业，住北京市某小区××楼×单元×号；因涉嫌犯寻衅滋事罪，于2010年7月10日被羁押，同年8月4日被批准逮捕。同年9月23日，区人民检察院以寻衅滋事罪对郭某某提起公诉。同年10月22日，区人民法院以寻衅滋事罪判处其拘役6个月。

三、诉讼情况及诉争要点

（一）一审法院判决情况

一审法院判决认定被告人郭某某实施两起寻衅滋事犯罪，致二人轻伤，二人轻微伤，造成财产损失400元人民币。判决在认定事实与罪名方面与起诉书指控内容一致，但该判决在量刑情节未发生变化的情况下，以被告人郭某某有立功情节，部分赔偿被害人损失且认罪态度较好为由，以寻衅滋事罪判处郭某某拘役6个月。

（二）检察院起诉及量刑建议情况

区检察院以被告人郭某某涉嫌犯寻衅滋事罪提起公诉，并建议判处被告人郭某某有期徒刑1年6个月至2年（提出量刑建议时已考虑立功及部分赔偿被害人情节）。

（三）争议要点

多个从重处罚情节与多个从轻处罚情节并存时，量刑如何体现罪责刑相适应原则。

四、案件事实及相关证据

（一）案件基本情况

1. 某酒楼寻衅滋事案

被告人郭某某伙同关某某、陈某某等人（均在逃）于 2010 年 2 月 3 日 22 时许，在北京市某区某酒楼内，酒后因与素不相识的在邻桌就餐的被害人张某争抢座椅发生争执。被告人郭某某在与张某言语不合后，直接拔出随身携带的短刀对张某进行追砍，并指使与其一同就餐的朋友关某某、陈某某殴打被害人。关、陈二人见郭某某动手并听见郭某某喊"给我打"后，遂加入对被害人张某的殴打。在被害人张某倒地昏迷后，被告人郭某某仍未停止对张某的殴打，直至张某的朋友李某上前制止时，三名犯罪嫌疑人又对李某进行殴打。其间，郭某某、关某某持砍刀将被害人张某、李某砍伤，陈某某亦持酒楼内就餐的椅子对二被害人进行殴打。最终三人的行为导致被害人张某颅骨骨折，至被害人李某多发肋骨骨折。经法医鉴定二被害人伤情均为轻伤。此外，被告人郭某某等人的行为造成该酒楼相关财产损失人民币 400 元。

2. 王辛庄村寻衅滋事案

被告人郭某某于 2010 年 5 月 15 日 23 时许，酒后在北京市某区王辛庄村大街十字路口，与被害人杨某某、张某某等人因过路让道问题发生争执。在争吵两句后，郭某某便遂即抽出随身携带的短刀对二人进行追砍。在与被害人发生殴打的同时，被告人郭某某又打电话通知苏某、陈某某（均在逃）赶来协助，并要求二人要随身携带工具。苏某、陈某某赶到现场后协助郭某某对两名被害人进行殴打，其中苏某持刀刺伤被害人张某某右小腿；陈某某持镐把对被害人杨某某进行追打，致杨某某多发皮肤裂伤，经鉴定二被害人所受伤情均为轻微伤。

（二）被告人郭某某归案情况

2010 年 7 月 9 日，公安机关抓获了一名叫梁某的赌博违法人员，梁某系本案被告人郭某某的朋友。梁某归案后，称知道郭某某有多起"打架伤人"的事实。后在梁某的指证下，公安机关于同年 7 月 10 日将郭某某抓获归案。郭某某归案后，基本如实供述了其实施了两起寻衅滋事犯罪的过程，并且赔偿四名被害人共计人民币 2 万 6 千元（法院判决赔偿被害人 6 万 3 千元）。此外，郭某某协助公安机关抓获另一名涉嫌故意伤害罪的网上在逃人员佟某（非同案犯）。该名网上追逃的犯罪嫌疑人致一人轻伤，涉嫌故意伤害罪，可能判处三年以下有期徒刑或拘役。现该人已被批准逮捕。

上述两起寻衅滋事的事实以及立功赔偿等情节，均有被害人陈述、被告人供述、证人证言以及相关书证、鉴定意见等证据予以证实。鉴于检法对上述事实均无争议，故仅简要列举与量刑相关的证据：

	与量刑相关事实		相对应的证据情况	
致伤人员	轻伤2人	张某	颅骨骨折	某区医院及301医院诊断证明、北京市某司法鉴定中心鉴定意见（2010）2333号、2334号；（2010）3232号、3233号
		李某	多发肋骨骨折	
	轻微伤2人	张某某	右侧小腿刀砍伤	
		杨某某	多发皮肤裂伤	
财产损失	人民币400元	某酒楼	就餐用餐桌1张、椅子3把、玻璃窗户1扇	购买桌椅及更换玻璃窗户发票及北京市某价格认证中心价格鉴定意见（2010）542号
共犯地位	纠集他人实施犯罪主犯地位		被告人供述、被害人陈述、被害人对被告人的辨认笔录	
行为手段	伙同他人持刀追砍被害人		被告人供述、被害人陈述、证人证言（酒店员工、过路行人）	
立功情节	协助抓捕其他嫌疑人佟某一般立功		佟某拘留证、逮捕证、网上追逃信息材料、公安机关关于郭某某协助抓捕的工作说明	
赔偿情况	共赔偿人民币2万6千元		被害人张某、李某、杨某某、张某某开具的收据	
供述情况	基本如实供述		被告人供述	

五、处理意见

（一）本院审查意见——案件承办人意见

经承办人审查后，承办人认为，一审法院对被告人郭某某的量刑畸轻：

第一，被告人郭某某的行为造成的法益侵害后果严重。本案中，被告人郭某某在短短两个月的时间内先后两次纠集他人实施寻衅滋事犯罪，并导致四名被害人不同程度受伤。其行为不仅严重侵害多名被害人的身体健康权利，而且严重扰乱社会管理秩序。

第二，被告人郭某某在共同犯罪中处于首要地位。在两次寻衅滋事犯罪活动中，郭某某都是犯罪活动的带头者和纠集人。在某酒楼寻衅滋事案中，其第一个对被害人实施殴打，并召集其他犯罪嫌疑人对被害人实施殴打。在王辛庄村寻衅滋事案中，其又纠集他人无故对被害人实施殴打。

第三，被告人郭某某的行为性质恶劣。在殴打被害人过程中，被告人郭某某不仅自己持短刀等高致命性凶器对被害人的要害部位进行殴打，而且纠集他人持械对被害人殴打。同时，在某酒楼寻衅滋事案中，在被害人张某已经昏倒的情形下，其依然对被害人进行殴打。在王辛庄村寻衅滋事案中，其要求同伙携带作案工具对被害人进行殴打。

第四，被告人郭某某在两次寻衅滋事案件中主观恶性程度较深。被告人郭某某在两起案件中均系主动挑起事端，并在争吵后随即首先使用随身携带短刀砍伤被害人。在追砍被害人过程中不仅不计后果，而且不对被害人进行救助。

第五，虽然被告人郭某某具有立功、部分赔偿被害人以及如实供述的从轻量刑情节。但是与其在案件中造成的危害后果、手段行为的恶劣程度、决意实施犯罪活动的恶性程度相比不成比例。同时，郭某某的行为还导致被害人张某颅骨骨折，可能对今后生活产生一定影响，故其赔偿并不能从根本上补偿被害人。

综上，根据《量刑指导意见》的规定进行计算，原判对被告人郭某某的量刑属于畸轻。量刑步骤详见下表：

被告人郭某某寻衅滋事罪量刑情况（依据本案情节）		
起点刑	共同犯罪且主观恶性程度较深，故起点刑选择为10个月	
量刑情节	法定量刑幅度	本案情节及量刑幅度
参与寻衅滋事起数	每增加一起，增加6~9个月	2次寻衅滋事（增加1起） 6个月
增加轻微伤数量	每增加一人轻微伤，增加2~3个月	2人 5个月
增加轻伤数量	每增加一人轻伤，增加3~6个月	2人（增加1人） 6个月
基准刑	10个月（起点刑）+6个月（次数）+5个月（轻微伤）+6个月（轻伤）=27个月	
量刑调整情节	法定调整幅度	本案情节及调整幅度
持械滋事	增加基准刑10%~30%	纠集多人且持刀追砍被害人，作用明显 增加基准刑20%
赔偿被害人损失	减少基准刑30%以下	共赔偿2万6千元 减少基准刑15%
一般立功	减少基准刑20%以下	立功线索来源不明，作用一般 减少基准刑10%
简化审（自愿认罪）	减少基准刑10%以下	认罪 减少基准刑5%
调整基准刑	减少基准刑10%	
宣告刑	27个月×90%=24.3个月 （约有期徒刑2年）	

1. 处室领导意见

同意承办人意见。

2. 主管检察长意见

同意承办人意见。

（二）上级院指导意见

经向上级院汇报后，上级院认为本案中被告人郭某某在案件中造成危害后果严重、行为手段恶劣、主观恶性较深，赔偿、立功等从轻情节不足以对其大幅从轻处罚。同时，通过量刑指导意见计算，应当判处被告人2年左右刑罚，故原判量刑明显不当。

第七章

不同诉讼程序中案件汇报的步骤与方法

在前述章节中，我们着重探讨了对于产生分歧案件如何在事实方面进行汇报，如何在汇报过程中阐述案件重点。这些事实类型可能存在于多个诉讼程序中。例如，对于证据认定分歧引发的汇报案件既存在于存疑不起诉案件汇报程序中，也存在于抗诉案件汇报程序中。对于同一事实类型的案件汇报固然有普遍适用的汇报方式，但是在不同的诉讼程序中，对于汇报的方式与技巧就会有所区别。在本节中，我们以程序为主线，介绍审查起诉环节中各种特定程序中汇报案件的步骤与方法。易言之，从本节起将对于不同程序中汇报案件的步骤方法进行说明。

一、不起诉案件汇报的步骤与方法

根据新修订的刑事诉讼法及高检院刑事诉讼规则等法律法规的相关规定，绝对不起诉案件由检察长决定，相对与存疑不起诉案件由检察长或检察委员会决定。从汇报类型角度看，不起诉案件汇报基本包括了上一节中我们所提到的几种基本案件汇报类型，即因证据问题、因法律理解与适用问题引发争议的案件。此外，在相对不起诉与未成年人犯罪案件附条件不起诉案件中，汇报问题的核心在于提起公诉与不予刑罚处理之间的利弊选择。这是不起诉案件汇报中较为特殊的一种类型。

（一）不起诉案件汇报的步骤

第一，在拟作不起诉的决定汇报过程中，应当在第一时间明确案件汇报的目的与诉争要点。在陈述汇报目的过程中，汇报人要说明拟作不起诉案件的种类，即法定不起诉、存疑不起诉、相对不起诉，使听取汇报的领导能够在第一时间了解案件汇报意图与案件争议核心。在明确不起诉种类后，还应当亮明汇报案件需要解决的具体问题。例如，相对不起诉中，应当简要说明案件类型、犯罪后果、赔偿谅解情况。又如："本案是一起近亲属间因家庭纠纷引发的轻伤害案件，现双方已达成和解，建议做相对不起诉处理。"

第二，简要汇报当事人基本情况与诉讼过程。通常而言，案件诉讼过程可以简化汇报。有的汇报材料中，汇报人将抓获的犯罪嫌疑人至移送审查起诉的环节中的每一个诉讼经过都事无巨细地罗列出来。这就违背了繁简得当原则的要求。在诉讼过程的描述中，一般仅需要说明犯罪嫌疑人何时被羁押，何时被逮捕或取保候审以及何时被移送审查起诉等几个关键环节即可。

需要特别注意的是，已经对犯罪嫌疑人采取逮捕强制措施，拟作不起诉案件，应当简要说明侦查监督部门批准或决定逮捕的意见。如果对于侦监部门的逮捕意见说明需要耗费较大篇幅的（如拟作存疑不起诉处理的案件），汇报人可以在"需要说明的问题"这一部分中予以表述。

第三，围绕汇报问题陈述案件事实。汇报案件事实的原则是全面准确。对于拟作不起诉处理的案件汇报也是如此。根据不起诉案件类型的不同，陈述案件事实的内容就应当有所侧重。在拟作相对不起诉的案件汇报中，应当相对简单地陈述案发过程，着重说明双方和解等影响追诉必要性的情况。在拟作法定、存疑不起诉的案件汇报过程中，应当在陈述案情时，详细说明存疑或不能认定为犯罪的关键环节。

第四，围绕汇报问题重点组织证据摘录。拟作不起诉处理的案件，在组织证据方面，也应当紧紧围绕汇报的核心问题。对于拟作法定不起诉的案件，应当围绕法定不起诉的事由组织证据。对于拟作相对不起诉的案件，则通常不必围绕案件事实罗列证据，仅需要重点围绕双方和解、赔偿协议等问题列明证据。需要说明的是在拟作存疑不起诉的案件中，证据组织不能仅仅列明不能认定犯罪事实的证言，也应当列明可以证明犯罪事实的证据。汇报人可以将证据区分为"有利于指控犯罪的证据"和"使案件难以排除合理怀疑的证据"两个方面，通过正反比对的方式组织证据。在拟作存疑不起诉案件汇报中采用这样的证据组织方式，是汇报案件客观、全面原则的要求。

第五，说明汇报人审查案件的处理意见并明确分歧意见。在前述四个环节中，我们可以认为是对案件的客观表述。在这一环节中，汇报人应当提出对案件的处理意见并说明理由，做到论证有力而文字不失通俗。在司法实践中，很多受过高等教育的年轻检察官在分析案件时，援引大量专业术语，将问题从多个理论层面进行论证。这种分析问题的态度及专业程度完全是值得称赞的，但是这种撰写学术论文的方式却是在汇报案件中不合时宜的。因为汇报案件最核心的任务是解决问题，而非理论研讨。用事实证据来分析阐释问题，更容易让听取汇报的领导准确了解问题进而决策。

此外，在汇报自己的观点后，应当一并说明处室意见与主管检察长意见。如果存在重大分歧，应当就不同意见进行论证，如果在汇报前汇报人与主管领导就分歧意见的汇报进行了分工，则在汇报过程中，双方也可以各自表述观点。

第六，说明作出不起诉决定后执法风险的预测及释法说理工作的开展。对案件作出不起诉处理有可能引发当事人申诉、复议等问题，因此在汇报此类案件过程中，应当如实向听取汇报的相关领导说明作出相关决策可能引发的诉讼风险。

（二）法定不起诉案件汇报方法概述

法定不起诉案件，是指具有《刑事诉讼法》第 15 条规定情形之一时案件的处理方式。其中包括：情节显著轻微、危害不大，不认为是犯罪的；犯罪已过追诉实效期限的；经特设令免除的；依照刑法告诉才处理的犯罪，没有告诉或者撤销告诉的；犯罪嫌疑人、犯罪嫌疑人死亡的；其他法律规定免予追究刑事责任的等情形。对于不符合犯罪构成要件或存在违法阻却事由的案件，以及因法律变化而导致不构成犯罪的案件，也应当对案件中的犯罪嫌疑人作出法定不起诉处理。例如，犯罪嫌疑人未达到相应的刑事责任年龄；案件中存在正当防卫、紧急避险、无因果关系以及相关数额犯罪入罪标准发生调整等情形。

对于法定不起诉案件的汇报应当尽量简明扼要。在司法实践中，法定不起诉案件首先要向主管检察长汇报。主管检察长同意后才能启动下一程序。该类案件的汇报在形式与程序上均比需要经过检委会讨论而做出不起诉的案件简化。因此对此类案件的汇报首先在准备过程中就事先要做好与主管检察长的沟通，说明案件要点。在正式汇报过程中，先明确汇报主题后，可仅对案情进行简要描述，而后直接切入主题，提出汇报人及其所在处室的处理意见。在汇报此类案件事实的过程中，汇报人应当紧紧围绕导致行为人不构成犯罪的关键因素进行汇报：

1. 围绕"情节显著轻微"的情节陈述案情

在我国《刑法》第 13 条但书中规定了出罪事由的原则性标准，即情节显著轻微危害不大的行为，不认为是犯罪。在有些罪名中，刑法分则采用简明罪状，并未直接给出构成犯罪的情节严重与否的具体标准。在汇报此类案件过程中，承办人就必须将案件中行为人的具体犯罪行为与刑法规定需要惩戒的行为做出比较，我们一般称为社会相当性评价或等质性评价。

2. 围绕"法益侵害程度"的情节陈述案情

在我国刑法分则中对入罪情节存在大量的"定量"标准规定。例如，盗窃罪中要求行为人盗窃财物必须达到"数额较大"的标准；故意伤害罪中要求行为人至少造成被害人轻伤以上后果才能追究刑事责任。在此类型案件中，汇报就应当围绕着"定量"标准进行，着重说明具体案由的"定量"标准，以及在该案件中对标准的查证情况等。此外，由于法律规定的变化导致入罪标准变化的，涉及刑法溯及力问题应当在陈述案情的过程中，交代清楚案发时间以及相关法律实施的时间。

3. 围绕"不符合犯罪构成要件行为"的情节陈述案情

根据刑法理论，判断行为是否构成犯罪需要首先对该行为是否符合刑法规定的行为类型，因此汇报人就应当围绕刑法分则具体罪名的规定进行陈述。例如，在网络赌博案件中，根据相关司法解释规定，在网络上作为赌博网站代理，接受投注的，属于刑法意义上的开设赌场。但是在有些案件中，有些行为人虽然使用了代理账号，但是其仅作为自己投注的方式，该行为就不能认定为开设赌场行为。

4. 围绕责任要件陈述案情并提出是否需要提起强制医疗程序

对于犯罪嫌疑人的年龄经查证后确未达到刑法对刑事责任年龄的规定的，汇报人应当对证明其实施不法行为时年龄的证据进行说明。

此外，对于丧失辨认、控制能力的人实施的侵害行为，汇报人在说明其不负刑事责任的相关证据后，还需要汇报是否应启动强制医疗程序。新修订的《刑事诉讼法》规定：实施暴力行为，危害公共安全或者严重危害公民人身安全，经法定程序鉴定依法不负刑事责任的精神病人，有继续危害社会可能的，可以予以强制医疗。

在汇报是否需要提请强制医疗时，汇报人应当主要围绕着行为人的暴力行为是否已经"危害公共安全"或者"严重危害公民人身安全"，且有继续危害社会可能进行汇报。其中，特别要认真分析行为人的行为是否达到"严重危害公民人身安全"与"公共安全"的程度。

（三）相对不起诉案件汇报方法概述

在司法实践中，相对不起诉案件的汇报基本上属于"低难度"汇报，即对案件事实、法律适用等实体问题没有争议。需要解决的问题就是如何掌握诉与不诉的界限。对于此类案件的汇报，在尽量简要介绍案件基本情况后，可以直接切入汇报主题。汇报过程中，应当注意以下三个方面的问题：

第一，在陈述案情的过程中，不仅要将案件中的法定、酌定情节全面说明，更要对案发的背景、起因（如被害人有无过错）、当事人之间的关系（如是否为邻里或亲友关系）等相关基本情况。因为判断能否做出相对不起诉不仅仅是对案件中的法定、量刑情节的评价，也包括对犯罪嫌疑人的行为方式、危害后果以及主观恶性的综合评价。

第二，准确说明犯罪嫌疑人的行为性质。虽然相对不起诉案件涉及案件定性争议的问题较少，但是就殴打他人的犯罪而言，犯罪嫌疑人涉嫌罪名就可能存在：寻衅滋事、聚众斗殴、妨害公务以及故意伤害等。在这种情况下，案件的定性直接影响到是否可以做出相对不起诉决定。汇报人就应当将案件事实、涉及的法律规定以及是否存在争议汇报清楚。

第三，正确把握刑事政策。宽严相济的刑事政策是当前司法机关办理案件的政策导向。如果政策把握不准，就可能导致执法标准不统一。因此，汇报人应当在汇报中将相关的刑事政策、规定或者类似案例的处理情况向听取汇报的领导进行介绍。

（四）存疑不起诉案件汇报方法概述

此类案件的汇报核心在于对事实、证据分歧的理解与把握，对此我们已经在"事实证据分歧案件汇报方法与技巧"一章中进行了较为详细的阐述，在此不再赘述。此外，需要明确的是以下三个方面的问题：

1. 准确提炼案件的诉争要点

根据汇报案件的一般要求，汇报人应当首先汇报目的及提请讨论决定的问题。在实践中，有这样的情况：在提请案件汇报的过程中，汇报人在"提请讨论决定的问题"部分仅仅列明："拟对××一案做存疑不起诉"，但没有进一步对存疑的问题进行说明。我们认为，虽然汇报人说明了汇报目的，但是没有真正做到"开宗明义"，听取汇报的人还需要从案情陈述过程中猜测案件存疑的核心问题。这就要求在汇报人说明汇报目的同时，还需要进一步说明案件的诉争要点。具体到拟作存疑不起诉的案件中，诉争要点就是案件中的哪一个环节存在不能排除的合理怀疑，导致现有证据不能认定犯罪嫌疑人的行为构成犯罪。

2. 采用正反归类的方法组合证据

拟作存疑不起诉的案件，有罪证据与无罪证据并存的特点十分显著。汇报人在组织此类案件的证据过程中，切忌仅汇报或主要汇报不利于或有利于认定犯罪事实的证据，而应当通过正反归类的方式，将证据分为"有利于定罪的证据"与"不利于定罪的证据"两个方面。在证据分类的基础上，梳理证据间的相互关系，说明案件存疑的关键问题。这种正反归类组合证据的方式，基本可以确保案件汇报的全面性与客观性。如果仅采用前述的列举证据方式，将极易给人带来一种汇报人审查案件过于主观的印象。

3. 说明审查起诉环节补充证据的情况

在汇报拟作存疑不起诉案件过程中，还需要注意的问题是，应当说明案件已经依法补充侦查，但补充后的证据依然无法排除合理怀疑，且目前已穷尽补证手段。这一点与其他程序中的汇报有所不同。在通常情形下，其他案件的汇报是不必将证据的补充、收集情况一一说明，仅说明取得后的证据情况即可。但是在此类案件中，如果不说明案件办理过程中的补充侦查情况，就会使得听取汇报的领导产生该案还有大量的补充查证工作没有完成，有进一步补充证据的空间与必要，进而难以采纳汇报人提出的存疑不起诉意见。此外，补侦是存疑不起诉的法定前置程序，如果不说明此情况，检委会无法及时作出案件处理决定。

二、抗诉案件汇报的方法与技巧

抗诉工作是检察机关公诉工作的重要组成部分。根据《刑事诉讼法》及《人民检察院刑事诉讼规则（试行）》的相关规定，对于人民法院的判决、裁定提出抗诉的，应由检察长或检察委员会决定。此外，为加强抗诉的准确性和必要性，以及基于检察一体化的要求，避免错抗滥抗而影响判决稳定性，下级人民检察院对拟提出抗诉的案件要向上级人民检察院进行汇报。可以说，案件汇报在抗诉程序中是一项必经程序。

从抗诉对象上划分，抗诉案件包括针未生效判决的抗诉（二审程序抗诉）与针对已生效判决的抗诉（审判监督程序抗诉）。从抗诉内容上划分，可以分为针对事实证据的抗诉、针对法律适用的抗诉以及针对量刑问题、程序错误等提出的抗诉。从抗诉程序上划分，可以分为：提请、提出抗诉；支持、不支持抗诉；撤回抗诉。无论是二审程序的抗诉还是审判监督程序的抗诉，提出抗诉的检察机关一般都需要经过"向本院公诉部门内部汇报—向上级院汇报—向本院检委会汇报"这一系列的汇报程序。对于抗诉案件的汇报，虽然汇报对象、内容会有所不同，但是汇报的内容和程序基本相同。鉴于此，我们对抗诉案件在程序上的汇报方法进行介绍：

（一）提请、提出抗诉案件汇报程序

第一，说明案件汇报的目的。在这一部分中，汇报人应当交代案件需要解决的核心问题，即是否对判决提起抗诉。在交代这一问题的过程中，不能仅简单地列明：拟对某某故意伤害案提请抗诉。汇报人应当将抗诉的种类与基本要点进行说明。例如，拟对某某故意伤害案中法院认定自首情节错误的问题提出抗诉。又如，拟对某某敲诈勒索案中法院减少指控事实的问题提出抗诉。在汇报案件中，这一部分主要解决的问题就是切入主题聚集争议要点。因此汇报目的就应当聚焦在具体的一个核心点上，而不能笼统地介绍该案是否需要提出抗诉。

第二，列明起诉、判决情况。由于检察机关的抗诉是针对法院判决情况而提出的，因此必须在这一部分说明法院的判决情况。对于判决情况的汇报，应当包括判决的日期、罪名、主刑刑期、附加刑情况（抗诉如果针对遗漏没收违法所得等其他情况也应当一并说明）。同时，对于检察机关指控情况，一般应当根据抗诉的核心问题列明起诉的案由、认定的事实、量刑建议等方面的问题。

第三，归纳诉争要点。诉争要点是抗诉案件的争议核心问题。汇报人能否准确归纳核心争议焦点问题是案件汇报能否顺利完成的首要因素。因此，归纳核心问题应当做到精准、简洁、清晰。虽然每个案件中的争议核心问题都不尽相同，但是我们还是可以将其划分以下四种类型：

1. 对于认定事实争议的案件

我院以诈骗罪对被告人李某提起公诉，我院在起诉书中认定李某涉及三起诈骗事实，量刑建议有期徒刑1年至1年6个月。一审法院减少我院指控的第二起事实，以诈骗罪判处被告人李某有期徒刑1年。

2. 对于法律适用争议的案件

我院以寻衅滋事罪对被告人王某提起公诉。一审法院以故意伤害罪判决被告人王某有期徒刑2年。

3. 对于量刑争议的案件

我院以贪污罪对被告人张某提起公诉，量刑建议有期徒刑5年至6年。一审法院在没有减少我院起诉书认定事实，且未增加认定被告人的从轻、减轻情节的情况下，以贪污罪判处被告人有期徒刑3年。

4. 对于程序错误的案件

我院对被告人赵某犯抢劫罪一案提起公诉，法院错误适用简易程序径行判决，宣判前未通知检察机关。

此外，审判监督程序抗诉中，有相当部分是原本检法并无争议，而是事后发现检法都未发觉的问题而予以纠正的。例如，被告人冒用他人姓名，导致认定身份错误的。又如，起诉判决均遗漏被告人前科情况，导致未认定罪犯。对于此类案件的诉争要点归纳，就应当围绕当前认定的事实与先前起诉判决错误认定事实之间的情况。

第四，简要说明诉讼过程并围绕核心问题汇报案件事实与组织证据。对于证据的组织方式，需要根据争议核心问题的不同而选择相应的证据组织方式。

对于事实证据分歧的案件，仍然需要坚持正反证据分类规则，对审判机关与检察机关认定事实所依据的不同证据，一般应当围绕争议核心分类列举说明。

对于法律适用分歧的案件，如果对案件事实无争议，则可简要罗列证据，但是如果某些案件细节可能影响性质认定的，仍应当在汇报中予以说明。

对于量刑分歧的案件，应当围绕作案动机、目的、行为手段、危害后果以及自首、立功等与量刑有关的事实组织证据。

第五，对争议问题进行分析并汇报相关意见。在这一部分中，汇报人应当对争议问题中检法所依据的理由进行分析论证。在分析过程中，尽量避免简单笼统批驳法院就争议问题的裁判意见，因为这种论述问题的方式一方面给人先入为主的印象，另一方面汇报分析过程中，如果直接驳斥不同观点，容易导致听取汇报的领导无从抓住问题的核心。故汇报人应当先客观陈述裁判的理由，再围绕分歧点展开论述。在汇报承办人意见后，同时应当汇报处室意见与主管检察长意见，如果三级意见一致，简要说明即可。反之，则要对不同意见进行必要的说明。

第六，说明上级院的抗诉指导意见。对于向本院检察委员会汇报的抗诉案件，还应当将向上级院的汇报情况及其指导意见进行说明。如果上级院的指导意见为补充相关证据后支持抗诉的，还应当就补充证据的情况在证据分析的部分予以说明。

第七，对拟抗诉案件的法律效果、社会效果等问题进行全面评价。抗诉案件首要解决的是法律问题，但是在汇报过程中，绝不能仅限于单纯的法律问题。汇报人还应当就该案是否提出、提起抗诉而引发的社会影响（如网络舆情）等问题作出说明。

（二）撤回抗诉案件汇报程序及方法

对于下级检察机关提出抗诉的案件，上级检察机关如果认为提出抗诉不当，可以提请本院检委会撤回下级院的抗诉。对于此类案件的汇报从程序上与提出、提请抗诉案件的程序基本一致，但是需要注意的是，在归纳诉争要点方面，不仅要列明检法之间的争议要点，而且要列明上下两级检察机关对争议问题争议要点。同时，还需要说明在抗前指导阶段对下级检察机关的指导意见。

> D区人民检察院以诈骗罪对被告人李某提起公诉，起诉书中认定李某实施三起诈骗事实，量刑建议为有期徒刑1年至1年6个月。一审法院未予认定指控的第二起事实，以诈骗罪判处被告人李某有期徒刑1年。在该案抗前指导过程中，我院建议应完善相关证据才能提出抗诉，但该案提出抗诉后，D区人民检察院未能补充到相关证据。因此，建议撤回抗诉。

此外，在汇报处理意见部分，汇报人不仅要汇报本院承办人及相关领导的处理意见，对于下级院的相关处理意见，特别是下级院的检委会、检察长的意见以及分歧意见要进行必要的说明。

（三）范本

实训材料

杨某赌博案

一、提请讨论的问题

拟对犯罪嫌疑人杨某涉嫌赌博罪一案作存疑不起诉处理。

二、犯罪嫌疑人的基本情况及诉讼过程

犯罪嫌疑人杨某，别名"小牛"，男，27 岁（1986 年 2 月 12 日出生），汉族，中专文化，无业，现住址北京市某县东区 7 号楼 3 单元 51 号。

诉讼过程（略）。

三、诉争要点

对于认定赌博抽头数额、营利数额、参与人数的证据存在分歧。

四、侦查机关认定的犯罪事实与意见

犯罪嫌疑人杨某于 2010 年 10 月间，以营利为目的，伙同任某（在逃）组织习某、田某等人在北京市某县大俞镇左堤路一农家院内，用扑克牌以玩 8A 的方式进行赌博，从中抽头获利人民币 7 万余元。其对犯罪事实供认不讳，并且参与赌博人员习某、田某均能指认犯罪嫌疑人杨某实施了组织赌博的行为。其行为触犯《中华人民共和国刑法》第 303 条之规定，涉嫌赌博罪。

五、案件证据情况及问题

经审查，认定上述事实的证据是：

（一）有利于认定杨某构成赌博罪的证据

1. 犯罪嫌疑人杨某的供述与辩解

其于 2012 年 10 月 30 日供述（时间、地点、讯问人等略）

大约 2010 年 10 月，当时我想和任某一起组织个牌局挣点钱，我给任某打电话商定的，任某就同意了。后来不知任某怎么在大俞镇左堤路边上找了一个院子设的赌局玩 8A。这个院子类似农村的四合院，院门朝南开，双开门，地点就是在 2012 年 10 月 22 日带我去辨认时，我开始指认在左堤路北侧的那个院子，后来我又将这个地方否认了，最后说自己认不出地点来了，事实上那就是我和任某设赌局的地点。因为我找不来人玩，所以我只能自己上场玩，目的就是把这个赌局捧起来，任某能找来人玩，他就不用上场，他负责抽水，我和任某平分，"小龙"在那里放账。任某去找的放账的人和服务人员，放账的是"小龙"，服务人员有两个男的，负责拿牌、沏茶倒水买饭什么的，我都不认识，费用都是任某给他们的。

我们这个赌局开了 10 多天，大概有五六个人在那里玩，我认识的有"刁老六"、"老田"、"小龙"，其余的我不认识。平均一天的"水钱"（指抽头渔利）一万多元，一共抽了 10 多万元的"水钱"，我和任某平均分的。"水钱"我也不经手，任某分给我多少就是多少，但我觉得大概还是按照对半的规则分的。我在赌局上向"小龙"借的累计有 70 万元，还他的钱是从朋友处借的，在前岳父处借了 30 万元，"喜子"处借了 25 万元，梁瑞处借了 15 万元。我之前不交代设赌局的事是担心被处理，现在想通了就交代了。

2. 证人证言

（1）证人刁某证言

其于 2013 年 2 月 18 日证言

我原来交代的记不太清楚了，回去后仔细地回想，应该是杨某给我打的电话，是杨某组织我去参与赌博的。现场有人抽水，但具体细节我记不清楚了。我去参与赌博肯定是杨某打电话让我去的，杨某肯定是组织者之一，但还有没有其他人参与组织我就不知道了。

证明：刁某称曾在"胖亮"开的牌场玩牌，"小牛"（即杨某）也一起参与赌博，后改称赌博活动是由杨某召集、组织。

（2）证人田某（男，47 岁，住某县果园中区甲 29 - 8 - 401，13269485797）证言

我在 2010 年年底的时候参与过赌博，地点是在某县大俞镇左堤路边上，也就是潮河北岸的一个院子，是一个普通民房的四合院，我记得有东西厢房，房子是彩钢的。以玩 8A 的方式赌博的。我就去玩过一次，输了 1 万元。我去那里是"小牛"给我打电话让我过去玩，具体这个牌场是不是他组织的我说不好，但肯定有他的份，要不然他也犯不着往牌场拉人。我记得一起参与赌博的有五六个人，有"小亮"、"小牛"、"小龙"，其他还有谁我就记不清楚了。当时牌场有"水箱"，抽水后就都放"水箱"里。

（二）不利于认定杨某涉嫌赌博罪的证据

1. 犯罪嫌疑人杨某的供述

其于 2012 年 11 月 4 日供述

我没有组织他人赌博，只是自己参与赌博，我以前说组织赌博是因为侦查人员说如果我承认组织赌博，就可以放我回家。

2. 证人刁某证言（2012 年 11 月 1 日证言）

别人管我叫"刁老六"。2010 年 10 月，我在左堤路附近的一个大院里玩过 8A。我好像是自己开车去的。玩牌的我只认识一个叫"胖亮"的，二三十岁。我知道他开过牌场，玩牌的经过我记不起来了。如果再让我去一次那牌场，我不能找到地方。我不认识杨某，我去那牌场玩过一两次，不清楚那里是否有人抽水、放账。

存在的问题：刁某证言不断变化，且以推断性内容为主，难以作为证据使用。

六、需要说明的问题

调取证据存在瑕疵有以下两点：

第一，2012 年 10 月 10 日晚，讯问犯罪嫌疑人杨某的日期和签字、捺手印的日期出现不一致的情况。且当日杨某做过多次笔录，在上午的笔录中，其未签错时间，而到当日晚间最后两份笔录却将时间签为 10 月 11 日，是否存在超长时间讯问的问题，侦查机关应作出合理解释。

第二，侦查机关组织田某进行辨认的三份笔录没有见证人的信息。

七、审查意见

（一）承办人意见

本案中，原审检察机关与侦查机关的主要分歧在于如何理解赌博罪具体构成要件的证明标准。

在本案中，对于犯罪嫌疑人杨某组织人员进行赌博并进行抽水的证据主要由杨某的供述、刁某及田某的证言等言词证据构成。因此，该案证据是否达到确实充分的标准，需要综合分析判断言词证据的真实性、相互印证性以及可以补强言词证据的其他证据。

首先，在证实杨某组织多人赌博的证据中，虽然杨某的供述及刁某及田某的证言均有所提及。但是上述言词证据均存在问题，难以作为定案依据：

第一，证人田某其仅能证实其经杨某之邀参与赌博，而对于杨某是否为赌博活动的组织者，采用的是推断性语言，即"这个牌场是不是它组织的我说不好"。虽然其在补充期间的证言中肯定了杨某是组织者之一，但是结合其前后证言分析这种"肯定"仍然是基于其主观推断，因为田某在此次证言中其称"肯定"杨某是组织的理由时杨某叫其参与赌博，而且却不清楚是否有人放账，也未提及抽水人为何人。因此，杨某的推断性意见性证言在证实杨某是否为组织者方面不能作为适格的证据使用。

第二，刁某的证言在补充侦查前，仅能证实杨某是参与赌博的人之一，而不能证实杨某为组织者，而在其仅有的一次证实杨某为组织者的证言中，也仅通过杨某给其打电话来判断杨某为组织者。因此，刁某对于杨某在赌博活动中的组织作用的证言也存在推断成分。

第三，犯罪嫌疑人杨某虽然曾供认其与任某、小龙等人组织牌局。承办人认为，暂且不论杨某的供述存在极大的不稳定性，但就其有罪供述而言，也存在诸多不合理之处：其一，杨某作为组织者之一，所说的抽水的规则与田某证言中提及的抽水方式存在较大差异。其二，杨某作为组织者之一，却成为这个赌局中极少数的输钱的人。依照其解释，只有拉人才能把赌局撑起来，任某可以找到人，而其找不到人，就只能自己上。但这一解释明显存在漏洞，因为作为组织者之一，参与赌博，促成赌局的形成，完全可以采用"假输真赢"的方式获利，即事后向任某讨要"输掉"的赌资。其三，杨某供述该赌局中有"小龙"进行放账，小龙向其放账至少70万元。但是这一供述却没有得到田某与刁某证言的佐证。同时，如此高额的放账，是通过现金还是银行转账方式完成的，目前均无相应证据支持。其四，综观杨某的全部供述不难发现，其供述属于典型的时供时翻。而就在仅有的有罪供述中，其对于自己在赌局的作用、地位、抽水分成的方式都供述的不一致。

其次，从杨某涉案的赌资、抽水数额以及组织人数方面的证据分析。全案中可以证明杨某"组织"的赌局中的赌资、抽水数额仍然仅有前述两名证人的证言以及杨某本人的部分有罪供述能够予以部分反映。承办人认为，对于数额型犯罪，涉案金额及人数均属于法定构成要件要素，必须有充分的证据予以证明。一般而言，需要有相关书证（银行转账凭证、账本）、物证（起获的赌资）等客观证据予以证实。在某些极端情形下，可以有限度地允许通过言词证据的相互印证予以确认（如盗窃钱款，这是由于盗窃犯罪秘密性特点所决定的）。而本案中，不但没有客观证据对涉案赌资、抽水数额予以印证，而且言词证据的稳定性、相互印证性较差。何况在赌博案件中，仅凭言词证据是难以认定赌资数额的。而对于累计参赌人数20人以上这一标准，仅有杨某的供述能有所反映，另外两名证人称仅参与一次赌博，其证言反映的参赌人数均不足入罪标准。因此，在数额及人数方面，该案证据也明显不足。

综上，承办人认为：虽有一定证据显示犯罪嫌疑人杨某涉嫌赌博罪，但因客观性证据的缺失和言词证据不稳定导致证据体系不完整，不符合起诉条件，建议对犯罪嫌疑人杨某作存疑不起诉处理。

（二）处室意见

同意承办人意见。

（三）主管检察长意见

同意承办人及处室意见。

附件：

最高人民法院、最高人民检察院《关于办理赌博刑事案件具体应用法律若干问题的解释》

第一条 "聚众赌博"的构成标准是：组织 3 人以上赌博，抽头渔利数额累计达到 5000 元以上，或者赌资数额累计达到 5 万元以上，或者参赌人数累计达到 20 人以上的。

三、督办案件汇报的步骤与方法

（一）督办案件的特点

我国的检察机关在行使侦查监督、审查起诉等司法权的过程中，不仅要接受上级检察机关的领导，而且也要接受省以上人大、党委的领导。司法实践中，对于某些重大案件如涉及聚众、涉黑等，上级检察机关会督办下一级人民检察院办理案件。督办案件，通常具有以下三个特点：

1. 案件重大、社会关注度高

通常而言只有案件在本地区甚至更大范围内有重大社会影响，与所在地区的社会稳定或经济发展密切相关的重大案件才可能成为督办案件。同时，由于案件社会影响大，涉案人员较多，如果处理不当，极易引发社会矛盾。例如，"亿霖木业非法经营案"、"新国大案"等，无论是犯罪嫌疑人还是被害人的数量规模都是空前的，而且由于案件涉及大量被害人的经济利益，如果案件稍有处理不当，都会引发新的矛盾。此外，由于有些案件涉案人员身份较为特殊（如较高级别干部、人大代表、公众人物等），极易引起媒体及舆论的关注，如果案件办理不当或存在瑕疵，也会给检察机关事带来负面影响。

2. 案件政策性较强

在办理案件过程中，我们常常讲办理案件过程中要注意做到"法律效果"、"社会效果"、"政治效果"的"三效合一"。督办案件就是在坚持法律效果的基础上，更加注重案件的社会效果与政治效果。因此，督办案件往往带有较强的政策性色彩，这种政策性往往体现在公共利益的维护上。

3. 办案周期相对较短

由于督办案件往往社会影响大、关注度高，因此在不违反法律规定的前提下，检察机关在办理此类案件时，往往被要求尽快完成审查起诉工作。对于此类案件的汇报往往也应直奔主题，减少不必要的汇报环节。

（二）督办案件的汇报步骤

在检察机关审查起诉终结前，一般会对上级机关督办的案件进行汇报。在这一阶段，汇报的重点在于决定提起公诉的犯罪嫌疑人、不起诉的犯罪嫌疑人、起诉书认定的事实以及需要协调侦查机关补充证据的工作。由于督办案件的自身特点，其在汇报程序上往往也相对紧凑，基本上均围绕着审查起诉环节认定的事实进行汇报：

第一，说明督办案件审查后的整体情况。在这一环节中，应当说明侦查机关移送审查起诉的犯罪嫌疑人情况、案件事实情况、涉嫌罪名与审查起诉后认定的事实与罪名进行汇报。

第二，围绕侦查机关认定的事实依次汇报审查情况。汇报审查的情况包括认定事实的证据、该起事实能否认定等。

第三，对拟作不起诉处理的犯罪嫌疑人认罪、悔过等情况进行汇报。在这一部分中，对于拟作不起诉处理的犯罪嫌疑人所涉及的事实、证据、法律适用等情况应当予以说明。汇报的内容应当根据不起诉的种类进行调整。

由于督办案件的类型不同，汇报的程序并不仅限于上述情况，在遇到特殊情形时，汇报人可以根据具体需要对汇报程序进行调整。

（三）督办案件的汇报技巧与方法

在司法实践中，根据汇报目的的不同，督办案件汇报会议一般有三种类型，一是政法委领导听取案件诉讼进程并了解相关情况，如准备提起公诉的日期、追捕追诉情况等。这种类型可以被称为程序性汇报。二是了解案件办理情况（如证据完善情况），对于需要从上级层面解决落实的问题协调解决。这种类型可以被称为案件协调汇报。三是圈定提起公诉的标准。例如，在有组织犯罪案件中，涉案人员众多，其中既有身负数案的首要分子，也有受裹挟加入的初犯、从犯。为了体现宽严相济的刑事政策，防止刑事打击面过大，就有必要在这些涉案的犯罪嫌疑人中进行"区别对待"，对于前者应当坚决予以打击，而对于后者则可以酌情从轻处罚或作出相对不起诉的处理。汇报督办案件，应当遵循以下几方面原则。

1. 坚持客观公正实事求是的指导思想

公诉机关案件承办人对于督办案件的汇报应当十分慎重，这种慎重首先体现在汇报案件的指导思想方面。我们曾多次强调，案件汇报要客观公正、实事求是。对于督办案件更是如此。因为督办案件政策性较强，领导在考虑案情时，必须要将人民群众对司法公正的需求和维护社会和谐稳定放在首位。这就需要汇报人将讲事实与讲法律、讲政治有机结合起来。对此，北京市人民检察院的方工副检察长曾有过一段精辟的论述：

在司法实践中，防止和克服单纯追求社会效果，而牺牲法律权威与片面强调法律效果，而轻视社会效益的两种倾向，是重大和困难的现实任务。急功近利地贪图眼前之效而不顾法律实质、形而上学地套用法条而无视国情民意的思维、行为，是实现"两个效果"相统一的重大障碍。

法律效果是社会效果的基础，它依赖于法律的严格执行，这样，法律才能起到为人民与社会服务的作用，从而被信仰、被遵守，保持生机活力，实现应有价值。故，它是法治不能动摇的根基，否则，法治大厦就将倾覆。以牺牲法律严肃性和权威性为代价，换取一时一地的社会效果，陷入短视和肤浅的观念误区，必会事与愿违，造成破坏法治、违背正义、涣散社会秩序的后果。所以，依法司法，是维护社会公平正义不能放弃的底线。①

正如前文所提到的，由于督办的案件政策性较强，督办者对案件认识与考虑的出发点与司法人员的出发点是有较大差异的。我们司法工作者在考虑案件的时候，通常是从犯罪构成的角度进行。党委领导并不是简单地从案件本身的角度出发，而是从维护地方社会稳定、经济发展等宏观角度考虑问题。这一点与在司法机关系统内部进行汇报存在极大差异。在这种情况下，汇报人必须首先坚持"以事实为依据、以法律为准绳"的客观指导思想。因为无论从何种目的考虑案件处理问题，也不能超越法律的底线。

2. 坚持维护公共利益兼顾社会效果的汇报态度

在汇报涉及地方稳定与经济发展等重大公共利益的督办案件过程中，汇报人应当具有一种维护社会公益的使命感与责任感。汇报人应当从维护公共利益角度出发，全面审视与思考督办案件中存在的社会问题，并寻找法律框架内实现公共利益最大化的方案。也就是说，在汇报案件过程中，我们不仅要坚持法律底线，也要充分体现大局观。正如方工副检察长所指出的：

司法者尊重法律，永远不能放弃理性的思考、审视的目光，循此，则坐视

---

① 方工：《"两个效果"统一不可想偏不可走偏》，载《检察日报》2009 年版。

法律效果与社会效果发生疏离甚至形成对立，闷头执行法律而对"天塌下来"不屑一顾，执法与社会的分离激化为塌天巨变，会使包括法律制度自身在内的万物都被毁灭，对法律的尊重又何以体现？法律因社会而存在、为公众而服务，法律的立身之本，就定基于对社会的作用和影响不仅有益而且有效，造成社会解体绝不是证明法律效果的有利事实。社会效果是法律效果的目的，在人民利益的天平上，社会效果的分量丝毫不轻于法律效果。放弃争取良好社会效果的心态和做法，意在尊重法律坚守职责，实际却会造成南辕北辙，使法律失去民心，为司法增加困难。①

3. 坚持重点突出、繁简适度的汇报方式

对于领导了解案件进程的案件，汇报的重点就是经审查后认定的事实，对于案件中没有争议的事实概况说明证据即可，不必展开论证。同时汇报人还需要说明案件审查的进展程度，如有多少起侦查机关移送的涉案事实已经审查完毕，是否达到提起公诉的条件，有无需要追诉的犯罪嫌疑人等。如果尚未达到起诉条件，尚需多少时间能够完成等。在这一类的案件汇报过程中，汇报人对于案件中存在的问题及可能引起的不利后果仅需要做简要陈述并指出后续弥补工作方案，不必对证据等矛盾问题展开论述。

具体而言就是应尽量回避进行证据采信与否的分析。汇报人如果认为案件证据虽有冲突，但不会动摇证明体系，可以直接给出意见。因为一般情形下，向政法委等外单位领导汇报案件前，案件已经经过内部汇报，甚至有些已经经过多次汇报，已经形成相对统一意见。如果案件中确实存在证据分歧，导致指控事实难以证明，承办人就应尽量简明扼要地说明矛盾冲突的核心，并且说明是否需要领导就补充证据等问题进行协调。

对于案件办理过程中需要解决的问题需召集公检法三机关协调解决的案件汇报。汇报的重点就转向案件中存在的问题。在汇报过程中，汇报人应就案件中存在的证据及定性问题进行说明。在说明的过程中，可以参照因证据问题或因法律适用问题引发分歧案件的汇报方式，但需要指出的是，汇报一定要紧紧围绕争议问题，用最精练的语言，清晰地说明案件证据中存在的问题及需要侦查机关下一步的取证方向。汇报过程中应尽量避免对证据争议问题的长篇大论。

在汇报此类案件过程中，还需要注意的问题是检察机关的汇报人应当坚守立场，既不能"以法院为准绳"，也不能迁就侦查机关而降低起诉标准；在案

---

① 方工：《"两个效果"统一不可想偏不可走偏》，载《检察日报》2009 年版。

件证据环节出现问题的情况下，既不能一味地指责侦查机关的工作失误，也不能抱着与己无关的态度。例如，证据情况就是这个样子，全凭领导决策。应当本着团结协作的精神，从个案、从自身的履职过程中实现相互制约、相互协作的诉讼要求。

对于圈定提起公诉标准的汇报案件。首先，汇报人应当对案件中的全部犯罪嫌疑人进行类型化区分。例如，根据各犯罪嫌疑人在案件中所处的地位及所起的作用进行区分。又如，根据证据充分与否的情况进行区分。其次，汇报人应当说明区分的标准。例如，未成年犯罪嫌疑人，既是初犯又是从犯的犯罪嫌疑人是案件不起诉的标准。最后，汇报人应对选择区分标准的理由进行简要说明。例如，对于未成年犯罪嫌疑人不起诉是出于"宽严相济"的刑事政策角度考虑的等。

4. 充分运用附件、备注以补充说明情况

在督办案件汇报材料正文后面，应当有相关的附件或备注对汇报正文中所涉及的问题进一步说明。这包括证据情况、证据比对表格、与案件相关的法律法规等法律依据等。这样做主要目的在于：第一，如果在汇报正文中过多地汇报证据审查、判断、采信等专业问题将影响汇报效果与听取汇报领导的议事效率。第二，通常情况下，证据问题较为复杂，需要通过分析若干证据间的关联性才能表述清楚问题的关键。如果将这些论证过程都放入汇报正文，将导致汇报过于冗长。第三，听取案件汇报的党委领导往往对适用法律不甚熟悉，法律法规也难以放在汇报正文中予以体现，将法律法规作为附件既可以使听取汇报的领导查阅，方便其决策，又可以减少汇报正文篇幅。

四、其他程序案件汇报步骤与方法

在前述章节中，我们介绍了常见诉讼程序中案件汇报的步骤与方法。在司法实践中，检察机关对于撤回起诉、复议、复核案件的汇报、下级院检委会的请示等案件也需要经过汇报程序。这些案件在检察机关公诉部门受理案件总数中仅占很小比例，而且汇报流程在总体上与不起诉或抗诉案件的汇报流程基本一致。因此，在这一部分，我们仅就这类案件汇报过程中特有的步骤和方法进行介绍。

（一）撤回起诉案件的汇报

对于起诉至法院的案件，有可能因为证据或法律规定发生变化而导致不应对被告人追究刑事责任。在这种情况下，检察机关就需要讨论是否依据《人民检察院刑事诉讼规则（试行）》的规定对案件撤回起诉。对于此类案件的汇报需要注意的问题是：

第一，在汇报需要解决的问题部分应当明确案件是因为证据抑或是法律规定变化导致难以追究被告人的刑事责任。

第二，在明确诉争要点环节应当说明发生变化的证据或者法律规定。

第三，对于因证据发生变化而拟撤回起诉的案件，视案件具体情况，应当对证据变化的原因、新证据的来源以及在审查起诉环节是否有查证此证据的可能等情况进行说明。

（二）复议、复核案件的汇报

侦查机关对检察院决定不起诉的案件可以要求复议，对于复议意见不接受的，可以向上一级检察院提请复核。在汇报此类案件中需要注意的问题是：

第一，在汇报需要解决的问题部分应当明确被复议、复核案件的不起诉种类。

第二，在明确诉争要点部分应当列明侦查机关提请复议、复核的理由与检察机关作出不起诉决定的理由。其中对于侦查机关提请上一级检察机关复核的案件，还应当列明下级检察机关维持不起诉决定的理由。

（三）请示案件的汇报

检察委员会对所讨论的案件发生分歧的情形下，经检察长决定可以将争议案件提请上一级检察机关的检察委员会讨论决定。在汇报此类案件中需要注意的问题是：

第一，在汇报需要解决的问题部分应当明确案件类型与争议问题。

第二，在明确诉争要点部分应当列明下级检委会对核心问题存在的分歧意见以及表决情况。

第八章

特殊程序案件的汇报

除了日常办理案件中可能涉及的案件汇报外，还有一些法定程序中也必然涉及案件汇报，如疑难复杂案件的提交检委会讨论中，承办人向检委会委员的汇报是必不可少的，另外对于职务犯罪不起诉等六种情形，需要提交人民监督员会议讨论的，也需要人民监督员进行汇报，《人民法院组织法》和《关于人民检察院检察长列席人民法院审判委员会会议的实施意见》中规定了同级检察机关检察长出席审委会，并说明意见的情况。在此环节，也需要检察长或者列席审委会的检察长助手对案情、公诉机关主张进行进一步的汇报。在上述特殊场合中，也要遵循案件汇报的一般规律，同时也要结合汇报场合，对汇报的重点、汇报的方式进行适度的变化。

一、出席检委会时的案件汇报

检察委员会（下称检委会）作为检察机关的最高业务决策机构，其地位的重要性也决定了其接受案件的范围是有限的，根据高检院《人民检察院检察委员会议事和工作规则》（以下简称《规则》）第3条规定，检察委员会审议议题的范围包括：（一）审议在检察工作中贯彻执行国家法律、政策的重大问题；（二）审议贯彻执行本级人民代表大会及其常务委员会决议，拟提交本级人民代表大会及其常务委员会的工作报告、专项工作报告和议案；（三）最高人民检察院检察委员会审议检察工作中具体应用法律问题的解释以及有关检察工作的条例、规定、规则、办法等，省级以下人民检察院检察委员会审议本地区检察业务、管理等规范性文件；（四）审议贯彻执行上级人民检察院工作部署、决定的重大问题，总结检察工作经验，研究检察工作中的新情况、新问题；（五）审议重大专项工作和重大业务工作部署；（六）经检察长决定，审议有重大社会影响或者重大意见分歧的案件，以及根据法律及其他规定应当提请检察委员会决定的案件；（七）经检察长决定，审议按照有关规定向上一级人民检察院请示的重大事项、提请抗诉的刑事案件和民事、行政案件，以及应当提请上一级人民检察院复议的事项或者案件；（八）经检察长决定，审议下一级人民检察院提请复议的事项或者案件；（九）决定本级人民检察院检察长、公安机关负责人的回避；（十）审议检察长认为需要提请检察委员会审议的其他议题。同时刑事诉讼法、民事诉讼法及相关司法解释中对应当（包括可以）由检察委员会作出决定的议事范围进行了明确。

（一）检委会讨论的案件范围梳理

1. 必须由检委会讨论决定的情形

（1）决定本级人民检察院检察长、公安机关负责人的回避。《规则》第

24 条至第 26 条①规定检察长的回避，由检察委员会讨论决定。其他检察人员的回避，由检察长决定。公安机关负责人回避，由检察长提交检察委员会讨论决定。

（2）批准、（不）决定逮捕的重大案件。《规则》第 304 条②规定应当经检察委员会讨论决定。

（3）决定对案情重大、疑难、复杂的一审判决裁定提出抗诉的案件。二审抗诉，《规则》第 585 条规定应当报请检察长决定；案情重大、疑难、复杂的由检察长提交检察委员会讨论决定。

（4）对侦查机关报请核准追诉的案件。《规则》第 355 条、第 356 条③规定地方各级人民检察院对侦查机关报请核准追诉的案件，应当及时进行审查并开展必要的调查，经检察委员会审议提出是否同意核准追诉的意见。

2. 可以由检委会决定也可以由检察长决定的情形

（1）下级检察院立案决定错误，需要纠正的。《规则》第 183 条④规定上一级人民检察院审查认为下级人民检察院的立案决定错误，应当在报经检察长

① 第 24 条：检察长的回避，由检察委员会讨论决定。检察委员会讨论检察长回避问题时，由副检察长主持，检察长不得参加。其他检察人员的回避，由检察长决定。第 25 条：当事人及其法定代理人要求公安机关负责人回避，应当向公安机关同级的人民检察院提出，由检察长提交检察委员会讨论决定。第 26 条：应当回避的人员，本人没有自行回避，当事人及其法定代理人也没有申请其回避的，检察长或者检察委员会应当决定其回避。

② 第 304 条：侦查监督部门办理审查逮捕案件，应当指定办案人员进行审查。办案人员应当审阅案卷材料和证据，依法讯问犯罪嫌疑人、询问证人等诉讼参与人、听取辩护律师意见，制作审查逮捕意见书，提出批准或者决定逮捕、不批准或者不予逮捕的意见，经部门负责人审核后，报请检察长批准或者决定；重大案件应当经检察委员会讨论决定。侦查监督部门办理审查逮捕案件，不另行侦查，不得直接提出采取取保候审措施的意见。

③ 第 355 条：地方各级人民检察院对侦查机关报请核准追诉的案件，应当及时进行审查并开展必要的调查，经检察委员会审议提出是否同意核准追诉的意见，在受理案件后十日以内制作报请核准追诉案件报告书，连同案件材料一并层报最高人民检察院。第 356 条：最高人民检察院收到省级人民检察院报送的报请核准追诉案件报告书及案件材料后，应当及时审查，必要时派人到案发地了解案件有关情况。经检察长批准或者检察委员会审议，应当在受理案件后一个月以内作出是否核准追诉的决定，特殊情况下可以延长 15 日，并制作核准追诉决定书或者不予核准追诉决定书，逐级下达最初受理案件的人民检察院，送达报请核准追诉的侦查机关。

④ 第 183 条：人民检察院对于直接受理的案件，经审查认为有犯罪事实需要追究刑事责任的，应当制作立案报告书，经检察长批准后予以立案。在决定立案之日起 3 日以内，将立案备案登记表、提请立案报告和立案决定书一并报送上一级人民检察院备案。上一级人民检察院应当审查下级人民检察院报送的备案材料，并在收到备案材料之日起 30 日以内，提出是否同意下级人民检察院立案的审查意见。认为下级人民检察院的立案决定错误的，应当在报经检察长或者检察委员会决定后，书面通知下级人民检察院纠正。上一级人民检察院也可以直接作出决定，通知下级人民检察院执行。

或者检察委员会决定后，书面通知下级人民检察院纠正。

（2）拟就死刑复核案件提出检察意见的。《规则》第 611 条①规定最高人民检察院死刑复核检察部门拟就死刑复核案件提出检察意见的，应当报请检察长或者检察委员会决定。

其中第一项撤销下级院立案决定和第三项死刑复核监督案件应当报请检察长或者检察委员会决定，即可以由检察长也可以由检察委员会决定。第二项核准侦查机关追诉案件只能由检察委员会决定。

（3）法定不起诉案件。《规则》第 401 条规定对犯罪嫌疑人没有犯罪事实，或者符合《刑事诉讼法》第 15 条规定的情形之一的，经检察长或者检察委员会决定。

（4）存疑不起诉案件。《规则》第 403 条规定对于二次退回补充侦查的案件，仍然认为证据不足，不符合起诉条件的，经检察长或者检察委员会决定，应当作出不起诉决定。人民检察院对于经过一次退回补充侦查的案件，认为证据不足，不符合起诉条件，且没有退回补充侦查必要的，可以作出不起诉决定。

（5）相对不起诉案件。《规则》第 406 条规定对于犯罪情节轻微，依照刑法规定不需要判处刑罚或者免除刑罚的，经检察长或者检察委员会决定，可以作出不起诉决定。

（6）不起诉决定申诉案件，认为应当变更或者撤销原不起诉决定的。《规则》第 421 条规定认为应当维持不起诉决定的，报请检察长作出复查决定；认为应当变更不起诉决定的，报请检察长或者检察委员会决定；认为应当撤销不起诉决定提起公诉的，报请检察长或者检察委员会决定。

（7）认为公安机关不立案或者立案理由不能成立，通知公安机关立案或者撤销案件的。《规则》第 558 条规定认为公安机关不立案或者立案理由不能成立的，经检察长或者检察委员会讨论决定，应当通知公安机关立案或者撤销案件。

（8）对生效判决裁定提出抗诉的案件。《规则》第 595 条规定人民检察院刑事申诉检察部门对已经发生法律效力的刑事判决、裁定的申诉复查后，认为需要提出抗诉的，报请检察长或者检察委员会讨论决定。

（9）涉及需要对被拘传的犯罪嫌疑人变更强制措施的案件。《规则》第 82 条②规定应当经检察长或者检察委员会决定。

---

① 第 611 条：最高人民检察院死刑复核检察部门拟就死刑复核案件提出检察意见的，应当报请检察长或者检察委员会决定。检察委员会讨论死刑复核案件，可以通知原承办案件的省级人民检察院有关检察人员列席。

② 第 82 条：需要对被拘传的犯罪嫌疑人变更强制措施的，应当经检察长或者检察委员会决定，在拘传期限内办理变更手续。在拘传期间内决定不采取其他强制措施的，拘传期限届满，应当结束拘传。

（10）涉及公安机关提请上一级人民检察院复核的不批准逮捕的案件。《规则》第324条①规定由检察长或者检察委员会作出是否变更的决定。

（11）涉及对本院侦查部门移送审查逮捕的案件。《规则》第343～346条②规定由检察长或者检察委员会决定是否逮捕。

（12）涉及案件初查。《规则》第168条规定侦查部门对举报中心移交的举报线索进行审查后，认为有犯罪事实需要初查的，应当报检察长或者检察委员会决定。

（13）涉及侦查部门撤销案件。《规则》第290条③规定侦查过程中或者侦查终结后，制作拟撤销案件意见书，报请检察长或者检察委员会决定。

（14）涉及审查终结意见。《规则》第376条规定对案件进行审查后，提出起诉或者不起诉以及是否需要提起附带民事诉讼的意见，经公诉部门负责人审核，报请检察长或者检察委员会决定。

---

① 第324条：对公安机关提请上一级人民检察院复核的不批准逮捕的案件，上一级人民检察院侦查监督部门应当在收到提请复核意见书和案卷材料后的15日以内由检察长或者检察委员会作出是否变更的决定，通知下级人民检察院和公安机关执行。如果需要改变原决定，应当通知作出不批准逮捕决定的人民检察院撤销原不批准逮捕决定，另行制作批准逮捕决定书。必要时，上级人民检察院也可以直接作出批准逮捕决定，通知下级人民检察院送达公安机关执行。

② 第343条：对本院侦查部门移送审查逮捕的案件，犯罪嫌疑人已被拘留的，应当在侦查监督部门收到逮捕犯罪嫌疑人意见书后的7日以内，由检察长或者检察委员会决定是否逮捕，特殊情况下，决定逮捕的时间可以延长1～3日；犯罪嫌疑人未被拘留的，应当在侦查监督部门收到逮捕犯罪嫌疑人意见书后的15日以内由检察长或者检察委员会决定是否逮捕，重大、复杂的案件，不得超过20日。第344条：对本院侦查部门移送审查逮捕的犯罪嫌疑人，经检察长或者检察委员会决定逮捕的，侦查监督部门应当将逮捕决定书连同案卷材料、讯问犯罪嫌疑人录音、录像送交侦查部门，由侦查部门通知公安机关执行，必要时人民检察院可以协助执行，并可以对收集证据、适用法律提出意见。第345条：对本院侦查部门移送审查逮捕的犯罪嫌疑人，经检察长或者检察委员会决定不予逮捕的，侦查监督部门应当将不予逮捕的决定连同案卷材料、讯问犯罪嫌疑人录音、录像移交侦查部门。犯罪嫌疑人已被拘留的，侦查部门应当通知公安机关立即释放。第346条：对应当逮捕而本院侦查部门未移送审查逮捕的犯罪嫌疑人，侦查监督部门应当向侦查部门提出移送审查逮捕犯罪嫌疑人的建议。如果建议不被采纳，侦查监督部门可以报请检察长提交检察委员会决定。

③ 第290条：人民检察院在侦查过程中或者侦查终结后，发现具有下列情形之一的，侦查部门应当制作拟撤销案件意见书，报请检察长或者检察委员会决定：（一）具有刑事诉讼法第十五条规定情形之一的；（二）没有犯罪事实的，或者依照刑法规定不负刑事责任或者不是犯罪的；（三）虽有犯罪事实，但不是犯罪嫌疑人所为的。对于共同犯罪的案件，如有符合本条规定情形的犯罪嫌疑人，应当撤销对该犯罪嫌疑人的立案。

（15）涉及对不起诉决定复议、复核的案件。《规则》第 415 条、第 416 条①规定公安机关认为不起诉决定有错误，要求复议的，上一级人民检察院收到公安机关对不起诉决定提请复核的意见书，报请检察长或者检察委员会决定。

（16）涉及一审期间变更、追加、补充或者撤回起诉案件。《规则》第 461 条规定应当报经检察长或者检察委员会决定。

（17）涉及对一审判决裁定提出抗诉的案件。《规则》第 585 条规定应当报请检察长决定；案情重大、疑难、复杂的由检察长提交检察委员会讨论决定。

（二）检委会上会案件汇报的基础：提请检委会讨论案件报告的制作

提请检委会讨论案件报告，是由承办人根据高检院议题标准要求②，围绕提请检委会讨论案件的请示问题，客观全面反映相关事实证据、背景情况和审查意见等内容而制作的请示性报告，经承办部门负责人审核、分管检察长签署意见，供检委会委员审案议案所用。由于检委会议事决策的非亲历性特征，使检委会委员对提请报告的依赖性较大。但实践中，提请报告直接照搬照抄案件审结报告的现象较为普遍，换个标题、加个封面，"案件审结报告"就变身为"提请报告"，既使提请报告篇幅冗长，也使提请报告重点不明，严重影响检委会决策的质量和效率。因此，制作提请报告首先要强调突出重点，案件审结报告是提请报告的重要基础但不是全部。提请报告要紧紧围绕请示问题展开阐述，可以借鉴案件审结报告中的相关内容进行取舍和重组。与议题有关的事实要全面客观表述，无关的内容则可删减；对其他犯罪情节、案件背景等情况也不需要面面俱到，只要叙述与请示问题有关的内容即可。需要指出的是，根据最高人民检察院《议题标准》的规定，提请检委会审议的案件，应当事实清

---

① 第 415 条：公安机关认为不起诉决定有错误，要求复议的，人民检察院公诉部门应当另行指定检察人员进行审查并提出审查意见，经公诉部门负责人审核，报请检察长或者检察委员会决定。人民检察院应当在收到要求复议意见书后的三十日以内作出复议决定，通知公安机关。第 416 条：上一级人民检察院收到公安机关对不起诉决定提请复核的意见书后，应当交由公诉部门办理。公诉部门指定检察人员进行审查并提出审查意见，经公诉部门负责人审核，报请检察长或者检察委员会决定。上一级人民检察院应当在收到提请复核意见书后的三十日以内作出决定，制作复核决定书送交提请复核的公安机关和下级人民检察院。经复核改变下级人民检察院不起诉决定的，应当撤销或者变更下级人民检察院作出的不起诉决定，交由下级人民检察院执行。

② 最高人民检察院《人民检察院检察委员会议题标准（试行）》第 8～10 条对提请检委会审议的刑事案件包括刑事申诉、刑事赔偿、刑事抗诉等案件、民事、行政抗诉案件提请报告的主要内容及附件作出了详细规定。

楚，证据确实充分，或者符合规定的条件，议题材料齐备。检委会审议案件时大多讨论法律适用问题，一般不讨论事实证据认定问题。基于承办人、承办部门对案件事实、证据认定负责的原则，对于检委会讨论不涉及认定事实争议的案件，证据部分表述可概括简写甚至省略；对于检委会讨论认定事实争议如抗诉事实认定错误、下级院请示事实认定疑难的案件，也要紧紧围绕争议焦点开展事实、证据的分析论证。需要补充的是，为使检委会委员能够全面客观了解案件事实全貌，可以在会前将案件审结报告作为附件通过办案内网或书面形式，与提请报告一并发给委员审阅，供决策时参考。

1. "事实认定类"案件汇报材料的制作

事实认定的基础在于证据，因此此类案件的汇报材料制作要紧紧围绕证据规则进行。具体而言，重点汇报以下内容：第一，关于证据来源方面的事实，包括反映证据提供者的能力和知识及证据提供者的身份和动机的事实。第二，关于能够证实证据内容可信度的事实，包括反映证据内容可能性的事实。例如，直接证人怎么听到或看到案件经过的事实；反映证据内容一致性的事实，包括同一犯罪嫌疑人或证人不同时间的供述或证言和不同犯罪嫌疑人或证人基本一致或者相互印证的供述或证言；反映证据内容合理性的事实及反映证据内容详细性的事实，即汇报案件关键环节尽可能地详细。第三，关于能够反映证据间关联的事实，即尽可能地组织证据，并使之相互衔接，形成完整证据链。尤其是依靠间接证据定案的案件中，这些间接证据的关联至关重要。例如，在一起提请检察委员会决定的故意伤害案中，能够直接认定的事实是：某日，犯罪嫌疑人李某与其妻杨某从亲戚家喝酒吃饭后开车回家，次日凌晨，李某将重伤昏迷的杨某送至医院，四日后，杨某抢救无效死亡。李某辩称为醉酒交通事故所致。本案的关键在于无法确定作案地点及作案工具。因此，本案是典型的依照间接证据定罪的疑难案件，要按照"排除合理怀疑"的要求汇报案件。具体而言，应当重点汇报以下内容：第一，关于认定犯罪动机的事实，即李某一直怀疑杨某与他人有不正当关系，并有辱骂、殴打行为。第二，关于能够"排除合理怀疑"的事实，包括排除交通事故可能性的事实，即（1）鉴定结论为无典型交通事故所致损伤；（2）杨某手腕、大腿内侧有红肿、青紫伤情；（3）李某身上多处青紫、划伤；（4）小轿车只有前后保险杠轻度受创；（5）9月30日凌晨2点李某曾发多条短信；（6）李某称为酒后交通事故所致，但未能指认事故现场。综合以上证据可以看出，李某、杨某的伤情与车损情况严重不符合，李某称酒后失去记忆，但事实上，在凌晨2点其还能发多个短信，加上无法指认事故现场，因此，可以排除交通事故致死的可能。最后，关于排除第三人作案可能性的事实。即李某供认，从离开亲朋家到第二天凌晨，一直是他和杨某在一起。根据"持有最近赃物者为窃贼"的古老法则，在李某不能作出合理解释的时候，可以推定李某为犯罪嫌疑人。另外，根据现场勘查及走访排除了第三人进入现场的可能。如此组织汇报材料后，证据能够证明的事实就是"排除了合理怀疑的"，应当认定为李某故意伤害。如此组织汇报材料，给检察委员会委员们感觉思路清晰，证据有力，能够最大限度地为他们决策提供参考。

2. "法律适用类"案件汇报材料的制作

认定事实是基础，法律适用是关键。法律由于其普适性，所以在一定程度上具有抽象性，也因此，不可能和生活完全吻合，这就给执法者在执法过程中留下自我解释法律的余地，检察机关适用法律也会遇到这样的情形。"法律适用类"案件主要包括三类：一是在是否构成某个罪名的法律适用上存在疑难问题；二是在构成此罪或者彼罪上的法律适用上存在疑难问题；三是在构成一罪或者数罪的法律适用上存在疑难问题。这三类法律适用的案件在制作提请检察委员会决定的案件汇报材料时，应重点汇报以下内容：第一，法律的明确规定，这是前提；第二，相关司法解释；第三，相关学者的论理解释；第四，办案人对法律的认识；第五，所能查阅的相关判例，尤其是本市的相关判例；第六，对于第二、三类问题还要重点汇报此罪和彼罪、一罪和数罪的区分。例如，在一起提请检察委员会决定的容留他人吸食毒品案中，能够证实张某多次容留多人在其家中吸食毒品，但疑难问题在于容留他人吸食毒品罪是否要求以牟利为目的。因此，汇报重点应当是在分析容留他人吸食毒品罪是否将以牟利为目的作为犯罪构成。汇报内容应当包括以下内容：首先，刑法关于容留他人吸食毒品罪的规定，即《刑法》第354条的规定，容留他人吸食、注射毒品的，处三年以下有期徒刑、拘役或者管制，并处罚金。其次，学者解释，赵秉志等学者主张以牟利为目的不是容留他人吸食毒品罪的犯罪构成要件；最高人民法院主编的《中国刑法案例与学理研究》（第5卷）明确指出"容留他人吸毒的目的是从中牟取非法利益"。再次，汇报办案人的理解，1997年修订《刑法》时，吸收了《全国人民代表大会常务委员会关于禁毒的决定》规定的容留他人吸毒罪，可是没有把"营利或牟取非法利益为目的"作为构成本罪的主观要件。由于实践中对是否以"牟取非法利益"为目的很难进行查证，如果"牟取非法利益"作为容留他人吸毒罪的必备主观要件，不利于打击毒品犯罪。另外刑法的解释原则是严格解释，既然没有明确要求以牟利为目的，那就不应当将其作为要件。最后，汇报判例，没有查阅到指导性判例，本市判例近年只有一起，是有牟利行为。这样汇报案件，层次很清楚，主题鲜明。

3. "涉检访类"案件汇报材料的制作

坚持"法律效果与社会效果相统一"是构建和谐社会形势下对检察工作

的新要求。这就要求检察机关在办案中要始终将和谐稳定作为第一要务，尽量在严格执法的同时避免造成不和谐隐患，防患于未然，努力化解社会矛盾。这就要求将"涉检访类案件"作为一种特殊类型予以重视，在制作提请检察委员会决定的案件汇报材料时也有不同侧重，重点汇报内容如下：其一，本案的正常处理结果；其二，可能会引起的涉检访隐患或者已经发生的涉检访的具体情形；其三，按照正常处理可能引发的后果；其四，考虑涉检访因素，可以采取的解决办法。例如，在一起提请检察委员会决定的故意伤害抗诉案中，根据现有证据抗诉成功的可能性不是很大，但当事人情绪特别激动，多次上访，制造社会舆论，因此提请检察委员会决定是否抗诉。本案的汇报重点应当是：第一，汇报法院判决情况；第二，汇报本院抗诉依据，并讲明轻伤结果有鉴定结论，也有证人证言；第三，汇报本案被害人上访情况；第四，汇报不支持抗诉可能引发的后果；第五，汇报可以采取的解决办法，如支持抗诉后，在抗诉过程中，争取做好双方当事人工作，力争和解解决，消除隐患，如果不能解决，应当支持抗诉，为被害人提供一次救济的机会。本案研究决定后，在抗诉过程中，双方和解，取到较好的效果。这类案件如此汇报，给检察委员会委员们提供可供选择的方案，是比较适合的。

4. 其他提请检察委员会决定的案件汇报材料的制作

以上三类案件汇报方法虽然基本上概括了一般案件的共同之处，但就案件业务类别而言，如"批准逮捕案件"、"撤诉案件"和"抗诉案件"等，这些案件的汇报，除了在认定事实、适用法律和涉检访之外还有其独特内容，掌握这些独特内容再结合三类案件的汇报方法制作的汇报材料才是最完整的。

（三）检委会汇报案件的方法与技巧

检委会上会案件一般分为两种：程序性上会和疑难复杂案件的上会，前者如法轮功案件、社会关注的热点案件、抗诉后的通报等，属于检委会讨论案件的少数，上会案件中更多的是疑难、复杂案件。目前，检委会讨论上会案件的主要方式还是看材料、听汇报。因此，除了要确保提请报告的制作质量外，承办人的汇报方式和汇报质量也非常重要。实践中，承办人在会上往往照本宣科通读一遍提请报告，由于提请报告已在会前分送检委会委员审阅，上会再宣读一遍，尤其是对一些案情疑难复杂且提请报告篇幅较长的案件，既占用会议较长时间又无必要，汇报效果也不佳。检委会不是研讨机构，也不是办案部门，而是决策机构，往往是在有限的时间里，由数位检委会委员就承办人在十几分钟内汇报的案件情况作出最终的处理决定，承办人的汇报是否清楚、明了，是否客观、全面，直接影响检委会决策的科学性和合理性。因此对上会案件的汇报要求非常高，往往是经过处室、主管检察长、上级院主管部门的多次汇报后，才进入检委会汇报程序，这个汇报的形成过程一方面促使承办人对案件越来越熟悉、清晰；另外，也可能由于正式提交上会的时候距离承办人实际办理案件（阅卷、核实证据）已经有一段时间，承办人可能会对案情有所模糊，自己再次刷新记忆的基础往往是之前制作的汇报材料，因此汇报材料的制作尤为重要。实践中有的报告太长、对证据的判断过程太复杂，可以直接说明判断的结论即可，如对存疑不诉案件的汇报，应当论证为何存疑，为何与公安机关认定不一致，要论证存疑的情况，如果将公安审查的情况、判断的过程都说一遍，就会重点不突出，不易厘清焦点。存疑的事实要重点说明，并结合证据说清存疑的点，以及上会的原因。报告的制作要一目了然，回答委员的提问要清晰、客观。根据案件的特点、不同案情，制作不同的报告重点。

为达到汇报案件的最佳效果，我们建议采用书面报告与口头汇报相结合的方式。检委会委员会前侧重于审查提请报告，会上侧重于听取承办人口头汇报案件。具体而言，承办人在会前准备一份汇报提纲，列明汇报的重点，并预测检委会委员可能提问的相关问题。开会时，先由承办人汇报请示问题、基本案情、争议焦点，以及承办人的意见或观点，力求做到叙述事实到位、列举证据到位、论述分歧到位、阐明观点到位、分析法理到位。之后，可由检委会委员针对案件提问或质询、承办人答辩，这样有助于检委会委员深入了解掌握案件情况和议题内容，为检委会科学、高效地作出决策奠定基础。

1. 检委会汇报案件中的常见问题

实践中，办案人员向检委会汇报案件时主要存在以下问题：

一是拖沓冗长，重点不突出。有的办案人只是机械宣读案件审查报告，汇报过于冗长；有的汇报材料过于繁琐，主次不分明，使人听后不知所云；有的因缺乏汇报经验或相关法律知识，担心汇报不清而面面俱到，或不知道法律上的具体规定而抓不住重点，没有紧紧围绕争议焦点精练、有机地组织汇报内容；有的汇报时不严肃，将街谈巷议、案外隐私等一些本来与本案无关的情节大加渲染，因此冲淡主题。

二是意见含混，主观臆断。有的办案人在汇报案件时对应当采纳哪些证据说不准，对应当运用哪些法律说不清；有的办案人不负责任，案件汇报完后，只介绍分歧意见，不发表定性和处理意见，或将各种意见和盘托出，不置可否，忽略或有意回避自己的倾向性观点和理由；有的办案人甚至先入为主，凭主观臆断，把自己的感情色彩带入案情汇报，偏信一方证据，导致汇报不实。

三是层次不清，内容混乱。在汇报共同犯罪案件，特别是多被告、多次作案、触犯多个罪名案件时，没有突出重点。有的缺乏归纳、层次不清，没有选择相应的突出主罪法、综合归纳法、先总后分法等汇报方法，被告人总数、涉及罪名数、各被告人总的作案次数、总的案值金额等问题不能一目了然。还有的没有清晰地介绍当事人之间的关系以及各嫌疑犯在共同犯罪中的地位和作用，涉及多事实的案件对于众多证据没有进行分类组合并汇总说明其证明作用，汇报内容主次不清。

四是汇报内容不完整，不准确，不精练。有的办案人遗漏重要事实、关键证据或相关犯罪情节等内容，在其汇报后检委会委员仍需反复多次补充提问，造成案件讨论时间延长，效率不高；有的没有紧扣犯罪构成要件来汇报，有的甚至偏离或者冲淡汇报主旨；有的对与定罪量刑密切相关的核心事实要素汇报不全面，该详细汇报的没有展开，甚至遗漏了与量刑有重大关系的事实要素；有的把与定罪量刑无关的边缘事实、非法律事实和没有相应证据证明的事实进行了重点汇报。

五是说理不透彻，缺乏说服力。有的办案人在汇报时只是就事论事，简单罗列事实和证据，没有围绕罪名的证明要求和相关争议罪名之间的区分标准，充分结合事实和法理两方面深入阐明和论证自己的观点；说理过于程式化，缺乏个性；说理空泛，甚至偏离案件事实空发议论，缺乏切实性和说服力；说理未遵照"三段论"要求进行，缺乏逻辑性、严密性。

六是用语不规范，存在歧义。如对必须引用的方言没有用括号加以注明；"因本案"的表述在多罪名案件和被告人有前科的案件中有歧义；对共同犯罪案件有人另案处理或已判刑的说明有歧义，弄不清到底是一个，还是几个或者是哪几个人作"另案处理"、"已被判刑"；有的在论述被告人行为性质时，没有按照罪状特征来论述。

2. 检委会案件汇报规范

检委会汇报中应当遵循一定的汇报规范，即汇报通常需要具备的要件：

一是需要讨论的问题。办案人首先要明确汇报的目的，简明扼要地阐明提交讨论的案件解决的究竟是案件定性、法律适用，还是案件的立案、逮捕、起诉、不诉、撤案等程序性问题。

二是当事人基本情况。介绍犯罪嫌疑人的身份状况，包括姓名、性别、出生年月日、出生地、民族、文化程度、职业、工作单位、职务、住址以及是否受过刑事处罚、罪名、刑种、刑期和强制措施种类、日期及羁押处所等情况。涉及单位犯罪的，应详细说明单位的名称、所在地址、法定代表人姓名、职务及单位的所有制形式等，如果还有应当负刑事责任的"直接负责的主管人员或其他直接责任人员"，则应按照前述自然人犯罪的项目来汇报其基本情况，如果系单位犯罪，但由于被告单位已撤销、变更等原因，无承继责任主体，或者无适格诉讼代表人等原因无法起诉单位犯罪的，需要说明原因，并说明对直接责任人的起诉仍适用单位犯罪的有关条款。如果系单位实施刑法规定的危害社会的行为，刑法分则和其他法律未规定追究单位的刑事责任的，依照《全国人民代表大会关于〈中华人民共和国刑法〉第三十条的解释》（2014年4月24日通过），仍应对组织、策划、实施该危害社会行为的人依法追究刑事责任，故对立法解释已明确的上述问题，在案件汇报中也要提醒委员注意。

三是案由、案件来源及案件诉讼过程。提交检委会讨论的案件审查报告应包括案由、案件来源和案件诉讼过程。案由应汇报呈送部门认定的涉嫌罪名，民行案件应阐明相应的案由，如民事损害赔偿申诉案件；案件来源，应说明案件是本院自侦部门移送的，还是公安机关或其他机关移送的以及原案件承办人，同时还要说明承办部门的收案时间及本诉讼阶段法定最后期限的具体日期；案件诉讼过程，包括案发经过、立案、起诉、审判等诉讼时间和处理情况，已经过哪些诉讼环节。需强调指出的是，请示案件必须有本单位明确的意见，特别是本级院检委会的倾向性意见或检察长的意见。

四是案件事实和证据。第一，侦查机关和前一承办部门认定的犯罪事实和证据情况。应详细写明具体犯罪事实的时间、地点、实施行为的经过、手段、目的、动机、危害后果和被告人案发后的表现及认罪态度等内容，特别是要写明能够影响定罪量刑的事实和情节。对于过程性、非关键的情节或细节可以少写或不写。如与侦查机关在认定事实及采信证据上不一致的，应分别说明侦查机关和前一承办部门认定的事实和证据，并阐明采信证据不一致的理由。第二，经审查认定的犯罪事实和证据情况。这部分主要阐明承办人所认定的犯罪嫌疑人、被告人的行为动机、目的、时间、地点、经过、情节、数额、危害结果及作案后的表现等有关罪与非罪，从重、从轻、减轻、免除处罚的事实，情节要素和犯罪构成要件要清楚。对犯有数罪的要依据主次罪的顺序汇报；多次犯一罪的要按时间顺序汇报；共同犯罪的则按照每名犯罪嫌疑人、被告人在犯罪中所处的地位和所起的作用来汇报。要突出犯罪事实的基本要素，重点说明犯罪构成的各个要件和情节要素。要对证据进行综合分析，说明该证据与其他证据在哪些关节点上相互印证，以证实某一犯罪事实。要具体说明本案的损害结果、社会危害后果与犯罪嫌疑人的行为有无直接、必然的因果关系。在汇报这部分内容时，可以采取案件事实与证据相对应的方法，即汇报某一事实，相应列出其证据。注意这里也包括对犯罪嫌疑人、被告人有利的证据的说明。

五是法律适用问题及相关刑事政策。应具体说明汇报案件中所涉及的法律法规、司法解释和相关刑事政策，引用法条时要完整，必要时应提供法律法规和司法解释的原文。

六是需要说明的情况。主要是综合说明审查认定的犯罪事实及证据同原办案机关或部门认定之间的差异情况，包括本案要进一步查证的问题，对案件事实、情节的认定分歧较大的问题，漏罪、漏犯问题，犯罪嫌疑人的认罪态度及辩解，辩护律师的意见及提供的证据，赃款赃物追缴及处理情况，物品价格鉴定、人身损害鉴定中存在的问题，社会各方面的意见等。

七是定性处理意见及法律依据。汇报这部分内容时，首先，要汇报承办部门内部对案件进行讨论时的争议焦点及不同意见的理由和法律依据；其次，汇报办案人的意见、理由和法律依据，这就要求承办人必须明确自己的观点、主张，不能模棱两可。同时，应汇报相关部门的意见，对外包括汇报公安机关、上级检察院、法院的意见，对内包括汇报其他部门的意见。如果是不捕案件的汇报，汇报人的意见是不批捕，要论证是否符合逮捕的条件，如果是不能达到内心确信犯罪嫌疑人实施了犯罪行为，要论证不确信的理由，要充分论证，如可分为证据能证明的事实、证据存在的漏洞两个部分，结合存疑不捕的结论论证。汇报就如同一篇论文，要说明论点是什么、论据是什么，具体汇报的内容就是论文的浓缩版。另外，在汇报的最后可以进行案件风险评估、办案风险提示，如是否会引起涉检信访、被害人救助等问题，要向检委会说明，让委员予以明确、做好判断。如一起过失致人死亡案件，被害人家属老来得子被杀，且尚未获得任何赔偿或补偿，情绪激动，有上访、信访行为或者可能，建议启动执法办案风险评估机制，拟定风险等级为较大风险案件，形成风险评估意见，制定《执法办案风险预警工作预案》，本案处理后及时将处理结果告知被害人、向其释法说理、缓解其激动情绪、告知其通过法律途径合理表达诉求等，并与控告申诉等相关部门沟通协商，做好应对处理准备工作。

（四）明确汇报要求

办案人员在向检委会汇报案件时要做到突出重点、分析难点、把握焦点，力求做到叙述事实到位，列举证据到位，论述分歧到位，阐明观点到位，分析法理到位。

1. 汇报应简明扼要、突出重点。为了使委员完整地了解情况，办案人汇报时必须全面具体，重点突出，影响到定罪量刑的重点证据、有分歧意见的证据要详细汇报，次要证据作简要说明即可，要抓住案件分歧的关键点和关键证据，着重阐述分歧意见产生的原因和理由、重要证据疑点、法律难点等，对必备要件要详细阐述，非必备情节可一笔带过，做到详略得当。如对程序性事实，如犯罪嫌疑人身份、诉讼过程、办案机关认定的事实和处理意见等，需要把握案件的特征，很多与待讨论问题无关的事实，如主体、诉讼程序、法律手续、时限等，就无须汇报，要详略得当。如主体身份中，是否系小学文化（不代表不能实施高智商犯罪）、农民（涉嫌歧视）、住址（是否在北京，有无暂住地，是否有管辖必要）、年龄（除非是未成年人），一般无须说明。

汇报证据时，证明一般情节的证据或证明相同内容的多个证据可作概括简要的介绍，对重要证据应有重点地详细介绍。阐述中，对是否构成犯罪、构成何种犯罪，不必面面俱到，要分清主次、重点。如研究某人自首问题，就要将可以认定自首的证据、到案前后经过及法律规定作为汇报的重点，具体阐述认定的理由。对未认定的原因或理由、案件事实等可以简要介绍，其他无关的证据情况、诉讼过程不必介绍。汇报时要开宗明义，尽量提炼内容，使委员能够明确汇报人汇报的内容及要解决的问题，避免做重点不清、轻重不分的流水账式汇报。

2. 汇报应要素完整、清楚准确。要素完整是指应围绕犯罪的构成要素进行汇报，事实与证据应当相互对应。案件事实要汇报全面，包括有罪和无罪的事实，也包括罪轻和罪重的事实；适用法律要汇报全面，包括程序法和实体法，也包括相应的行政法规和司法解释。要避免汇报太简略，遗漏犯罪起因、犯罪关键情节、办案人员意见、所在处室倾向性意见等内容。办案人员汇报案情要讲深、讲全、讲透，使委员们容易理解和接受，避免阐述观点不明确。汇报时语言要清晰、准确、严谨，不宜用"可能"、"大概"等比较模糊的用语，少用形象性的描述语言，多采用法律上的专业术语。

3. 汇报应层次分明、条理清晰。汇报案情是叙述的过程，提出观点是论证的过程，所以，汇报案件就是叙述案情，运用证据和法律对案件的处理提出意见的论证过程。如果汇报没有条理，逻辑不清，就可能导致汇报失败或造成委员做出错误的决定。办案人在汇报案件时要在全面分析的基础上，恰当地运用法律条文，阐明某一组证据证明了什么，证据之间在哪些方面足以印证等。对有多名犯罪嫌疑人或有多笔犯罪事实的案件，汇报时应按事实或情节分类列举组合证据，做到一事一组证，把犯罪事实和证据有机结合起来。说明证据应当分清主次，做到层次分明，先后有序，证据中的关键部分和需要证明的内容要详细分析和归纳，全面展示和证明犯罪事实。案件分析要全面，应从事实、法理多层面、多角度进行分析论证，避免简单化和绝对化。做好案件汇报的关键是思路明确，集中在所提请的问题上，有的承办人在汇报时侧重于自己的办案过程，将如何分析、如何补充、核实证据介绍的很详细，甚至反复说，来回说，这种做法虽然能够突出承办人工作的认真负责，但复杂的办案过程会扰乱检委会委员的思路，以致对本应关注的案件问题模糊化、边缘化。

4. 汇报应客观公正、实事求是。公正是司法工作的基本原则，在向不了解案件情况的检委会委员汇报案件时，更应坚持汇报的客观公正，不能凭空臆断，汇报的情况要有事实根据，审查认定的事实要以证据说话，汇报时要如实反映对犯罪嫌疑人、被告人有利的事实和证据，案件后续发展可能出现的变供、变证情况，并详细阐述与自己观点不同的意见和理由。汇报时要注意汇报的事实应有相应的证据予以支持，证明要达到一定质和量的要求，切忌为了突出自己的处理意见，自觉不自觉地在汇报时带有倾向性，回避、舍弃不利于自己观点的情形。只有全面、客观地汇报各种观点和理由，才便于检委会委员兼听则明，作出科学、正确的决策。同时，汇报时在语言表达上一定要严肃准确，切忌倾向化、情绪化。有的承办人往往侧重于说自己的观点，甚至会与委员争执，这是非常不必要，也是不礼貌的，对案件事实、问题只要客观反映即可，不要计较委员提出的问题、观点是否与自己观点一致，因为最终的决定权是由检委会委员评判决定。

5. 汇报应论证充分、以理服人。汇报的目的是要解决问题，因此需要分析、论证，客观地说，在某种程度上委员听取汇报是以承办人的事实汇报和分析论证为依据的。承办人如果不能充分、准确地论证分析，就很难为委员决策提供帮助。有的办案人在阐述案件时，经常概念化、公式化地以结论代替情节，如以"因琐事如何如何"表述案件起因，以"不能正确对待某某纠纷"代替说理，以"胆大妄为"、"目无法纪"等词语，形容犯罪动机和主观恶性，貌似指控有力、观点鲜明，实则给人以空洞感。办案人在汇报案件时应加强说理，做到有理有据。说理是司法工作的灵魂，是将案件事实和结论联结在一起的纽带，说理充分，是结论具有正当性和说服力的不可或缺的来源和根据，是制约检察官独断专行的重要方式，说理不到位的汇报是无法使人信服的。办案人应紧紧围绕案件的难点和疑点充分展开分析和说理，以充分的理论依据和严谨的逻辑论证来阐明自己的观点，做到有理有据，观点鲜明，分析透彻，说服检委会委员支持自己的观点和结论。

（五）常见汇报类型的汇报方法

1. "批准逮捕类案件"汇报方法

批准逮捕案件最核心的问题是关于"逮捕必要性"的认定，因此，应当围绕这个核心组织汇报材料，这就要求重点汇报犯罪嫌疑人的基本情况，包括犯罪嫌疑人的姓名、性别、年龄、职业或单位、住址、对犯罪嫌疑人、被告人所采取强制措施的单位、强制措施种类、日期及羁押处所、是否受过刑事处罚及罪名、危险性、刑种、刑期等相关情况。因为性别影响人身危险性的认定，对暴力犯罪而言，一般男性危险性高于女性；对于年龄，尤其事关法定责任年龄的临界点的，应当详细到年月日，因为这直接关系到是否构成犯罪及未成年人和老人的法律适用问题；对身份而言，一般有正式职业的犯罪嫌疑人危险性低于没有正式职业的犯罪嫌疑人；住址就更重要，因为在当地有固定住所的犯罪嫌疑人才具备采取其他强制措施的条件，而无住所的则一般不具备取保条件；受过刑事处分的犯罪嫌疑人说明其人身危险性较高，一般不具备采取其他强制措施的条件，因此，这些都是应当详细列明的。

2. "撤诉类案件"汇报方法

该类案件依法包括三类：第一类拟作绝对不起诉决定的案件，即《刑事诉讼法》第15条规定的，不认为是犯罪的六种情形。实践中多是刑事责任年龄因素，如14周岁和16周岁的不同犯罪界限，以及新的法律或司法解释出台提高入罪条件，对于该类汇报材料，重点汇报年龄认定和法律新规定即可。第二类是拟作相对不起诉决定的案件，这类案件包括本院的案件以及下级院上报的案件，司法实践中，大多是普通交通肇事案件及轻伤害和解案件，这两类案件重点汇报和解结果即可，对下级院上报的案件，应当说明下级院检察委员会意见和检察长意见。第三类是拟作存疑不起诉的案件，即证据不足，不符合起诉条件的案件。这类案件重点说明证据存疑之处，一般系关键事实无证据证明或不能排除合理怀疑。

3. "抗诉类案件"汇报方法

抗诉案件汇报的核心在于检察机关与法院对案件事实的认定和适用法律方面的差距。因此，应当围绕这个核心组织汇报材料，包括：首先汇报检察机关认定的事实或（及）适用的法律。其次汇报法院认定的事实或（及）适用的法律。再次汇报二者之间的差异及检察机关认定的事实或（及）适用的法律的依据和法院在认定事实或（及）适用法律上的错误或明显不当。如果是下级检察院提请抗诉的案件，则分别汇报两级检察机关的认定。最后附上下级检察院检察委员会意见及检察长意见。按照这种顺序汇报，对比鲜明，思路清晰，容易把握和理解。

（六）特殊汇报法

1. 图示法

用图示配合书面报告进行口头汇报，是一种经济、方便、直观的汇报形式。图示制作材料既可用白纸，也可采用可移动的黑板。制作图示要简洁，标识要明确、易辨，对于复杂的问题或内容不同的，可以将图示分解为若干图示，而不必集中在一个图示中。对于分解的图示，承办人应本着方便说明问题、更简单直观的原则来制作，切忌将图示的分解复杂化。采用图示的方式汇报要求承办人在汇报前就制作出能反映汇报中心内容的图示，如现场平面图、共同犯罪嫌疑人、被告人的关系位置及被害人位置，职务犯罪采用的手段，等等。从实践情况来讲，以黑板为载体，用粉笔，边汇报边做图示效果最佳，也更简便。缺点是不易保留，要求承办人的绘图能力较强。对于汇报中承办人使用预先制作的图标时，承办人要同时为各位委员进行讲解。应当注意的是，实践中并不是所有的案件或汇报的问题都可以借助于图示的方式来表示出来的。

实训材料

于延栋、于茜涉嫌职务侵占、伪造印章案

一、案情简介

（一）涉案的公司情况：

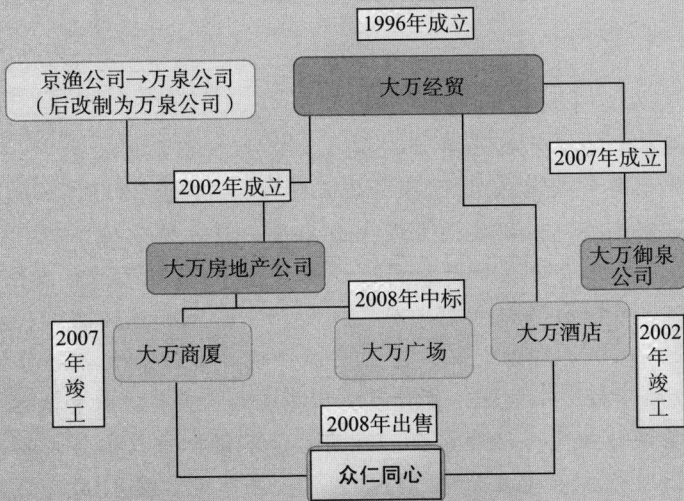

图一

（二）现有证据可以认定的基本事实

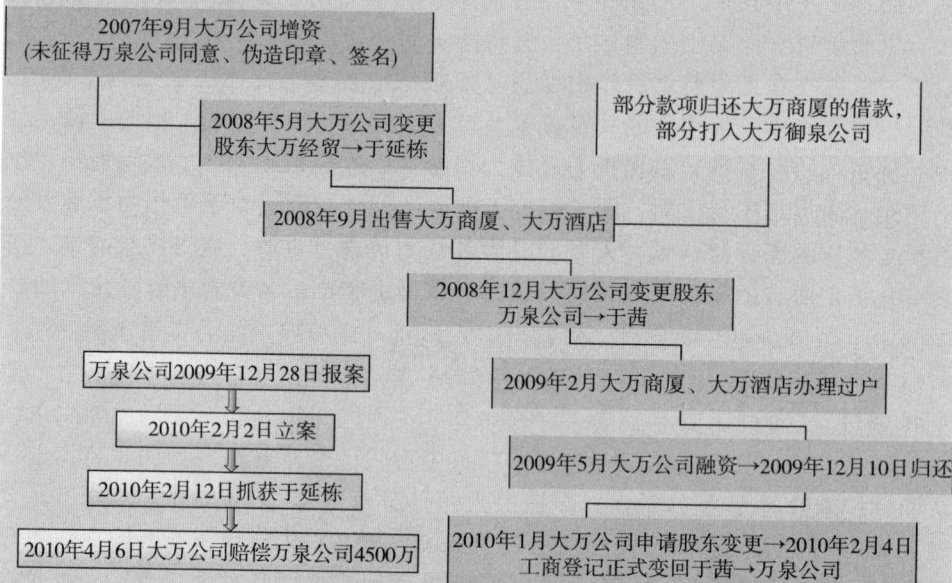

```
┌─────────────────────────────────┐
│      2007年9月大万公司增资         │
│(未征得万泉公司同意、伪造印章、签名)│
└─────────────────────────────────┘
        │
        ▼                                    ┌──────────────────────┐
┌─────────────────────────┐                  │部分款项归还大万商厦的借款,│
│  2008年5月大万公司变更    │                  │  部分打入大万御泉公司    │
│ 股东大万经贸→于延栋       │                  └──────────────────────┘
└─────────────────────────┘
        │
        ▼
┌───────────────────────────┐
│ 2008年9月出售大万商厦、大万酒店│
└───────────────────────────┘
        │
        ▼
┌─────────────────────────┐
│ 2008年12月大万公司变更股东 │
│    万泉公司→于茜          │
└─────────────────────────┘

┌───────────────────┐        ┌──────────────────────────┐
│万泉公司2009年12月28日报案│   │ 2009年2月大万商厦、大万酒店办理过户│
└───────────────────┘        └──────────────────────────┘
        │                              │
        ▼                              ▼
┌──────────────┐            ┌──────────────────────────────┐
│2010年2月2日立案 │            │2009年5月大万公司融资→2009年12月10日归还│
└──────────────┘            └──────────────────────────────┘
        │                              │
        ▼                              ▼
┌──────────────────┐        ┌──────────────────────────────────┐
│2010年2月12日抓获于延栋│      │2010年1月大万公司申请股东变更→2010年2月4日│
└──────────────────┘        │工商登记正式变回于茜→万泉公司        │
        │                    └──────────────────────────────────┘
        ▼
┌──────────────────────────┐
│2010年4月6日大万公司赔偿万泉公司4500万│
└──────────────────────────┘
```

图二

1. 涉案大万公司成立及项目开发情况

犯罪嫌疑人于延栋于 1996 年 5 月成立北京大万经贸有限责任公司，任法人代表，股东是于延栋及其女儿于茜（名义股东），后于 2000 年开发大万酒店。2002 年 1 月与京渔公司商议共同开发大万商厦，双方协议由京渔公司出地、大万经贸公司出资成立大万房地产公司，注册资金 1000 万元，大万经贸出资 750 万元，占 75%，京渔公司出资 250 万元，占 25%，于延栋任法人代表，并约定该项目按照上述比例办理房产证、分配利润，项目完成后大万经贸将用新公司名义继续开发新项目，乙方如不投资不承担其风险及项目产权和收益。2006 年 5 月 28 日股东会决议规定未经股东会一致同意，不得抵押或出售大万商厦，在确保万泉公司 2300 平方米建筑面积产权权利（含在审定方案 8100 平方米基础上应摊未摊地铁面积和公摊面积）情况下，股东会尽快研究大厦的分配方案。2007 年 10 月大万商厦完工，大万公司将其出租给福腾公司，租期 10 年，年租金 1000 万元，直至案发前大万公司均按照 25% 比例给付万泉公司租金，共计 458 万元。

2. 大万商厦出售及大万公司股权变更情况

（1）增资。2007 年 9 月 3 日大万公司在未征得万泉公司意见的情况下，采用私刻万泉公司印章、伪造股东会记录的方式进行工商变更登记，由大万经贸增资 1998 万元，股权份额由 75%，变更为 91.7%，相应的万泉公司股权份额由 25% 变为 8.3%。

（2）虚假变更股权。2008 年 5 月 15 日大万公司在未征得万泉公司意见的情况下，又采用上述方式进行工商变更登记，将股东由大万经贸公司变更为于延栋个人。2008 年 12 月 26 日大万公司又采用伪造印章、签名的方式将股东万泉公司变更为于延栋的女儿于茜。

（3）出售大万商厦、大万酒店。2008 年 9 月，于延栋在未征得万泉公司同意的情况下，与众仁同心公司商议出售大万酒店及大万商厦的情况，签署总协议，约定转让价款为 3.38 亿元，大万酒店 1.26 亿元、大万商厦 1.08 亿元、另含 1.04 亿元的清户费，并约定大万御泉公司作为合同丁方负责为众仁同心办理产权变更手续。2008 年 9 月 28 日起开始收取众仁同心支付的房款，其中的 9900 万元按于延栋的指令打入北国投，用于归还之前的融资借款，7000 万元转账至秦皇岛中院用于解封大万酒店，并将 1690 万元（2008 年 9 月 28 日）、4300 万元（2008 年 11 月 11 日）、5840 万元（2008 年 12 月 10 日）的款项打款至大万御泉公司。上述款项陆续转回大万、大万经贸公司以及相关施工方。众仁同心已给付款项共计 2.873 亿元，全部由大万公司出具发票，尚欠 5000 余万元。2008 年 12 月 23 日双方正式签署房屋买卖合同，合同金额为 2.8 亿元。

2009 年 2 月将大万商厦、大万酒店过户至众仁同心名下。大万公司并未按照合同约定进行清户工作，经仲裁自 2009 年 6 月起福腾公司将租金支付给众仁公司。

3. 大万公司相关融资借款情况

（1）向北国投融资的情况。2007 年 9 月，大万公司为开发丰台区马家堡项目，向北京国际信托有限责任公司融资 9000 万元，至 2008 年 9 月 28 日，大万公司陆续还款 1.09 亿元，其中 9900 万系众仁同心公司向大万公司购买大万商厦的钱款（2008 年 9 月 28 日由众仁同心直接汇至北国投账户）。

（2）向世欣鼎成公司融资情况。2009 年 5 月 6 日大万为开发大万广场（马家堡项目）世欣鼎成公司融资贷款 9000 万元，双方协议通过股权置换的方式作为风险保证手段。后变更工商登记，以于延栋、于茜分别转让部分股份给世欣鼎成的形式，将世欣鼎成列为股东。2009 年 12 月 10 日提前还款 1.035 亿元。2009 年 12 月 18 日世欣鼎成股权回购给于延栋，于 2010 年 1 月 4 日进行工商变更登记股东为于延栋、于茜。

（三）案发情况

1. 将股权恢复为万泉公司。2010 年 1 月 21 日大万公司采用私刻万泉公司印章、伪造签名的形式，伪造股东会决议将于茜股权转让给万泉公司，并于 2010 年 2 月 4 日进行工商变更登记，将股东变为于延栋、万泉公司。

2. 万泉公司报案及抓获情况。而在此之前，万泉公司法人汪洋在 2009 年 9 月听说于延栋在开发角门项目，为防止其将大万商厦抵押，委托律师查大万商厦的产权情况，结果发现自己已经并非大万公司股东，且大万商厦已转让。遂于 2009 年 11 月向海淀分局报案，当时海淀分局在鉴定股东会决议等文件上加盖的万泉公司印章为虚假后，告知由于管辖问题，如果起诉其他罪名，应由北京市局受理，2009 年 12 月 28 日，万泉公司向北京市公安局经侦处报案，举报于延栋、于茜有职务侵占行为。市局经侦处于 2 月 2 日正式立案。2 月 12 日在其居住地蹲守时将于延栋抓获归案，批捕部门认为应当对于茜进行追捕，故于 2010 年 4 月 8 日将于茜抓获归案。

3. 赔偿万泉公司情况。于延栋被抓获后，其家属与万泉公司于 2010 年 4 月 2 日达成协议，一次性支付万泉公司 5625 万元（包含万泉公司应缴纳的所得税 1125 万元），并于 4 月 6 日将 4500 万元打入万泉公司账户。

（四）现有证据

现于延栋、于茜否认自己有侵占公司及他人财物的故意，辩称是出于融资的需要，为避免万泉方的风险，同时也为了更加方便的融资（变成自己及女儿个人持股，方便融资公司考查，同时也不用万泉公司监管），而进行了股份变更。于延栋称整个过程都是于茜完成的，自己并不知道于茜没有征得汪洋同意，也并不知情于茜伪造了万泉公司的印章。于茜供称整个伪造的过程都是自己决定、制作的，并没有告知于延栋，只是在案发前几天，于延栋得知公安机关在进行调查，其才向于延栋承认了上述情况。

对于为何将大厦卖出后没有告知万泉公司，也未与之分割利润，于延栋辩称因为买受人众仁同心公司还未全部付清房款，尚有 15% 的余款未付，故一直没有完税，也未分配利润。对此，众仁同心提供的书证予以印证，但称是因为大万公司违约在先，未能按期履行清户工作，故未支付余款，且就违约问题已于 2010 年 3 月向二中院提起民事诉讼。

▶上述案件汇报中的图一，直观、简洁地反映了涉案 9 个公司（项目）之间的关系，配合文字说明，可令委员清晰地了解被告人控制的各个公司之间的关系，比简单用文字表述更生动、更直观。图二则是通过时间表的方式，说明了被告人增资、转款、变更股本的整个过程，辅以文字说明，用时间轴的形式展示了多个公司之间的股权关系和被告人的行为手段，更加方便委员了解案情。

2. 多媒体动画演示方式

随着科技强检的力度加大，现在不少检察院已配备了多媒体出庭示证系统，多媒体示证系统的最大优点就是可以将声音、图像、文字等汇集在一起，制作动画演示画面，具有客观、生动的特点，可以最大限度地再现犯罪过程和犯罪现场，比较全面地将案件各方面的问题反映出来。因而，笔者认为有条件的院要及早配备该系统，已配备的院要充分挖掘和发挥该系统的功能，将其运用于向检委会汇报案件上。在采用多媒体动画演示汇报的方式时，承办人仍然要制作好《汇报案件报告》，在演示过程中进行必要的提示和分析，以保证演示汇报的效果，使各位委员对所要讨论的内容和问题有一个更加清晰、准确的认识。承办人在制作演示动画时应注意所演示的顺序、内容要与《汇报案件报告》、口头汇报一致，要有系统性、层次性，围绕问题逐步进行演示。

实训材料

简章洪、简剑光、徐建军、简清河、简国强诈骗案

需要讨论的问题：对于东城检察院提出抗诉的简章洪、简剑光、徐建军、简清河、简国强诈骗案是否支持抗诉，抗诉主要针对最后两被告人简清河、简国强是否应对其他被告人的行骗数额负责。

一、原审被告人（上诉人）基本情况

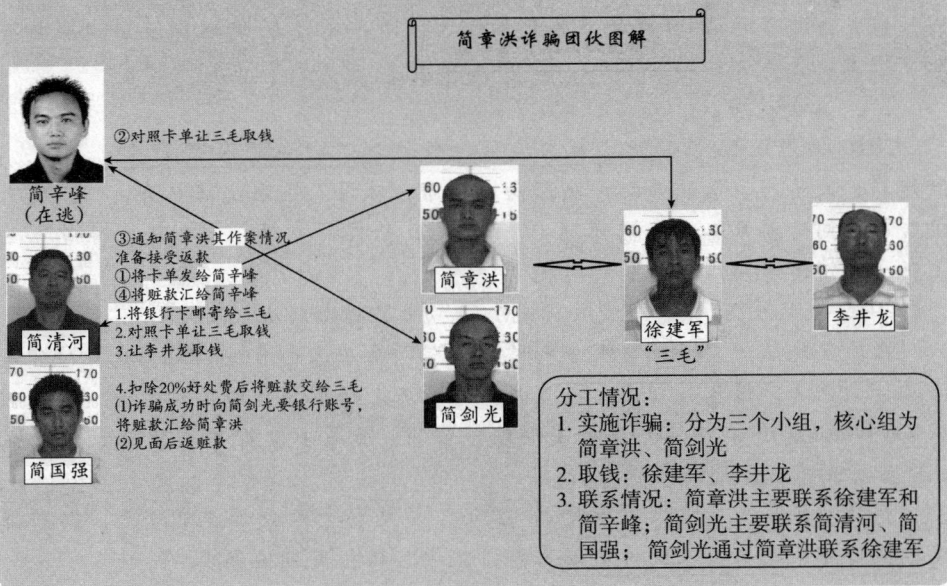

简章洪诈骗团伙图解

②对照卡单让三毛取钱

简辛峰（在逃）

③通知简章洪其作案情况准备接受返款
①将卡单发给简辛峰
②将赃款汇给简辛峰
1.将银行卡邮寄给三毛
2.对照卡单让三毛取钱
3.让李井龙取钱

简清河

4.扣除20%好处费后将赃款交给三毛
(1)诈骗成功时向简剑光要银行账号，将赃款汇给简章洪
(2)见面后返赃款

简国强

简章洪

简剑光

徐建军 "三毛"

李井龙

分工情况：
1. 实施诈骗：分为三个小组，核心组为简章洪、简剑光
2. 取钱：徐建军、李井龙
3. 联系情况：简章洪主要联系徐建军和简辛峰；简剑光主要联系简清河、简国强；简剑光通过简章洪联系徐建军

原审被告人简章洪，男，26 岁（1984 年 5 月 7 日出生），汉族，出生地福建省南靖县，初中文化，农民，住福建省南靖县书洋镇枫林村上村 41 号；2007 年因犯诈骗罪被判处有期徒刑 2 年，并处罚金人民币 1 万元，2008 年 12 月 28 日刑满释放；因涉嫌犯诈骗罪于 2009 年 7 月 8 日被羁押，同年 8 月 13 日被逮捕；现羁押在北京市东城区看守所。

原审被告人（上诉人）简剑光，男，24 岁（1986 年 3 月 30 日出生），汉族，出生地福建省南靖县，初中文化，农民，住福建省南靖县书洋镇枫林村上村 31 号；因涉嫌犯诈骗罪于 2009 年 7 月 8 日被羁押，同年 8 月 13 日被逮捕；现羁押在北京市东城区看守所。

原审被告人徐建军，男，35 岁（1975 年 2 月 12 日出生），汉族，出生地辽宁省海城市，初中文化，农民，户籍所在地：辽宁省海城市毛祁镇付家沟村 118 号；2005 年因犯故意伤害罪被判处有期徒刑 5 年，2009 年 2 月 28 日刑满释放；因涉嫌犯诈骗罪于 2009 年 7 月 9 日被羁押，同年 8 月 13 日被逮捕；现羁押在北京市东城区看守所。

原审被告人简清河，男，46 岁（1964 年 2 月 22 日出生），汉族，出生地福建省南靖县，初中文化，农民，住福建省南靖县书洋镇书评街 42 号（户籍所在地：福建省南靖县书洋镇高溪村清水塘 79 号）；因涉嫌犯诈骗罪于 2009 年 7 月 8 日被羁押，同年 8 月 13 日被逮捕；现羁押在北京市东城区看守所。

原审被告人简国强，男，24 岁（1986 年 2 月 23 日出生），汉族，出生地福建省南靖县，初中文化，农民，住福建省南靖县梅林镇坎下村粗角 45 号；因涉嫌犯诈骗罪于 2009 年 7 月 8 日被羁押，同年 8 月 13 日被逮捕；现羁押在北京市东城区看守所。

二、诉讼过程

2010 年 2 月 26 日，北京市东城区人民检察院以被告人简章洪、简剑光、徐建军、简清河、简国强犯诈骗罪向北京市东城区人民法院提起公诉。认定五被告人共同行骗 6 起，犯罪数额 177500 元，指控简章洪、简剑光、徐建军为主犯，简清河、简国强为从犯。

2010 年 4 月 20 日，东城区人民法院对此案作出判决。

东城法院认为，五被告人分别结伙行骗。被告人简章洪、简剑光、徐建军诈骗数额巨大，情节特别严重；被告人简清河、简国强诈骗数额较大。对五被告人全部依据《中华人民共和国刑法》第 25 条第 1 款即共同犯罪，未分主从。鉴于简章洪、徐建军是累犯。

判处：被告人简章洪有期徒刑 12 年，并处罚金人民币 12000 元，与前罪尚未执行完毕的罚金人民币 1 万元并罚，决定执行有期徒刑 12 年。

被告人简剑光犯诈骗罪，判处有期徒刑十年，并处罚金人民币一万元。

被告人徐建军犯诈骗罪，判处有期徒刑十一年，并处罚金人民币一万一千元。

被告人简清河犯诈骗罪，判处有期徒刑二年，并处罚金人民币二千元。

被告人简国强犯诈骗罪，判处有期徒刑二年，并处罚金人民币二千元。

2010年4月30日，东城区人民检察院提出抗诉。主要认为五被告人虽然分别结伙实施诈骗，但还是紧密结合的犯罪团伙，简清河、简国强应对全案数额177500元负责。

三、本案事实

以上五被告人还有另一在逃的叫简辛峰的分别结伙实施电话诈骗犯罪活动。一告简章洪与二告简剑光为一组在厦门行骗；四告简清河与五告简国强为一组在福建农村老家行骗；另在逃的简辛峰与他人结伙也在福建农村某地行骗。而三告徐建军远在东北，曾是一告简章洪的狱友，主要就是负责用简章洪邮寄来的银行卡为在福建行骗的以上三个组提取被害人汇来的钱款，扣除20%或30%提成后，汇给在厦门的简章洪、简剑光，再由简章洪、简剑光扣除购买银行卡的费用后，给实施诈骗的某一组全部汇回。如是简辛峰一组骗成的就汇给简辛峰，如是简清河和简国强骗成的就汇给简清河与简国强，赃款最终被这个小组的成员均分，其他组的人员不参与分赃。

事实上，在厦门的简章洪与简剑光一组虽然也分工实施着打电话行骗活动，但这一组对于在农村行骗的简清河、简国强和在逃的简辛峰两个组，就是充当取款人的角色。三个组只分配自己组骗得的赃款。

在此情况下，2009年7月6日至8日，三组分别实施诈骗6起。其中，简章洪、简剑光一组为其他两组转款5起，独立分工行骗1起，共参与诈骗6起数额为177500元；徐建军参与转款5起数额为168000元；简清河、简剑光一组成功实施诈骗1起数额为15000元。另在逃的简辛峰一组成功实施诈骗3起数额为143000元。

具体如下表所示：

序号	时间	被害人	金额	作案人及分工
1	2009.7.6	陈南萍	9500	简章洪、简剑光（拨打电话、取钱）
2	2009.7.6	杨激	83000	简章洪、简剑光（提供账号、中转钱款） 简辛峰（拨打电话） 徐建军（取钱）
3	2009.7.7	陈丽	10000	简章洪、简剑光（拨打电话、提供账号） 徐建军（取钱）
4	2009.7.7	张唯贞	40000	简章洪、简剑光（拨打电话、提供账号） 简辛峰（拨打电话） 徐建军（取钱）
5	2009.7.8	孙刚	20000	简章洪、简剑光（提供账号、中转钱款） 简辛峰（拨打电话） 徐建军、（取钱）
6	2009.7.8	杨福成	15000	简清河、简国强（拨打电话） 简章洪、简剑光（提供账号、中转钱款） 徐建军（取钱）

四、本案要讨论的主要问题

五被告人与在逃的一组能否视为一个紧密的共同犯罪团伙？唯有如此才能使各被告人对全案 6 起共 177500 元的犯罪数额负责。也就是一审检察机关抗诉提出的要求四告简清河、五告简国强为全案数额负责的观点能否成立？

对于以上问题，我们审查后同意一审法院的认定，即各组是相互独立的犯罪团伙，由于一、二告和徐建军的取款、转款行为而串联在一起，是松散的结合，不能作为一个紧密的整体看待。对此，应从数被告人是否具有共同预谋和共同分赃行为来考察。是否共同分赃通过前面的事实叙述，我们已经得出否定结论。对于是否五人共同预谋，我们审查后也是否定的。

根据简清河、简剑光、简国强供述证实：简清河因曾在从事电话诈骗的公司干过，了解此种诈骗手段，又因其为简剑光的岳父，故而简清河早在 2009 年四五月间便纠集了简剑光和简国强成功的实施过一次电话诈骗（因证据不足未予认定）。据简清河供述虽然其找的取款人"阿北"将赃款给了其，但因其未告知简剑光、简国强，使简剑光、简国强二人认为"阿北"将钱私吞，导致简剑光决定离开简清河，前往厦门与简章洪结伙诈骗。简清河、简剑光供述，在简剑光前往厦门时，二人达成协议，就是若简清河在老家打电话诈骗成功，由简剑光向简清河提供账号并帮助取款。之后，简清河带领简国强始终在老家行骗，没有与简章洪、简剑光再次就如何行骗进行过预谋。从犯意形成的时间上看，简清河要早于简剑光；从作用上看，简剑光第一次实施诈骗还是被简清河纠集的，因为没能分到赃款才去厦门与简章洪结伙。因此，起诉书指控"简章洪、简剑光于 2009 年 5 月共谋后……分别纠集简清河、简国强等人进行诈骗"的事实有误。

根据供述证实：在简清河与简国强二人共同实施的打电话诈骗过程中，二人相互配合不分主、从，故原判纠正公诉机关认定二人为从犯的指控并无不当。

另外，一审检察机关认为五告简国强曾帮助简章洪联系购买过用于提取赃款的银行卡，因此简国强应对全案数额负责。

对此，我们审查后认为也不能据此认定简国强应对全案数额负责。理由是：虽然简国强明知帮助简章洪购买的银行卡是用于诈骗的，但其与简清河的诈骗所得也要通过这些卡取现。至案发时，公安机关还起获了多张银行卡，因一张卡只使用一次，起获的必是未用的卡，而现有证据亦无法认定简国强帮助联系购买了哪几张银行卡，以及这些银行卡是否已全部用于犯罪和通过这些卡转移赃款的数额是多少。故此，尚不能因简国强具有帮助联系购卡的行为，就让其对他人的诈骗所得负责。

五、审查意见

一审判决根据简清河、简国强共同实施诈骗的数额15000元，认定二人诈骗数额较大，判处其二人有期徒刑2年，认定准确量刑适当，一审检察机关的抗诉理由不能成立，建议撤回抗诉。

实训材料

杨礼太、王镇铭诈骗案

提交目的：王镇铭是否应存疑不诉

一、犯罪嫌疑人的基本情况及诉讼过程

犯罪嫌疑人杨礼太，男，年龄57岁（1951年6月30日），汉族，小学文化程度，无业，江西人。

犯罪嫌疑人王镇铭（曾用名：王振明），男，年龄40岁（1967年12月4日），汉族，初中文化程度，无业，内蒙古人。

犯罪嫌疑人杨礼太因涉嫌犯诈骗罪，于2008年4月16日被东城分局刑事拘留，经本院批准于2008年5月23日被逮捕；犯罪嫌疑人王镇铭因涉嫌犯诈骗罪。于2008年6月12日被东城分局刑事拘留，因证据不足未被批捕，于2008年7月17日被取保候审。

北京市公安局东城分局以杨礼太、王镇铭涉嫌诈骗罪于2008年8月22日移送我院审查起诉。其间，退回补充审查1次（2008年10月7日退回，2008年11月7日补充侦查完毕）；提请延长审限（2008年9月23日至2008年10月7日）。

二、依法审查后认定的事实及证据

犯罪嫌疑人杨礼太、王镇铭自称由海南南疆工程有限公司董事长田燕书任命为该公司驻北京办事处的经理、副经理，并承租王府井大街利生体育商厦910房间作为办公地点，田燕书否认曾雇用二人以及在京设立办事处一事。

王镇铭与被害人李友章相识，李友章曾向其说起想为其子办理进入北京公检法系统工作之事，王镇铭遂与杨礼太说了此事，杨表示自己有办法帮助办理，经王镇铭联系后双方见面，杨礼太称此事需要15万元，并于2007年6月25日，在其办公室收取李友章5万元，杨在收条上签字，王镇铭作为保证人也签字。后经李友章多次催促，杨礼太仍未履行承诺，并于2007年9月25日以索要指标费用为名，再次向李友章索要人民币3万元，并让司机去李友章住处取回，由杨礼太出具了收条，同时王镇铭向李友章借款一万元，并出具借条。后因杨礼太仍未履行承诺，并将联系方式变更、与李友章断绝联系。2008年5

月王镇铭委托他人将8万元归还李友章。2008年3月21日被害人李友章报案至东城分局，于4月16日杨礼太被抓获，经网上追逃，于6月12日将王镇铭抓获。

现有证据情况：

被害人李友章证实经王镇铭介绍认识杨礼太，对方称可帮助办理子女工作，并向其先后索要8万元费用，但最后未能办成；杨礼太对此供认不讳，并有相关的收条、字迹鉴定结论等予以印证，但称向樊梅英进行过请托，但最终没有办成，樊梅英否认自己曾答应帮助杨礼太办理此事，并称自己没有能力且当即予以拒绝、没有收受任何好处；杨礼太另称该起事实系王镇铭策划，是出于单位经营目的而骗取财物，对此王镇铭予以否认，称对杨礼太是否有能力办事仅是听杨本人承诺，并非为单位利益，也没有与杨进行共谋。

三、承办人意见

本案证据可以证实杨礼太虚构事实、骗取他人财物的事实，但认定王镇铭共同诈骗的证据不足。

首先，关于二人共谋的证据不足。杨礼太一直辩称系与王镇铭共同商议为公司经营而骗取他人钱财，并称此系王的提议，而王镇铭否认此节，称系杨礼太自称能为他人办事后，方介绍被害人与之认识的，与公司经营无关。

其次，对第二次索要钱款的主要犯罪情节证据不足。杨礼太仍供称第二次索要钱款仍是为了公司经营，并经王镇铭提议才实施的；而王镇铭则称系杨礼太说指标费已经下来，索要的指标费3万元，被害人仅能证实王镇铭对其称指标费3万元一节，并有杨礼太本人书写的收条为证，无法证实此节是否二人共谋所为。

最后，对杨礼太所称的骗钱动机是为了单位所用，此节也没有其他证据予以证实，因此在证据一对一的情况下，不足以证实王镇铭参与了共同诈骗的同谋，认定王诈骗的证据不足，但现有证据可以认定杨礼太实施了虚构事实、骗取他人财物的行为，而王镇铭诈骗证据不足，应当存疑不诉。

二、人民监督员会议审议案件的汇报

推行人民监督员制度，是贯彻落实中央决策部署、深化检察体制和工作机制改革的一项重要任务，对于发展和完善中国特色社会主义检察制度，保证检察机关依法独立公正行使检察权，更加扎实有效地做好新形势下的各项检察工作，具有十分重要的意义。最高人民检察院早在2003年就出台了有关人民监督员制度的试行规定，在长达七年的试运行之后，于 2010 年出台了正式的《最高人民检察院关于实行人民监督员制度的规定》，标志着人民监督员制度作为检察机关接受外部监督的一项重要制度正式确立。人民监督员会议主要审议的是检察机关办理直接受理立案侦查案件，这些职务犯罪案件由于侦查的特殊性、证据的特殊性，同时人民监督员会议往往是检委会作出决定之前或之后的一个衔接程序，人民监督员的外部监督身份的特殊性，决定了人民监督员会议案件汇报有自己的特点和规律。

（一）人民监督员审议案件范围

根据《最高人民检察院关于实行人民监督员制度的规定》，人民监督员对人民检察院办理直接受理立案侦查案件的下列情形实施监督：

1. 超期羁押或者检察机关延长羁押期限决定不正确的。实践中，检察机关在办理直接受理案件中还存在"雷声大雨点小"的案件，也就是最初侦查的时候涉案数额非常大，但到最后起诉时数额非常小，往往会造成不好的社会影响，因此对此类案件要加大羁押必要性的审查。按照刑事诉讼法等有关规定，逮捕的条件是有证据证明有犯罪事实，可能判处徒刑以上刑罚，且采取取保候审、监视居住等方法尚不足以防止发生社会危险性，而有逮捕必要的。只有符合上述全部条件的，才可以对犯罪嫌疑人进行逮捕。是否有证据证明有犯罪事实，以及采取取保候审、监视居住等方法是否足以防止发生社会危险性。为了严格自侦案件的审查逮捕制度，最高人民检察院出台了自侦提捕上提一级的制度，即对于省级以下检察机关查办的案件，是否批准逮捕以及逮捕的延长都要由上一级人民检察院的审查批捕部门决定，而且实践中自侦案件的逮捕率一直远远低于普通刑事案件，这些都使人民监督员会议受理因逮捕决定不当而提请监督的案件范围比较小。例如，国有企业干部曾某受领导指派，为单位员工办理本公司保险业务中，用单位的福利为公司领导及自己购买养老保险，其个人也支付了部分保险费。人民监督员在听取案情、了解证据后认为，曾某的行为不构成贪污罪，不同意对曾某的逮捕决定。但区检察院仍维持对曾某的逮捕决定，为此，人民监督员提请复核，上级检察机关最终采纳人民监督员的意见，以"现有证据证明曾某构成贪污罪依据不足"为由，撤销了对曾某的逮捕决定。

2. 拟撤销案件的。根据刑事诉讼法和《人民检察院刑事诉讼规则》等有关规定，检察机关作撤销案件的条件是：具有《刑事诉讼法》第 15 条规定情形之一的；没有犯罪事实的，或者依照刑法规定不负刑事责任和不是犯罪的；虽有犯罪事实，但不是犯罪嫌疑人所为的。由此可以看出，对于具有《刑事诉讼法》第 15 条规定情形的而撤销案件的，主要涉及一些法律适用的问题。

对于没有犯罪事实或虽有犯罪事实而不是犯罪嫌疑人所为，应撤销案件的，这基本上是对案件事实的判断，较少涉及法律适用问题。对于依照刑法规定不负刑事责任和不是犯罪的，在实践中会存在一些疑难案件，涉及法律适用的成分多一些。往往是汇报的难点。

3. 拟不起诉的。根据刑事诉讼法的规定分为三种情形，一是绝对不诉，即符合《刑事诉讼法》第 15 条规定情形之一的，检察机关应当作不起诉决定。二是存疑不诉，即经补充侦查仍证据不足不符合起诉条件的，检察机关应当作出不起诉决定。三是相对不诉，即对于犯罪情节轻微，依照刑法规定不需要判处刑罚或者免除刑罚的，可以作出不诉决定。对于绝对不诉，如前对撤销案件所述中谈道，是单纯的法律适用问题，只要汇报清楚有关法律规定，以及本案与之对应的事实即可。对于存疑不诉，主要涉及对证据的真实性和事实的认定问题，涉及证据的把握，以及"排除合理怀疑"标准的掌握问题，汇报时应注重说明证据存疑之处。对于相对不诉案件，其前提是犯罪嫌疑人已构成犯罪，因此其法律适用问题实际上已基本解决，对于是否拟作不诉决定，实际上是对犯罪情节是否轻微的判断，是对案件对社会产生的危害程度的判断，对社会危害程度的判断有赖于社会的价值评判，而不仅是司法判断的问题，要充分说明案件社会危害性大小的认定，以确保案件的正确处理。如在办理一起玩忽职守案时，区检察院认为证据不足，拟撤销案件，汇报后，人民监督员认为可以定罪起诉，但意见未被区检察院采纳，即提出复核，上级检察机关复查后，认为此案定罪依据不足，既不同意区检察院的决定，也不支持人民监督员的意见，认定不予起诉。就人民监督员提出的有关法律适用疑问，检察官就渎职类案件法律适用比较疑难、复杂的条文缕析，客观公正地摆事实、讲道理，最终人民监督员表示理解和认同。

4. 对其他违法情形进行监督的。包括应当立案而不立案或者不应当立案而立案的，违法搜查、扣押、冻结或者违法处理扣押、冻结款物的，应当给予刑事赔偿而不依法予以赔偿的，检察人员在办案中有徇私舞弊、贪赃枉法、刑讯逼供、暴力取证等违法违纪情况的。上述四种情形在实践中主要是人民监督员在自己日常工作中的发现，或是人民监督员因私人关系被告知，甚至是一些不相识的涉案人员家属的举报。从某种程度上讲，人民监督员起到了"举报中心"的效果。监督事项多属于程序问题，承办人在答复人民监督员监督议案时，可以直接就所监督事项进行解释，不需要进行正式、详尽的案件汇报程序，但释法说理也是必要的，需要用合法、合理的语言，对监督事项进行说明，对人民监督员不服答复向上级检察机关申请复核的，上级检察机关要全面核实案件情况，对是否同意下级院所作的决定向人民监督员进行充分的说理。

（二）人民监督员会议汇报中的常见问题

1. 非亲历性甚至不阅卷，仅听取案件汇报的监督程序，使监督效果更加依赖于承办人的案件汇报水平。根据最高人民检察院《关于实行人民监督员制度的规定》，案件监督工作应当依照下列步骤进行：（1）人民监督员办事机构向人民监督员提交拟处理决定（意见）书、主要证据目录、相关法律规定及有关材料；（2）案件承办人向人民监督员介绍案情，说明拟处理决定（意见）的理由和依据；（3）案件承办人回答人民监督员提出的问题；（4）人民监督员进行评议和表决。由此也决定了各地人民监督员监督案件的方式，基本上是以审理检察机关报送的书面材料为主，兼以听取承办人的案件汇报，与涉案的犯罪嫌疑人、被害人以及负责案件的工作人员缺少直接接触，很难直观地了解全部案情而实施监督。人民监督员在监督中直接接触不到案卷材料，案件承办人向监督员介绍案情时往往不一定全面，致使监督在相当程度上流于形式，这也使得人民监督员与检察机关在认识上出现"高度一致"。据统计，2003—2010 年的试点期间，全国人民监督员共监督检察机关拟撤销案件、拟不起诉和犯罪嫌疑人不服逮捕"三类案件"共 32304 件。其中不同意检察机关拟处理意见的 1635 件，检察机关采纳 1054 件，也就是说只有 5% 的案件人民监督员提出了与检察机关不同的意见，只有 3% 的案件最终按照监督员的否定意见处理，其余 97% 的绝大部分案件还是按照检察机关的处理决定进行的。这一方面说明人民检察院的案件处理绝大多数得到人民监督员的支持；另一方面也说明人民监督员在履行职责的过程中不能形成自己独立的看法，出现随帮唱影、人云亦云的做法。

2. 听取汇报主体的非专业化以及与被立案对象的同背景化，也容易导致案件汇报更加关注情理，忽视法理。虽然人民监督员制度设立的初衷是通过大众化的参与提高外部监督效力，但无论是监督员的选任还是监督员的自身素质，都使监督更像被调查对象的同类客体之间的行为。对于人民监督员是否应当具备一定的法律知识、应当具备何种程度的法律知识，在实践及理论界均存在关于人民监督员任职条件"精英化"或"大众化"的争议。人民监督员制度试行之初，最高人民检察院在《关于实行人民监督员制度的规定（试行）》（2003 年 9 月 2 日颁布）中规定人民监督员应当"公道正派，有一定的文化水平和政策、法律知识"。最高人民检察院现行的《关于实行人民监督员制度的规定》（2010 年 10 月 29 日颁布）在前述条件的基础上修正规定人民监督员应当"公道正派，有一定的文化水平"。删除了对人民监督员具备法律知识的硬性规定，使得人民监督员的任职条件更加倾向于"大众化"的要求，符合人民监督员制度的立法本意。而在实践操作中，根据相关调研，笔者发现这条人民监督员"大众化"的道路仍面临一定程度的挑战。例如，根据学者在 SH 省的调研，"在选任工作启动之前，人民监督员办公室一般会与省商务厅、国资委、工会、妇联、SH 大学、卫生系统、S 煤集团以及电力、移动等公司等机关、团体、企事业单位取得联系，商请由以上单位推荐人民监督员的人选。因而，以上单位所推荐的人选最终构成了本届省人民监督员的主力军"。① 这种人民监督员的推荐渠道所造成的直接结果便是：这些"国字号单位"的工作人员以及国家公务员群体构成了人民监督员的主要力量，而反观人民监督员会议的受理范围都是检察机关自侦案件，犯罪主体基本上都是国家工作人员或者国有企事业单位的人员，二者在身份、背景上的高度一致，不可避免地会产生"勿伤同类"的监督结果。

3. 忽视人民监督员外部监督身份，汇报时过于强调案外因素。人民监督员制度设置的初衷就是防止检察机关查办自侦案件自说自话、缺乏外部监督，所以无论是监督员的选任还是监督范围的选择，都是强调对检察机关容易一言堂的环节加强外部监督，但很多承办人在汇报案件时，不注重从法律、程序、社会效果等方面加强理由的阐述，而是强调案外因素，如纪委协调、上级有指示等，甚至将这些案外因素作为影响案件处理方向的决定因素。这种汇报方式，很容易引起人民监督员的反感，使其对检察机关"独立行使检察权"的中立、客观立场持怀疑态度，从而逆反性地认为，只要不同意检察机关的意见就是在坚持法律，导致提请事项被否定，汇报效果不好。

（三）人民监督员案件汇报的方法与技巧

人民监督员案件汇报通常采取书面汇报和口头汇报相结合的方式。书面汇报由拟处理意见书、主要证据目录、相关法律规定及有关材料三个部分组成，必须做到书写规范、陈述清晰、证据全面、引用法律准确。在口头汇报中，则要求办案人对人民监督员有问必答。对个别存在争议案件和重大案件，有时还需要自侦部门和公诉部门一同参加汇报工作。对于"三类案件"，② 人民监督员的介入是刚性的，一旦办案部门遇到以上情形就必须告知人民监督员办公室以启动人民监督员的个案监督。部门通常不会将案卷移交，出于案件的保密性，只会将大致的案情书面通知人民监督员办公室。人民监督员办公室选定人

① 陈卫东、孙皓：《人民监督员制度运行调研报告》，载《国家检察官学院学报》2011 年第 10 期。
② 即《最高人民检察院关于实行人民监督员制度的规定》中规定的超期羁押或检察机关延长羁押期限决定不正确的、拟撤销案件的、拟不起诉的三类案件。

民监督员后，告知各方具体时间、地点。评议当天，办案人员会携带案卷向人民监督员进行汇报，汇报的内容主要包括了案件来源、案件事实、拟处理的意见等。此外，案件的承办人员须就主要的证据及相关的法律规定向人民监督员进行详尽的阐释。在此期间，人民监督员可向案件承办人提出自己的问题，承办人必须回答。在办案人员汇报之后，人民监督员在主持人的组织下开始闭门评议，无论是办案部门还是人民监督员办公室的工作人员都不得旁听。评议后，形成表决意见，制作《人民监督员表决意见书》，并说明表决情况、结果和理由。可以看出，人民监督员作出决定的主要依据就是案件承办人制作的汇报材料和现场汇报，汇报的方式是否得当、汇报的内容是否客观全面，直接影响人民监督员的处理意见。

1. 汇报材料的制作

（1）在实体上强化事实证据的表述。一是制作"三类案件"的拟处理决定书中，叙述案件事实应尽量情节化，实践中承办人习惯于按犯罪构成要件简练地叙述案件事实，后面再附大量的证据摘录佐证。这种案件审结报告式的写法，一般要通过阅看摘录的证据内容，才能判断出完整的案情经过，给人民监督员熟悉案情带来不便。承办人应根据证据分析和归纳，直接将案件事实的前因后果、来龙去脉交代清楚，这就是所谓"案件事实情节化"。在引用证据时可提炼、概括其原意。二是制作"阅卷摘录"，详细摘录涉及认定案件事实的主要证据内容，力求证据原本翔实、客观真实，可采用列表形式使案件事实（情节）和与之相对应的证据及适用法律条款一一列出，向人民监督员提供内容翔实、层次分明、条理清楚、一目了然的案件情况，让人民监督员通过审阅近似原始证据的内容，能够快捷、全面地掌握案件事实。三是制作"案件汇报提纲"，详细阐述认定事实、法律适用及拟处理意见的理由。四是对于那些事实复杂或证据认定疑难的案件，可采用图表法辅助审查，将案件中涉及的如资金票据流向、经济业务往来、国企改制过程中企业性质的演变、职务犯罪主体身份的演变等情况制成图表，甚至可以将认定情况附在图表上，供人民监督员审查事实时参考。

（2）在程序中强化"事实审"功能。对监督评议案件程序，在"汇报案件"前，单独设立"审阅材料"环节，让人民监督员先对拟处理决定书、主要证据目录、案件汇报提纲等全部案件材料进行审查，参加监督的人民监督员可以对案件事实互相讨论，并列出拟在听取案件汇报阶段提出的问题。如果需要查阅原始证据、复核有关事实情节的，人民监督员可以当场通过案件承办部门查阅。在时间安排上，可根据案情的复杂疑难程度，将"审阅材料"阶段与案件监督评议会议中的"案件汇报"阶段分离或合并。其中案件复杂的，可以将审阅材料工作提前进行。当然，在后面的"案件汇报"阶段中，人民监督员可以通过提问来加强对案件事实的审查。甚至在评议表决阶段，如果人民监督员对事实情节还有疑问的，仍可返回到前面的程序，或者要求承办人到场说明。①

2. 常见案件汇报方法

（1）拟作不起诉决定案件汇报。拟作不起诉案件通常分为存疑不诉、相对不诉和法定不诉三种，根据提出机关来看，有侦查机关移送不起诉的案件，经公诉部门审查后同意侦查机关的意见，也有侦查机关移送起诉的案件，公诉部门审查后认为证据存疑或者情节轻微或者由于法律、政策原因不构成犯罪的，从而拟作不起诉处理。无论是哪种不起诉，汇报人都要围绕作出不诉的理由从法律规定、案件事实、社会效果等方面进行充分论证。一是存疑不诉的汇报，主要是审查起诉阶段证据发生了变化，出现了证人翻证、被告人翻供等情况，汇报人需要就证人翻证、被告人翻供的合理性、是否还有其他证据能够印证、本案证据是否确实充分等角度进行详细论证，说明指控有罪的证据标准，结合案件事实指出未达起诉标准的原因。在汇报中对关键事实、关键证据应当详细汇报，对法律规定、程序问题等与待处理问题不太相关的，都可略过。

如陈某涉嫌挪用公款案拟不起诉案，犯罪嫌疑人陈某，男，原江苏某公司总经理。陈某在担任总经理期间，应高某某之托，于2001年11月16日，与时任公司副总经理的严某，以二人的个人名义向公司各借款5万元人民币，并由公司的财务部门将此款共计10万元汇入高某某的银行卡账户上，供高个人使用。犯罪嫌疑人陈某还应祁某某之托，于2002年8月16日将公司的40万元人民币以往来款的名义，汇往与公司无业务往来的深圳某经营部，全部提现后，将此款借给祁某某，用于祁还购房贷款。2003年4月9日，犯罪嫌疑人陈某将此款归还公司。在审查起诉期间，犯罪嫌疑人陈某辩解，其借给祁某某的40万元系自己以个人名义向公司借的款，并有借款单，但本人又无法提供，侦查人员也未收集到此书证。另外，该公司董事长刘某某关于40万元借款陈某有无向其汇报的证言发生了变化，公诉部门经过两次退回补充侦查，认为认定陈某挪用公款的证据仍然不足，不符合起诉规定，依照《中华人民共和国刑事诉讼法》第140条第4款的规定，同年11月对陈某拟作存疑不起诉处理。经报分管检察长批准，启动人民监督员程序。同年11月2日，人民监督员办

① 项谷：《人民监督员监督案件之实务研究》，载《国家检察官学院学报》2007年第1期。

公室根据规定，依照排序的方式，在本院9名人民监督员中确定5名人民监督员，组成监督小组，于11月9日对陈某案件进行监督。5位人民监督员在评议过程中，提出的主要问题是犯罪嫌疑人陈某挪用40万元公款后到底有无向董事长汇报。承办人向人民监督员解答，因为该案的主要证人刘某某的证词发生了变化，前后说法不一，后面的补充材料说明陈某在挪用公款以后，曾向其汇报过此事。5位人民监督员形成3种监督意见：（1）有3人同意对犯罪嫌疑人陈某作存疑不起诉处理；（2）1人认为应该作相对不起诉处理；（3）1人认为不作犯罪处理也可以。根据少数服从多数的原则，最后监督小组同意对陈某作存疑不起诉处理。2005年11月14日，该院检察委员会经研究，决定采纳人民监督员的监督意见，对犯罪嫌疑人陈某作存疑不起诉处理。次日，该院人民监督员办公室向参加监督案件的5位人民监督员反馈了该院的处理决定，人民监督员均表示同意。

二是相对不起诉的汇报。相对不起诉是检察机关行使裁量权，宽严相济刑事政策的一种体现，在适用于自侦案件时，要严格把握不起诉的条件，防止出现因为被告人主体身份特殊而"刑不上大夫"的现象，后者往往是人民监督员监督的重点，故在汇报中要讲清认定犯罪情节轻微的理由，有时可以将类似行为的处理情况（相关判例）加以列举，方便人民监督员了解此类行为的惯常处理，切忌强调案外因素，如系政法委协调、涉案单位希望不处理等，注意体现检察机关办案的独立性和客观性。

如王某、王某某失职致使在押人员脱逃案拟不起诉案，2005年3月15日，犯罪嫌疑人王某、王某某（原均系某监狱管教警察）接受单位安排，负责值班看管因伤住院治疗的被判处10年有期徒刑的犯人陈某某。两犯罪嫌疑人自接受看管任务后，工作不负责任，认为犯人陈某某手指受伤，又有脚铐铐住，不会出事，多次双人脱离值班岗位，使陈处于无人看管状态。2005年4月1日下午6时许，两犯罪嫌疑人在当班期间，又擅自将陈某某独自留在病房，同时离开值班岗位吃晚饭，致使陈用砖头砸开脚铐后脱逃，直至次日下午被抓获。某区检察院于2005年4月13日对王某、王某某涉嫌失职致使在押人员脱逃罪立案侦查，同日决定取保候审，同年5月8日移送审查不起诉。该院公诉科审查后认为，犯罪嫌疑人王某、王某某在看管犯人时，严重不负责任，擅自离岗，致使在医院就诊的犯人陈某某脱逃，其行为已构成失职致使在押人员脱逃罪。鉴于犯人陈某某脱逃后于次日即被抓获且没有造成其他后果，王某、王某某案发后主动报案，认罪态度较好，有一定的悔过表现，积极配合办案部门查清犯罪事实，应属犯罪情节轻微，建议作不起诉处理，该案进入人民监督员监督程序。人民监督员在案件监督评议会中认真听取了案件承办人对案件事实、证据和适用法律等方面的汇报，并围绕犯罪情节是否轻微、后果是否严重以及有没有造成人员伤亡和经济损失等问题进行了详细的询问。经独立评议表决，参加监督评议的5名人民监督员4票不同意，1票弃权。人民监督员认为，犯罪嫌疑人王某、王某某身为司法工作人员，在看管犯人过程中严重不负责任，致使生病住院的重要犯人脱逃，造成严重的社会影响，损害了司法工作人员的形象，认定犯罪嫌疑人犯罪情节轻微，缺少依据，故不同意案件承办人提出的拟不起诉建议。2005年7月15日，该院检察委员会对此案进行了讨论。在听取案件承办人和人民监督员监督表决意见的汇报后，多数委员认为两犯罪嫌疑人多次外出吃饭，严重不负责任，造成社会影响大，人民监督员提出的反对意见是正确的，应予采纳，决定向法院起诉。当年8月27日，该区人民法院以失职致使在押人员脱逃罪判处王某拘役3个月缓刑4个月，王某某免予刑事处罚。

（2）不同意逮捕决定案件的汇报。人身羁押对于自侦案件的犯罪主体而言往往意味着更多权利和自由的被剥夺，因此在是否适用逮捕强制措施时，需要更加慎重。对人民监督员不同意逮捕决定的案件，要着重从逮捕条件、羁押必要性等方面进行论证，如《刑事诉讼法》规定了可能判处刑期在5年以上的案件可以适用径行逮捕，另外对逮捕必要性的证明条件、证据标准也应当予以明确。

如陆某受贿、贪污案不服逮捕决定案。犯罪嫌疑人陆某，男，系某企业物资处进口产品科科长。1999年至2004年9月期间，陆某利用担任物资处进口办公室负责人的职务之便，涉嫌受贿人民币4000元、港币3.3万元，涉嫌贪污美元1.05万元。某区检察院于2004年11月26日立案侦查犯罪嫌疑人陆某涉嫌受贿、贪污一案，同年12月15日决定逮捕。陆某以"自己不构成犯罪"为主要理由，表示不服逮捕决定。该院侦查监督部门经复查后于2005年1月17日，将《拟维持原逮捕决定案件决定书》及该案主要证据复印件、证据目录、相关法律规定等材料移送人民监督员办公室。人民监督员办公室收到上述材料后，经审查，认为符合监督范围及条件，予以受理。经报分管检察长批准，决定启动人民监督员程序。人民监督员对犯罪嫌疑人陆某涉嫌受贿、贪污一案的侦查工作进行了全面了解，特别是在犯罪嫌疑人陆某翻供的情况下，人民监督员就本案相关证据向案件承办人进行了询问。例如，单位的性质、有关书证的来源和赃款的去向等问题，案件承办人都需要进行解答。评议后，人民监督员一致同意该区检察院对犯罪嫌疑人陆某的逮捕决定。他们认为尽管陆某推翻自己的有罪供述，但检察机关认定陆某涉嫌受贿、贪污犯罪的事实基本清楚，证据基本充分。本案在立案、侦查、审查等环节执法规范，适用法律正确。2005年1月22日，人民监督员办公室将人民监督员监督表决意见向检察长汇报，检察长作出维持逮捕决定，侦查部门随即将人民监督员监督案件处理结果告知犯罪嫌疑人。2005年5月8日，该区人民法院以受贿罪判处陆某有期徒刑10年，并处没收个人财产2万元。

（3）拟撤销案件的汇报。侦查机关以不存在犯罪事实或者犯罪事实并非嫌疑人所为为由要求撤销案件的，需要在汇报中说明当时立案的理由以及为何最终要撤销案件，对查证的过程、认定的事实要进行说明。另外，如果是人民监督员以不构成犯罪为由要求撤销案件的，要反向汇报，即说明构成犯罪的理由。

如一起单位行贿案中，犯罪嫌疑人沈某在与上海某厂发生船缆产品经销业务过程中，为获得下浮3%的优惠价格和付款的便利，多次行贿该厂陈某，共计人民币46800元。检察机关对他的行贿犯罪行为提出拟不起诉处理意见。人民监督员审查后认为，犯罪嫌疑人沈某行贿行为属于单位行贿，并且行贿金额没有达到立案的数额标准；行贿人未谋取不正当利益，未给国家造成损失；沈某有自首情节，且数额较小，情节轻微，建议撤销案件。最后，检察机关采纳了人民监督员的意见。

（四）范本

实训材料

龚会国玩忽职守案

一、案件来源

犯罪嫌疑人龚会国，男，1964年9月1日出生，身份证号码110228196409010010，汉族，中专文化，任北京市密云县太师屯森林公安派出所所长，住北京市密云县檀城东区2号楼1单元401室。因涉嫌犯玩忽职守罪，于2010年11月18日被本院取保候审。

犯罪嫌疑人龚会国涉嫌犯玩忽职守罪一案，由本院反渎职侵权局于 2010 年 11 月 18 日立案侦查，于同年 12 月 9 日移送审查起诉。

二、案件事实

经依法审查查明：犯罪嫌疑人龚会国任北京市密云县太师屯森林公安派出所所长期间，负责该所全面工作，于 2010 年 5 月 26 日，明知冯小强因涉嫌滥伐林木罪已于 2001 年 12 月 12 日被北京市密云县公安局决定刑事拘留，属于刑事犯罪在逃人员，在冯小强到派出所自首时，未及时对冯小强执行刑事拘留的决定，且在未对冯小强采取任何控制措施的情况下让其离开派出所；犯罪嫌疑人龚会国于 2010 年 6 月 7 日带领民警王东等人押送冯小强去看守所过程中，在未办理任何法律手续的情况下放松看管，决定让冯小强单独外出造成冯小强逃跑，冯小强于 2010 年 7 月 19 日被抓捕归案，并于同年 11 月 16 日被北京市密云县人民法院判处有期徒刑三年缓刑三年，并处罚金人民币六千元。

三、拟处理决定

我处认为，犯罪嫌疑人龚会国实施了《中华人民共和国刑法》第三百九十七条规定的行为，但犯罪情节轻微，此案脱逃人员冯小强被及时抓获，脱逃期间没有再次进行违法犯罪活动，且犯罪嫌疑人龚会国能如实供认犯罪事实、认罪悔罪态度较好，根据《中华人民共和国刑法》第三十七条的规定，不需要判处刑罚。依据《中华人民共和国刑事诉讼法》第一百四十二条第二款的规定，拟对龚会国做相对不起诉处理。

附：1. 主要证据目录
2. 相关法律规定及有关材料。

公诉处
二〇一一年四月六日

主要证据目录

一、犯罪嫌疑人供述与辩解

龚会国供述与辩解　　　　　　　　　　　　　卷 1 第 28～49 页

二、证人证言

（一）证人冯小强证言　　　　　　　　　卷 1 第 69～73、77～81 页

（二）密云林业公安科科长潘志华证言　　　　　卷 1 第 58～61 页

（三）密云县太师屯森林公安派出所民警王东证言　卷 1 第 87～92 页

（四）太师屯森林公安派出所副所长李捷证言　　　卷 1 第 62～65 页

（五）密云县公安局太师屯派出所民警雷洪生证言　卷 1 第 82～86 页

（六）密云县公安局法制处副处长李辉证言　　　　卷 1 第 74～76 页

（七）密云县太师屯森林公安派出所民警杨小凤证言　卷 1 第 93～96 页

（八）密云县林业公安科副科长郭海龙证言　　　　卷 1 第 100～104 页

（九）密云县林业局巡查队人员李营证言　　　　　卷 1 第 58～61 页

三、书证

（一）证明龚会国主体身份的材料　　　　　　　　卷 1 第 105～131 页

（二）冯小强一案案件材料　　　　　　　　　　　卷 2 第 1～98 页

（三）密云公安局办理刑事治安案件职责分工规定　卷 2 第 141～145 页

（四）北京市公安局执法大纲、森林公安派出所执法、执勤工作规范、森林公安派出所警务规范（试行）　　　　　　　　　　　卷 3 第 1～195 页

相关法律规定

一、《中华人民共和国刑法》第 37 条规定：对于犯罪情节轻微，不需要判处刑罚的，可以免予刑事处罚，但是可以根据案件的不同情况，予以训诫或者责令具结悔过、赔礼道歉、赔偿损失或者由主观部门予以行政处罚或者行政处分。

第 397 条规定：国家机关工作人员滥用职权或者玩忽职守，致使公共财产、国家和人民利益遭受重大损失的，处三年以下有期徒刑或者拘役；情节特别严重的，处三年以上七年以下有期徒刑。本法另有规定的，依照规定。国家机关工作人员徇私舞弊，犯前款罪的，处五年以下有期徒刑或者拘役；情节特别严重的，处五年以上十年以下有期徒刑。本法另有规定的，依照规定。

二、《最高人民检察院关于渎职侵权犯罪案件立案标准的规定》第 1 条第 2 项规定：玩忽职守罪是指国家机关工作人员严重不负责任，不履行或者不认真履行职责，致使公共财产、国家和人民利益遭受重大损失的行为。

涉嫌下列情形之一的，应予立案：

造成死亡 1 人以上，或者重伤 3 人以上，或者重伤 2 人、轻伤 4 人以上，或者重伤 1 人、轻伤 7 人以上，或者轻伤 10 人以上的；

导致 20 人以上严重中毒的；

造成个人财产直接经济损失 15 万元以上，或者直接经济损失不满 15 万元，

但间接经济损失 75 万元以上的；

造成公共财产或者法人、其他组织财产直接经济损失 30 万元以上，或者直接经济损失不满 30 万元，但间接经济损失 150 万元以上的；

虽未达到 3、4 两项数额标准，但 3、4 两项合计直接经济损失 30 万元以上，或者合计直接经济损失不满 30 万元，但合计间接经济损失 150 万元以上的；

造成公司、企业等单位停业、停产 1 年以上，或者破产的；

海关、外汇管理部门的工作人员严重不负责任，造成 100 万美元以上外汇被骗购或者逃汇 1000 万美元以上的；

严重损害国家声誉，或者造成恶劣社会影响的；

其他致使公共财产、国家和人民利益遭受重大损失的情形。

三、《中华人民共和国刑事诉讼法》第 84 条规定：公安机关、人民检察院或者人民法院对于报案、控告、举报，都应当接受。对于不属于自己管辖的，应当移送主管机关处理，对于不属于自己管辖而又必须采取紧急措施的，应当先采取紧急措施，然后移送主管机关。犯罪人向公安机关、人民检察院或者人民法院自首的，适用第三款规定。

第 142 条规定：犯罪嫌疑人有本法第十五条规定的情形之一的，人民检察院应当作出不起诉决定。

对于犯罪情节轻微，依照刑法规定不需要判处刑罚或者免除刑罚的，人民检察院可以作出不起诉决定。

人民检察院决定不起诉的案件，应当同时对侦查中扣押、冻结的财物解除扣押、冻结。对被不起诉人需要给予行政处罚、行政处分或者需要没收其违法所得的，人民检察院应当提出检察意见，移送有关主管机关处理。有关主管机关应当将处理结果及时通知人民检察院。

四、《密云公安局办理刑事治安案件职责分工规定》（2004 年）第 1 条第 5 项：县林业公安科对辖区内发生的涉及林业刑事案件行使立案、传唤、拘传、搜查、查询、扣押、冻结等侦查权，需要追究刑事责任的，移交刑侦大队预审中队审理。

五、国家林业局森林公安局印发的《森林公安派出所警务规范（试行）》第 7 条规定：林业公安派出所所长的工作职责包括：主持派出所全面工作；组织民警依法查辖区内破坏森林和野生动植物资源、危害林区治安秩序的一般刑事案件等。

第 25 条规定：森林公安派出所民警对报案、控告、举报、群众扭送和投案自首等事项应当受理，不得拒绝、推诿，填写《受案报警登记表》，并视情况分别处理：对于管辖范围内的事项，应当依法受理，及时处理；对于不属于管辖内的事项，应当及时通报有管辖权机关，管辖不明的，应当先行受理，情况紧急的可以采取紧急措施，然后移交有管辖权的部门处理并记录在案。

第 60 条规定：森林公安派出所备勤民警被临时派遣解送犯罪嫌疑人时，应当做到：提高警惕，注意观察，防止被解送人员脱逃；对被解送人员依法使用械具；始终将被解送人员置于有效的控制状态下。

六、《北京市公安局执法大纲》第二章押解第 7 条规定：押解刑事犯罪嫌疑人应当对被押解人员加戴手铐、脚镣等械具进行约束。

第 12 条规定：遇有长途押解、异地押解或外出工作时间较长情况，押解民警应当事先准备必要的食品，押解途中禁止带被押解人到餐馆饭店就餐。

三、列席法院审委会时的案件汇报

根据《人民法院组织法》第 11 条规定："各级人民法院审判委员会会议由院长主持，本级人民检察院检察长可以列席。"该条法律规定了检察长可以通过列席同级审委会的方式来监督法院的审判活动。检察长列席审委会，基本职能是依法行使法律监督权，如对法官及合议庭是否全面完整地汇报案情进行监督，对案件的实体处理提出法律适用意见，对审委会的决策程序是否合法进行监督等。检察长列席审委会还是检察机关与审判机关相互沟通协作的重要平台，双方可以针对具体个案交流意见，明晰双方对案件的基本观点，有助于个案的公正处理。最高人民检察院第十一届检察委员会 2009 年 8 月 11 日第 17 次会议讨论通过《关于人民检察院检察长列席人民法院审判委员会会议的实施意见》，最高法审判委员会 2009 年 10 月 12 日第 1475 次会议也通过了此实施意见，标志着检察长列席审委会制度进入细则实施阶段。

（一）列席法院审委会案件的范围

根据《关于人民检察院检察长列席人民法院审判委员会会议的实施意见》的规定，检察长列席审判委员会的范围为：其一，可能判处被告人无罪的公诉案件；其二，可能判处被告人死刑的案件；其三，人民检察院提出抗诉的案件；其四，与检察工作有关的其他议题。最高人民检察院的一位负责人在接受媒体采访时曾明确提出："检察长列席审委会的核心价值在于确保进入审委会的案件，在司法最为权威的环节得到正确定性和公正处理，维护当事人合法权益，维护社会的公平正义。"上述《意见》也明确了检察长列席审判委员会会议的任务是"对于审判委员会讨论的案件和其他有关议题发表意见，依法履行法律监督职责"。而对于可能判处被告人无罪的公诉案件、可能判处被告人死刑的案件、人民检察院提出抗诉的案件、与检察工作有关的其他议题，检察长均可以"在人民法院承办人汇报完毕后、审判委员会委员表决前发表意见"。正如学者所忧虑的，检察长列席审判委员会会议的目标似乎仍然是为"具体的案件"而去。① 这就难免又会使人产生检察机关怎么可能超越"自身利益"进行独立的法律监督，不沦为法庭之外的"第二公诉人"的忧虑，在实践中也有不少律师担心最高"两院"联手作出的这样一种制度安排，会进一步打破控辩双方应有的诉讼权利平衡，使刑事辩护律师在刑事诉讼领域中处于更为劣势的状态，可能与新修订的刑事诉讼法的旨趣出现冲突。

为避免这项旨在加强法院裁判监督的司法改革被异化、变味，检察长列席审判委员会会议应该更多把工作侧重面放在法院内部"议事"程序是不是"合法"的问题上。比如，审查审委会裁决案件是不是搞"一言堂"，监督案件定性的决定是不是实行了"多数决定制"，是不是严格执行了利害关系"整体回避"等，而不是为自己起诉或者抗诉案件的"获胜"，在法庭之外的法院内部讨论中去据理力争。

（二）汇报的方法与技巧

关于检方参与讨论的方式，即对于检方列席人员何时加入、何时退出审委会这一核心问题，各地存在不同的规定和做法。有检方列席人员在法院承办人汇报案件结束后发表意见即离开的，如江苏省规定"检察长可以在承办部门汇报案件结束后、委员讨论前发表检察机关法律监督意见"，实践中大部分法院采用此种方式；有检方列席人员发表意见后，可与审委会委员互动并参与讨论，至审委会形成决议前离开的，如云南省规定"列席审判委员会的检察长在法院承办人汇报案件完毕，审判委员会形成决议前，均可就案件的相关情况进行介绍并发表意见，人民法院应当将该意见记录在案"；还有的地方是检方列席人员从始至终参与审委会讨论全过程的。最终"两高"的意见采取了折中的做法，即规定"在人民法院承办人汇报完毕后、审判委员会委员表决前发表意见"。为了保证检察长列席审委会发表意见的客观性、全面性，《意见》同时规定"人民检察院检察长列席审判委员会会议，应当在会前进行充分准备，必要时可就有关问题召开检察委员会会议进行讨论"。

---

① 游伟：《检察长列席审委会制要创新思维》，载《法制日报》2012 年 6 月 18 日第 7 版。

1. 承办人会前汇报制度。提交审委会的案件往往存在分歧和争议，检察机关每次列席审委会前可以先行召开处室案件讨论，由承办人对案件事实、公诉意见进行汇报并总结争议的焦点，确保从检察长到案件承办人都能全面熟悉案情、准备充分，对争议较大的问题形成发言提纲，在列席发言时能够充分表达意见。如一起职务侵占案中，辩方做无罪辩护，庭审后法院拟作无罪判决，并邀请检察机关列席审委会，承办人就此案的办理情况尤其是庭审情况向主管检察长进行详细汇报，以便其掌握全面案情，列席审委会过程中发言有的放矢：

控辩双方对基本事实不存异议，但对于万泉公司是否知情、大万商厦的建设成本等问题存在争议，涉及认定于延栋职务侵占行为是否成立。同时于延栋仍否认知道于茜伪造印章，于茜也供认系自己一人所为。辩方的主要观点：1. 万泉公司对于延栋卖房一事知情。对此，可以从客观证据的角度证否：汪洋坚决否认知情；于延栋的供述称曾告知汪洋，但也承认是之前有出售意向的时候告知汪洋，具体出让过程，包括买家、价格等均未告知汪洋；于茜称按照于延栋的指令，对汪洋进行了告知，即拨打汪洋手机或者发送短信，直接通知对方卖房、转股等事项，并未听取对方的意见，也不知道是否对方实际获悉；提供的通话记录只能证实于延栋与汪洋有过通话，通话内容不能证实；提供的署名京渔公司的传真件，也经庭审质证，落款、内容均与实际不相符；故上述证据不能证实万泉公司对于延栋私售房产一事知情。2. 于延栋没有侵占的目的。认为由于万泉公司对出售一事知情，只是暂时没有分割房产（由于清户费用未付清、未缴税），且钱款去向也都是用于大万房地产公司，故不能证实其有非法占有的目的。对此，需要明确钱款流向以及大万公司的后续经营行为是否于延栋个人获利。此处是认定的关键，如果从公司法的角度，大万公司作为独立法人其具有经营、处分公司财产的权力，故其法人代表于延栋在未征得其他股东同意的情况下，利用公司财产进行继续经营，只是一个违反《公司法》或者股东约定的违规经营行为，不能认定为犯罪；但如果从公司利益归属进行实质分析，于延栋在避开万泉公司之后的再开发行为已经完全归其个人控制的大万房地产、大万经贸公司控制，具有个人牟利的意义，可以认定为侵占行为。3. 于延栋不能实施侵占行为。认为大万商厦的建设成本都已超过销售价格，故不存在侵占的可能。但辩方提供的大万商厦的建设成本的证据，仅是大万方的会计账目，真伪难辨，也未经审计，且与竣工表上载明的一千余万元的建设成本大相径庭，故不能作为证据采信。4. 二人是否构成伪造印章。于延栋否认知道于茜伪造一事，于茜也供认系自己一人所为，从证据指向来看，不具有补强的可能，故无法认定伪造二人的共犯。

2. 依法监督，以事实、法律为依据充分发表处理意见。列席人员依法监督审委会的召开，确保审委会严格依照法律规定程序进行，避免审委会成为"一言堂"、走过场、流于形式。会议上注意倾听、分析和判断，从事实和法律上提出支持检察机关立场的证据和法律依据，并积极营造一种和谐融洽的交流氛围，使参与人员充分发表意见，全面剖析案件，使案件得到公平公正的审判。由于列席人员的发言顺序往往是在法院承办人、庭长汇报完案件之后进行，不必再对整体案件情况进行详细的叙述，只要就法院办案人未能提及的、关乎案件的定罪量刑问题的事实情况再进行补充即可，对于公诉方的公诉意见也不必再详述，只要说明从检察机关的角度如何看待此类问题，阐明案件处理的社会效果、法律效果，便于审委会从宏观上理解检察机关指控犯罪的初衷，并从兼听则明的角度看待检法两家的分歧所在。

如一起多人故意伤害案件中，被告人与被害人系生意伙伴，酒后因故双方互殴，致一方一人重伤、另一方一人轻伤（偏重）、一人轻微伤。事后一方赔偿重伤一方人民币320万元，并放弃对重伤一方的赔偿要求，双方互相谅解。法院评议认为，本案系民间纠纷而引发的伤害案件，虽造成的伤害较重，但社会危害性相对较小；被告人王卫永、刘旭东、游江松三人有自首情节；被告人曹永利为调解达成付出了较高的经济补偿，四名被告人之间已经互为谅解对方的伤害行为，社会矛盾已经化解，对其四人判处缓刑不致再危害社会。拟定以故意伤害罪判处被告人曹永利、王卫永各有期徒刑三年，缓刑五年。以故意伤害罪判处被告人刘旭东、游江松各有期徒刑一年，缓刑二年。经向主管领导汇报，主管领导同意对曹永利、刘旭东、游江松判处缓刑，但被告人王卫永受过刑事处分，考虑其有自首情节，且实施犯罪也受其被曹永利雇佣的影响，可考虑减轻处罚，建议判处有期徒刑二年。检察机关对法院拟对刘旭东、游江松判处缓刑无异议，亦同意对王卫永判处实刑，但不同意对被告人曹永利判处缓刑。由于针对曹永利的量刑存在重大意见分歧，列席审委会时，案件承办人根据检察长安排，首先从事实层面就案件背景和案情细节对法院承办人的汇报进行了补充，为接下来检察长发表意见奠定基础。而后，列席的副检察长分别从法律和效果层面发表法律监督意见，认为曹永利的地位和作用均大于王卫永，若对王卫永判处实刑而对曹永利判处缓刑会导致量刑不均衡，且对于造成被害人重伤的严重刑事案件，如果因为被告人给予了高额赔偿而对其判处缓刑，则很容易给当事人造成花钱买刑的印象。在该案的列席过程中，检察机关承办人与检察长从案件事实、法律、效果角度互为补充发表意见，层层深入，全面而清晰地表达了检察机关的监督意见，得到审委会主要领导的认同。审委会讨论后认为，本案性质较为严重，不同于一般的具有偶然性的民事纠纷，造成后果也较严重，对曹永利和王卫永不宜判处缓刑，要求合议庭重新拟定量刑意见。2012 年 10 月 23 日，海淀区人民法院一审判决对被告人曹永利判处有期徒刑三年。

3. 注重会后经验总结。会后对列席审委会的案由、列席情况、会议讨论情况等及时登记汇总，做好资料积累及情况统计，并注重汇总研究法院审委会对相关类案的倾向性处理意见，寻找审判监督工作的新特点，积累经验，增强今后办理此类案件的预见性。

（三）范本

实训材料

天富公司、张秀珍、郭先辉偷税案

针对法院的两个问题：

第一，本案的行政处罚是否合法、有效？

第二，如何理解修七规定的"已受行政处罚"？

公诉机关的意见为：

一、行政处罚与刑罚的关系

首先，二者针对不同性质的行为，既不互相包容，也不能互相替代。

适用的法律根据不一样。刑法与行政法规制的对象存在排他关系，不同性质的行为适用不同的法律。

法律后果不一致。刑法的追诉时效要长于行政法。行为的行政违法性不因行政诉讼时效的经过而消灭，而且行政责任与刑事责任也是不同性质的法律后果。

因此，是否给予行政处罚，不应左右刑罚适用。

其次，从修七的立法结构来看，也是以刑事当罚性优先于行政违法性。

其首先第一款规定了逃税犯罪的构成要件，即只要行为符合该条就应做犯罪处理，同时第四款例外地规定了"初犯、补缴税款、滞纳金、已受行政处罚"的例外条款，意味着只有完全符合该款条件的逃税行为才可以不追究刑事责任，如果不符合（包括行政处罚未做或者已过时效的），就应追究刑事责任。否则如果认为"行政处罚无效"意味着满足了修七规定，那么一旦经过五年，不仅不能行政处罚，也无法适用刑罚，那么就会鼓励和放纵严重的逃税犯罪行为（如本案），也不符合立法本意，不利于维护我国的税收政策、稳定我国的经济基础。

二、已受行政处罚的理解

主客观相一致的理解。即主观上积极接受处罚、客观上已经实际履行完毕。不能单纯理解为税务机关的行政处罚已做出。

修七规定的"补缴税款、滞纳金、已受行政处罚"为不追究刑事责任并列的三个条件，三个条件全部满足才可以不追究刑事责任，而且缴纳罚款是行政处罚中的重要组成部分。

全部承担行政处罚，否则将造成判断上的困难。（部分？多大部分？比例还是数额？）

时间点的截止。应截止在侦查机关立案之前，否则就应视为退赃，作为量刑情节。

本案中，天富公司有实际履行能力（名下有多处房产），也曾向税务机关表达过履行罚款的意愿，但从案发（2008年）至今，已有两年时间，天富公司一直未能继续履行，而且已履行的部分也是税务机关通过强制措施进行的，从主观上看，其并不是积极悔罪，也未积极履行行政处罚义务；从客观上看，其所缴纳的罚款仅占全部罚款的很小部分（7%左右），行政处罚远未履行。

三、类似行为的司法处理

其一，税务机关首先对逃税行为的违法性进行审查，一旦不符合修七的例外条款规定，就应移送司法机关做犯罪处理。

其二，进入司法程序后，侦查机关立案后，再满足修七例外条款的，一般仅作量刑情节考虑，特殊情况下，可以由公安机关撤案或者检察机关不起诉处理，不应一概无罪化。

实训材料

潘萌、齐海军盗窃案

一、原审被告人基本情况及诉讼过程

原审被告人潘萌，女，23岁；原审被告人齐海军，男，26岁。

2013年4月17日通州区人民检察院以原审被告人潘萌、齐海军涉嫌盗窃罪向通州区人民法院提起公诉。同年4月23日，通州区人民法院作出一审判决：被告人潘萌犯盗窃罪，判处有期徒刑八个月，罚金人民币一千元。被告人齐海军犯盗窃罪，判处有期徒刑一年，罚金人民币一千元。通州区人民检察院于2013年5月6日提出抗诉。

二、抗诉理由

通州区人民检察院认为，该案判决认定二被告人犯盗窃罪无误，但适用刑罚明显不当：原审判决对二被告人量刑失衡。

三、案件事实

原审被告人潘萌与齐海军经预谋，于2012年9月6日22时许，由潘萌将被害人王丽约出，为齐海军前往被害人王丽的暂住地（通州区梨园镇加州小镇C区148号楼2单元902号）实施盗窃创造条件。当日22时许，齐海军利用潘萌提供的被害人暂住地钥匙，进入被害人屋内，窃得被害人笔记本电脑六台、苹果牌iPad平板电脑一台及相机一部。经鉴定，其中四台笔记本电脑、一台iPad平板电脑估价值16830元。后齐海军与潘萌、任玲玲（另案处理）将盗窃物品卖出。

原审被告人潘萌后被抓获归案，原审被告人齐海军后到侦查机关投案自首。在原审法院审理过程中，原审被告人潘萌家属代为退赔人民币16830元。

四、发言意见

关于二原审被告人量刑不均衡方面：

首先，从犯意的形成与发展方面分析。原审被告人潘萌利用齐海军与被害人之间的矛盾，唆使齐海军盗窃被害人的电脑等财物。因此潘萌的唆使行为对于齐海军盗窃犯罪故意的形成起到了积极的、直接的推动作用。

其次，从犯罪实施过程中的作用分析。本案中，原审被告人齐海军是实施盗窃行为的正犯，而齐海军之所以能够顺利盗窃行为，正是由于事先与潘萌预谋后，由潘萌将被害人王丽约出，从而实时掌控王丽的行踪。潘萌的行为，从客观上为齐海军创造了极其便利的条件，在主观上为齐海军放心大胆地实施盗窃行为减轻了心理负担。因此，潘萌的行为在盗窃过程中起到了极为关键的作用。

再次，从犯罪条件的成就方面分析。根据案发现场勘验表明，未发现被害人房间被撬的痕迹，原审被告人齐海军也供述所述，其进入被害人的房间是通过潘萌提供的钥匙。由此潘萌为同案顺利进入作案现场也起到了积极作用。

最后，从犯罪完结后的销赃行为看。潘萌为齐海军提供了销赃地点及渠道，积极参与了被盗物品的销赃行为，且分的赃款较多。

综上所述，该案中，从案件的源起到赃物的处理，潘萌都积极出谋划策，掌控局面。案件基本上都在潘萌的规划下一步步向前发展。因此在犯罪过程中原审被告人潘萌的作用、地位、主观恶性等贩卖甚至还高于原审被告人齐海军。

此外，对于被告人的量刑，还需要考虑犯罪后被告人有无自首、赔偿、与被害人谅解等悔罪表现。从这一层面分析，齐海军具有投案自首情节、潘萌具有赔偿被害人部分损失情节。相比于赔偿损失，自首行为系主动将自身置于司法机关的控制之下，体现的行为人对自己犯罪行为的悔改程度更高。虽然赔偿损失能从一定程度上弥补被害人的损失，但体现在减轻的刑罚量上，一般不宜超过主动投案自首的从轻幅度。

综上所述，本院认为通州院抗诉意见正确，应予支持。

第九章

案件汇报的培训
与考核

一、案件汇报的培训设计

曹建明检察长在全国检察教育培训工作会议上指出：检察教育培训是检察机关加强法律监督能力建设的重要基础和主要途径，是建设高素质检察队伍的先导性、基础性、战略性工程，事关当前，也事关检察事业长远发展和进步。《2010—2020 年干部教育培训改革纲要》中明确提到"改革创新是提高干部教育培训质量的不竭动力，是干部教育培训工作保持生机活力的必由之路"。检察实训模式在这种背景下应运而生，2010 年年底最高人民检察院确定了三个实训基地：北京的公诉实训基地、吉林的自侦实训基地、广东的民行实训基地。从北京 4 年来的实训工作开展来看，检察实训，尤其是公诉实训已经成为燎原之火，促成了培训理念、培训方式、培训效果的多层次、全方位的革新和转变。北京市检察机关举办的以"公诉庭审实务"、"公诉文书制作"、"公诉证据审查"3 个主题 15 个专题为内容的 5 期公诉实训班，在短短 4 个月时间里，累计培训全国公诉业务骨干 144 人。其中，3 期面向全国检察机关招生，每期 32 名学员，共计培训 96 人；2 期面向北京市检察机关招生，每期 24 名学员，共计培训 48 人次。从学员情况来看，"全国优秀公诉人"14 人，占总人数的 9.7%；"省级十佳公诉人"29 人，占总人数的 20.1%。从师资情况来看，先后聘请了 15 名检察官兼职教师授课，其中 3 人为"全国检察业务专家"，8 人系"全国十佳公诉人"和"全国优秀公诉人"，以及多名北京市检察业务专家等参与授课。从培训评估情况来看，授课教师满意度为 93.8%，培训班满意度为 93.6%。公诉实训的模式做法在全国检察机关广泛推广，并应用于领导干部素能、职务犯罪侦查、侦查监督及民事行政检察等业务领域培训，得到了最高人民检察院和全国各级检察机关领导和学员的高度评价。

（一）北京市检察机关实训工作素描

北京市检察机关的公诉实训课程不仅在全国检察系统培训中独树一帜，在北京市各基层检察机关的日常培训中也得到越来越多的借鉴和效仿。我们从"首都检察网"上以"实训"为关键词进行搜索，截止到 2014 年 8 月 9 日，共计查询到 2456 条记录，扣除重复信息后，我们经过筛选，得到了自 2011 年以来全市各基层检察机关以"实训"方式开展的 104 门业务技能培训，培训对象涵盖了全市各基层检察机关，培训课程也以公诉业务为主，扩展到了自侦、民行、侦查监督，甚至在信息、调研写作、群众工作能力等非检察业务主体范围的领域也得到了推广、适用（详情见以下"实训课程区县分布图"）。

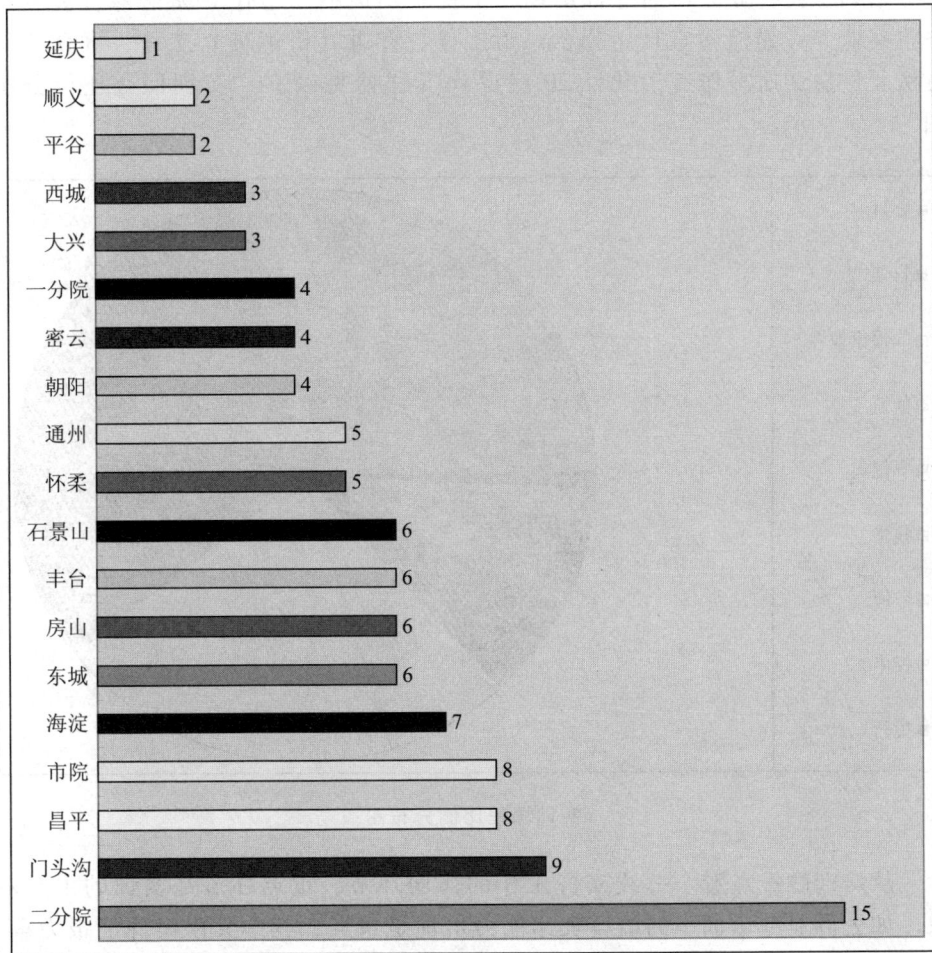

实训课程区县分布图

从课程推广的范围来看，遍布全市 18 个区县院。其中二分院以 15 门培训课程居全市之首，延庆院仅有一门培训课程（控申业务实训）。平均每个院有 5.5 门培训课程。

从培训的内容来看，公诉业务培训是主体，同时涵盖了检察业务的方方面面。公诉业务培训是检察实训的重头戏，共计有 41 门课程涉及公诉业务，占全部课程的 39%；排在第二位的是自侦业务培训，共计有 22 门课程，占全部课程的 21%；检察业务培训中的第三位就是侦监业务课程，共计有 7 门，占全部课程的7%；另外书记员业务培训、检察技术培训、监所业务培训、控申业务培训、民行业务培训等都出现在了检察实训中，还有19%的课程涉及了非检察业务，如检察宣传工作、息诉工作、宣讲（讲解员）工作、群众工作方法、信息调研写作等，共计20门课程（详情见以下"实训课程比例分布图"）。

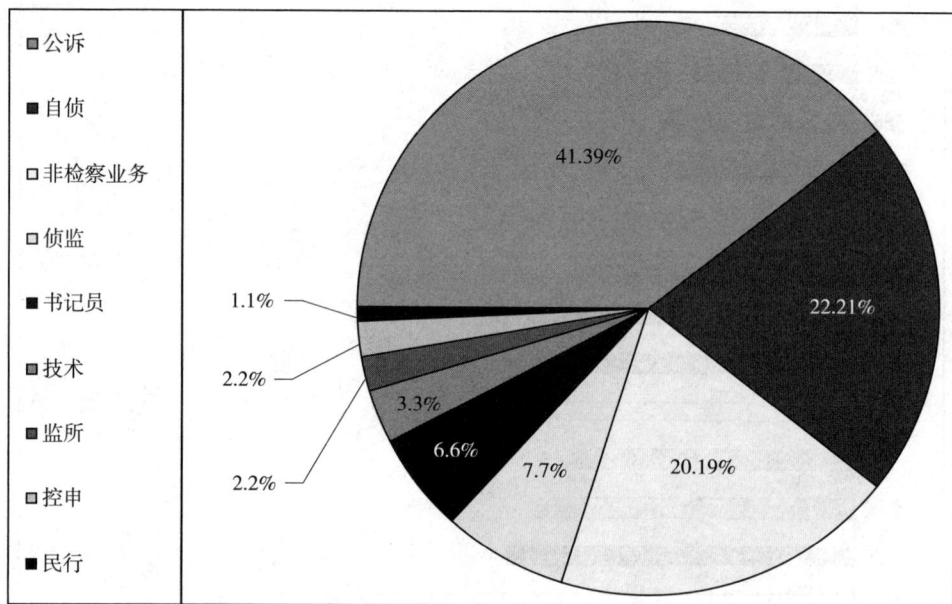

实训课程比例分布图

从培训的重点看，一线实务工作的薄弱环节、重点环节是实训的主要对象。如公诉业务培训中的语言表达能力培训是重点，其中又以案件汇报为重，共计18门课程涉及案件汇报，占公诉业务培训的44%，甚至有的院先后多次针对不同的内容（检委会汇报、诉讼监督组汇报）、不同的受众（刑检部门、公诉部门、未检部门）开展案件汇报的实训，反映了案件汇报工作在整个公诉工作中的重要性和培训的紧迫性。另外在自侦业务中，初查计划的拟订、信息引导侦查等都是实训的重点；侦监业务中的释法说理工作也被反复设为实训课程。

从实训的效果看，基本上做到了全员参与、教学相长，提升了培训的针对性和时效性。实训与传统培训模式的区别主要体现在培训理念和培训模式上。公诉实训的培训理念是：以需求为导向、以问题为中心、以学员为主体、以教师为主导、以研讨为方式、以能力为目的。在培训模式上，公诉实训实现了

"六个转变"，即从"以经验为中心"向"以问题为中心"转变、从"以教师为主体"向"以学员为主体"转变、从"分散型课程设计"向"专题型课程设计"转变、从"教授教检察官"向"检察官教检察官"转变、从"大班教学"向"小班教学"转变、从"以知识为目的"向"以能力为目的"转变。在这些理念与模式中，"以问题为中心"和"以学员为主体"是关键，集中体现了"以人为本"的科学发展观。实际上，整个公诉实训过程也都是紧紧围绕这两个理念模式展开的，要求在培训内容、课程设计、培训方式和培训管理上充分体现和尊重学员自主呈现问题、发现问题、分析问题和解决问题的主体地位。

（二）案件汇报实训的指导方针

第一，要搞好培训需求调查。坚持"以学员为主体"，把培训需求调查作为培训计划和培训课程生成的必经环节，其作用是保证培训内容的针对性。需求调查围绕组织需求、岗位需求和个人需求展开，主要调查案件汇报中存在的问题和困难。采取"滚动式"需求调查方式，即在公诉实训结束时组织学员填写下一期公诉实训的需求调查问卷，然后撰写需求调查分析报告。"滚动式"调查较好地解决了培训需求调查难的问题。

第二，要抓牢抓实课程设计。坚持"专题型课程设计"理念，把"课程设计"视为确保公诉实训质量的核心工作，保证培训实效。实训课程设计包括内容设计和方式设计两项工作，由培训组织者团队采取"四定三问一协调"的模式完成。即定专题、定主题、定方式、定教师；问内容是否具有针对性和实用性，问方式是否具有吸引力、感染力和可操作性，问教师能否胜任和适应；协调各培训要素之间的匹配。首先，根据需求调查结果确定培训专题；其次，围绕专题确定该期课程每天的主题，然后设计每个课程主题的最佳实现方式，选择最匹配的教师；最后，征求相关部门以及授课教师对课程设计的修改意见。课程主题确定后，组织者不断地检视和调整培训实施方式，促使课程设计达到最佳效果。

第三，要选准配强授课教师。坚持"检察官教检察官"原则。选择检察官教师的标准是：符合课程设计的主题需求，对该主题有丰富的公诉实践经验，有较高的理论研究造诣，有较好的语言表达和课堂引导能力。即选择能启发学员在学习中精确呈现问题的教师，能引导学员自我反思、寻找对策的教师，能把自己作为学习者、学习资源提供者的教师。在选择范围上，不局限于本级检察机关，可以从全省全市乃至全国检察机关范围内择优选择教师，包括选择往期的优秀学员担任教师。

第四，精心编写实训教材。坚持"贴近实战"方向，编写好课堂教学材料和学员交流材料。课堂教学材料主要由培训组织者和教师提供，要求必须是真实的案件，有的教材是整套案件卷宗。如公诉文书制作实训教材选择某院1998 年办理的一审判决无罪、二审改判 10 年的一个诈骗案，复印预审卷、检察正卷多达 300 页，装订成卷宗教材。学员交流材料由学员提供，要求学员提供自己办理的"最糟糕"的案例或者相关"问题或教训"材料，突出以问题为导向的实训理念。

第五，要采取"分离式"培训评估。坚持"培训者与评估者相分离"模式，由教培部门择评估指标设定，组织学员填写测评表，并统计有关数据，最后向培训的组织部门反馈评估结果，保证培训评估的客观性。

第六，要着力体现人本管理。坚持"以人为本"理念，促进学员充分沟通了解。根据北京市检察机关公诉实训的经验，一般是通过"情感三部曲"方式，促进学员之间的了解、沟通，即"破冰打头、活动居中、回顾收尾"。课程开始，组织破冰拓展训练，各小组在半小时内设计"组名、图标和口号"，进行展示，迅速拉近学员之间的情感；培训中期，安排集体参观夜长城、文艺晚会等课外活动，增进学员之间的情感；结业仪式上，播放"培训回顾视频短片"，记录培训期间的点点滴滴，增进学员间的深厚友谊。

（三）案件汇报实训的主要流程

1. 实训课程设计的基本流程

（1）基本流程

实训基本流程包括：第一，实训需求调查，通过问卷调查、访谈等方式确定实训内容、方式、对象和时间等；第二，实训计划生成，形成实训方案、课程和教材；第三，实训实施，按计划实施课程管理和课程服务；第四，实训评估，填写评估表、撰写评估分析报告、反馈评估结果。以上四个环节首尾衔接，形成实训循环圈。

（2）计划生成流程

重点在于形成实训方案、课程和教材，具体可细化为六个方面内容：其一，确定实训主题即每期实训内容；其二，确定实训专题即每课实训内容；其三，确定实训教师，首选领域检察业务专家、十佳及优秀称号获得者；其四，确定实训方案，包括实训目标、内容、地点、费用及保障等要素；其五，确定实训方式，根据工作实际和教学效果选择情景模拟、角色扮演、现场教学等方式；其六，确定实训教材，编写案例和课堂教学指南。

（3）课堂教学流程

实训课堂教学流程包括下列步骤：①小组研讨案例并制作文书或方案，可以根据时间安排课前制作或课堂制作；②文书展示或模拟演练，根据教师事先分配的任务和制作材料进行汇报演练；③小组讨论，讨论汇报演练内容的优缺点，重点讨论缺点和问题，并形成小组意见；④小组评议及教师引导，选派代表发言传达小组意见，教师根据发言情况引导进一步讨论；⑤受评议小组反馈，根据评议内容进行有针对性的反馈和交流，将讨论的焦点问题引向更深、更高层次；⑥教师讲评，围绕学员讨论内容进行针对性点评，以及讨论内容背后所蕴含的理论与技巧进行拓展性点评。

（4）明确教师、学员的准备工作

①教师的准备工作

主要包括：第一，提供案例，要求案例真实、典型、详细。第二，认真备课，主要准备教学方式、任务分配、时间分配，以及如何引导、如何催化、如何把控等内容。第三，任务分配，及时、明确给小组布置学习任务，包括阅卷、审查证据、制作材料和扮演角色等。第四，课堂教学，设计情境与角色，密切观察学员表现，引导催化讨论，总评与讲解有关问题。

②学员的准备工作

主要包括：第一，做好课前准备，根据教师任务安排，需要课前完成有关任务。第二，积极参与讨论和演练，要求学员多开展头脑风暴式讨论、多参与汇报演练、多发表见解。第三，提出批评性意见，要求学员以小组为单位，针对汇报演练情况提出优缺点和改进意见，重点是多提出缺点和改进意见。第四，践行团队化学习，要求在实训过程中以小组为单位进行深度汇谈、汇报演练、讨论评议等团队学习活动。

2. 案件汇报实训具体流程设计

按照现代教育培训工作的要求，案件汇报实训的基本流程有四项：培训需求调查、培训计划生成、培训教学实施、培训效果评估。具体操作步骤如下：

（1）培训需求调查

培训需求调查包括确定调查方案、开展问卷调查、开展访谈调查、撰写分析报告四部分。

①确定调查方案

确定调查方案，首先应明确需求调查的目的，对象范围和主要内容，制订出调查方案。例如，为加强检察官案件汇报能力和水平，认为需要向本院一定范围干警（涉及案件汇报的部门通常有：公诉、侦监、自侦、控申、民行等主要业务部门，其中公诉部门的汇报种类、汇报层次较多）发放调查问卷，调查某一部门或某一层次的检察人员是否存在素质能力不高，工作水平不足的问题，以及哪些方面素质能力亟待提高和是否需要针对组织有关培训活动，遂据此确定调查方案，开展需求调查。

②开展问卷调查

开展问卷调查包括制作、发放、填写、回收培训需求调查问卷。培训需求调查问卷的设计应当以闭合式题目为主，开放式题目为辅。在连续多期开展的检察业务实训中，采取"滚动式"问卷调查方式，即在前一期培训班当中开展培训需求问卷调查，调查结果应用于后一期培训当中。需要注意的问题是，前一期问卷调查对象的基本情况，包括年龄、工龄、职级等，应当与后一期培训对象相当，否则问卷调查结果的应用可能出现偏差。

范例：实训需求调查问卷

（说明：为服务检察业务工作，拟举办"案件汇报实训班"。为把握培训需求，提高培训针对性，特制作如下调查问卷，请认真填写，并请于××年×月×日下班前将完成的问卷统一交侦监内勤，均为不定项选择，问卷不记名。）

1. 您认为以下哪些工作能力需要加强？（　　　）

A. 结案报告制作　　　　　　　B. 讯问犯罪嫌疑人和核实证据

C. 法庭询问证人、被害人等　　D. 刑事证据的审查判断

E. 法庭辩论　　　　　　　　　F. 信息、法宣、调研写作

G. 释法说理　　　H. 案件汇报　　I. 其他

2. 哪类案件办理能力亟须提高？（　　　）

A. 贪污贿赂、渎职案件　　　　B. 侵犯公民人身权利、民主权利案件

C. 侵犯财产案件　　　　　　　D. 妨害社会管理秩序案件

E. 危害公共安全案件　　　　　F. 破坏社会主义市场经济秩序案件

G. 其他（可写具体罪名）

3. 向哪些对象汇报案件的能力亟须加强？请按照顺序排列：

（　　）（　　）（　　）（　　）（　　）（　　）（　　）

A. 本院领导及检委会　　B. 上级院领导　　C. 政法委领导

D. 党政部门一把手　　　E. 人大代表　　　F. 法律专家　　　G. 其他

4. 向哪些对象释法说理的能力亟须加强？请按照顺序排列：

（　　）（　　）（　　）（　　）（　　）

A. 犯罪嫌疑人家属　　　　　　　B. 被害人及被害人家属

C. 律师　　　　　　　　　　　　D. 犯罪嫌疑人　　　　E. 其他

5. 您认为培训时间如何安排合适？（　　　）

A. 1 小时以内　　　　　　　　　B. 2 小时左右　　　　　　C. 半天

D. 一天　　　　　　　　　　　　E. 每次时间不要太长，定期开展

6. 您的工作年限（　　　）

A. 不满 3 年　　　　　　　　　　B. 3 年以上 5 年以下

C. 5 年以上 10 年以下　　　　　　D. 10 年以上

7. 您的培训意愿（　　　）

A. 非常希望接受有用的培训　　B. 希望接受培训，但苦于没有时间

C. 暂时没有培训需求　　　　　　D. 不但愿意接受培训，而且愿意尝试授课

E. 在某一方面经验积累较丰富，愿意尝试授课

8. 工作有哪些其他问题希望通过培训解决？请写在下面

（感谢您留下宝贵意见！）

③开展访谈调查

根据组织需求和岗位需求，针对部门负责人和业务骨干进行访谈。例如，在实训课程设置前，与相关业务部门进行座谈，认真听取该部门关于课程设置的意见和建议，力求通过实训实现组织需求和岗位需求。

④撰写分析报告

在调查基础上撰写分析报告。分析报告应当立场客观、实事求是，避免先入为主。并且，应当注意排除各种因素对于调查的干扰，如：对于实训班每个小组应当包含多少学员的问题，在每组六个人和每组八个人的两个班级中分别开展调查，前一个班级绝大多数学员都认可每组六个人，而后一个班级认可每组六个人者不到一半。在这种情况下，不能简单地认为后一个班级多数人不认可每组六个人就不需要改变分组人数，要考虑到每组八个人的班级中学员未能亲身体会到每组六个人的优势，并考虑优化分组人数的可能性。

（2）培训计划生成

培训计划生成包括制订培训计划、发布培训通知两部分。

①制订培训计划

制订培训计划包括制订培训方案、培训课程设计、培训教材制作三部分。

第一，制订培训方案。

根据培训需求调查分析报告的内容，制作培训方案，包括总体培训目的，培训对象范围，培训班次规模，主要课程内容，总体培训方式方法。在实训模式下，培训方式方法具有内在的一致性，关键在于确定培训目的、对象、规模和内容，为培训班次提供具体可行的操作方案。

第二，培训课程设计。

培训课程设计通常包括时间、内容及方式、授课老师、培训地点等要素。

范例：公诉庭审实务能力培训班课程表

日 期	时 间	培训内容及方式	授课老师
5月9日（周一）	9：00之前	报到	市院教育培训处
	9：30～10：30	开班仪式	
	10：30～11：00	拓展：破冰训练	班主任
	14：00～17：30	★主题一：庭前准备（重点庭审预案）方式：学员讲述自己办案经历庭前准备的经验与教训，每人6分钟。以小组为单元，小组之间巡回互评。老师讲评、总评	主持老师：全国十佳公诉人、市院公诉二处干部 姜淑珍
5月10日（周二）	上午庭审观摩 下午研讨（14：00～17：00）	主题二：庭审观摩与研讨 方式：上午观摩一个有一定难度案件的庭审过程，下午分组讨论公诉人支持公诉过程中各个环节的成败得失，教师讲评	主持老师：全国十佳公诉人、市院研究室主任 邹开红
	17：00～17：30	培训反思与小结 方式：以小组为单位汇报当天的培训收获、体会，每组5分钟，可以采取一人汇报，其他人补充的方式	主持老师：培训班主任
5月11日（周三）	9：00～12：00 14：00～17：00	★主题三：模拟出庭公诉 方式：选择某个案件庭审录像的部分内容，隐去公诉人语言部分，由学员补充公诉人语言部分，学员自我对照，老师讲评、总评	主持老师：全国十佳公诉人、二分院公诉二处副处长 徐航
	17：10～17：30	培训反思与小结（同上）	主持老师：培训班主任

日　期	时　间	培训内容及方式	授课老师
5月12日 （周四）	8：30~12：00	★主题四：庭审讯问与无罪供述 方式：学员讲述自己办案经历中最成功或最糟糕的庭审讯问，每人6分钟。以小组为单元，小组之间巡回互评。老师讲评、总评	主持老师： 全国十佳公诉人、一分院公诉二处副处长游小琴 全国十佳公诉人、海淀院公诉一处处长金轶
	14：00~17：30	★主题五：庭审询问被害人、证人 方式：小组学员根据自己办案实践开展讨论，归纳出询问被害人、证人中的经验、教训及困惑。每个小组10分钟发言，其他组学员评价。老师讲评、总评	
	17：40~18：00	培训反思与小结（同上）	主持老师： 培训班主任
5月13日 （周五）	8：30~12：00 （辩论时间） 13：00~14：00 （点评时间）	★主题六：模拟法庭辩论 方式：针对给定案件材料，小组之间进行辩论。每位老师指导2个小组，评出优胜小组、最佳辩手等，老师讲评	主持老师： 全国十佳公诉人、一分院二审监督处处长庄伟 北京市十佳公诉人、市院研究室干部　庞静
	14：10~15：00	结业仪式 各小组组长代表小组总结，不超过5分钟。市院教育培训处总结	

注：1. ★为考核项目，采取小组巡回打分与老师评分相结合的办法。

　　2. 每班24人，分4组，每组6人。

其一，时间设置。

每次实训的现场教学至少为半天时间（不含提前准备时间）。实践中，为节省培训时间，根据培训需要提前发放材料，要求学员提前准备，一般视准备工作内容提前1~3天。

其二，课程内容的选择。

根据培训需求调查反馈的情况，紧贴业务工作需要，选择学员关注、问题多发、关键环节的工作内容和事项，围绕该期培训专题，合理设置各个培训主题，即一期培训中每天的培训课程。

其三，教学方式的选择。

在确定课程内容后，还需要设计每个课程内容的实现方式，这一点对实训模式尤为重要。例如，在公诉实训"无罪供述与翻供应对"一课中，课堂教学设计以角色扮演为主要方式，由学员分别扮演公诉人、辩护人、被告人，并结合案例进行模拟演练；在"公诉意见书制作"一课中，分配两个组制作《公诉意见书》，两个组制作《辩护意见书》，并分别进行庭审模拟对抗演练，然后进行互评点评。

其四，培训师资的选择。

实训教师选择坚持"检察官教检察官"模式，所选教师首先应当具备所授课程的丰富检察实践经验，较强的理论总结能力和较高的语言表达能力，同时能够理解并接受实训理念，具备实训课程的组织实施能力，其角色定位类似于"催产士"、"主持者"和引导者，与其称之为老师，不如称之为"培训师"或者"实训师"。在传统的讲授式培训活动中表现突出者，尤其需要克制"呈现经验"的倾向，而是致力于在课堂教学中实现"呈现问题"的主要目的。实践中以检察系统专家型人才、高层次人才等作为主要师资选聘对象。应当注重加强实训师资梯队建设，对实训过程中表现突出的学员可择优选拔培养实训教师。

其五，培训地点的选择。

培训地点应选择适合模拟训练、课程教授的场地。

第三，培训教材制作。

培训教材应当贴近实战，案件汇报课程一般是通过实战卷宗的方式，如提供结案报告、侦查卷宗等，尤其可以选择存在瑕疵甚至发生错误的案件。根据以往实训经验，即使是一些成功办理的著名案件，通过实训演练，仍然可以发现存在一些不足和可提高之处。培训教材如包括原始或者复制的案件材料，应当登记造册，防止遗失外泄。

②发布培训通知

培训通知应包括培训时间、地点、对象、内容、方式、费用、报名报到和要求，并附课程表、报名表、学员课前准备指南和需要报送材料要求（主要是"问题型"或"教训型"的材料，也作为培训教材的内容）。

（3）培训教学实施

包括教师备课、课堂组织、实训方式修正、拓展温故及全程记录回放五部分。

①开班仪式

开班仪式时间控制在半小时以内，主要向学员传递实训的理念、特点、模式、事先的任务布置和培训要求。

②破冰训练

破冰训练的目的，是消除培训学员的陌生感，营造团队学习的氛围。破冰训练时间控制在半小时以内，要求以小组为单位制作队名、口号和 LOGO（含组员信息），并分组上台展示。

③课堂组织

课堂组织包括课前准备和课堂教学两部分。

第一，课前准备。

课前准备包括学员课前准备、教师课前准备和培训组织者课前准备。

其一，学员课前准备。

学员根据《课前准备指南》准备问题、知识和设备，阅读教学案例材料。

其二，教师课前准备。

教师备课的重点不是专业知识方面的内容，而是课堂教学实施的具体方案设计，包括四点：一是课堂教学的主要模式选择，是情景模拟、角色扮演还是分组讨论汇报；二是给学员分配任务，各个小组是相同的任务还是不同的任务；三是时间分配，预测并分配每个教学环节需要的时间；四是观点预测和问题升华，教师要对学员在课堂上可能提出的问题和看法有所准备，并预备一定的点评和引导的内容，做好将学员提出的散见观点总结提炼，升华为体系性思考的准备，以及如何引导学员在课堂上深入讨论的方法。

其三，培训组织者课前准备。

与教师沟通，重点沟通实训理念、课堂教学方式以及时间分配等内容。

教室布置，课桌分组布置，采取"岛式"座椅摆放。

设施准备，备好移动黑板、音响设备、投影设备、照相机、摄像机以及学员、老师和观摩人员名签等。

第二，课堂教学。

其一，任务布置。

任务布置是实训课堂的第一个环节，由教师对本课教学的主要模式和各组需要承担的任务进行说明，时间在 10 分钟以内。

其二，实战演练。

实战演练通常包括角色模拟、制作展示和现场观摩等方式。

其三，小组讨论。

以小组为单位对实战演练部分内容进行讨论（团队学习），时间控制在5～10分钟。

其四，小组点评。

以小组为单位推荐 1 人代表小组点评，其他组员可补充发言。如果是针对第一组实战演练内容进行点评，可以安排第二组提出不多于 3 个优点，第三组提出不少于 3 个缺点，第四组提出不少于 3 个改进意见。这里的任务安排可以根据需要作相应的调整。

其五，受评人回应。

受评人针对3个小组的点评，尤其是针对缺点和改进意见的点评意见，做出相应的回应。

其六，教师引导讨论。

教师根据讨论的内容提炼问题，引导进一步深入讨论。例如，根据学员在模拟法庭辩论中呈现的问题，引导学员总结归纳法庭辩论遵循的共性思路、技巧。

其七，"演练—讨论"循环。

以小组为单位循环从实战演练到之后的讨论阶段，进行一个或多个环节的循环并根据培训情况，可以加入一些现场变化，如邀请其他人员现场展示。例如，诉讼监督精品案件模拟汇报课程中，在现场演练结束后，邀请获奖选手进行展示对照。

其八，教师总评。

教师根据课堂讨论内容和已有经验或研究对该主题内容进行总评，时间控制在30~40分钟。

其九，资料回收。

对于非公开性的培训资料，需要在课程结束后回收。

其十，考评考核。

学员考评考核采取小组巡回打分与老师评分相结合办法。

④回顾反思

次日上课之前对前一天课程进行回顾与反思，进一步加深和巩固培训成效。时间控制在20~30分钟。如果培训时间不超过一天，应当在当天课程结束的时候进行总结反思。

⑤结业仪式

结业仪式包括播放回顾片、班组长总结发言和培训组织者总结发言。如培训时间较短，结业仪式可以省略播放回顾片，并将其他环节并入回顾反思。

第一，播放回顾片。

根据实训过程中形成的照片和视频资料，采用moviemaker或者会声会影等软件制作10分钟的视频回顾资料，生动再现实训全过程及学员风采。

第二，班组长总结发言。

班组长对实训进行总结发言，时间控制在3~5分钟。

第三，培训组织者总结发言。

培训组织者对实训进行总结发言，时间控制在15分钟以内。

（4）培训效果评估

培训效果评估包括教学评估、实训班评估、培训评估实施、培训评估反馈和培训评估应用。

①教学评估

教学评估共设有10项指标（详见附件1），采取"一日一评"方式。

②实训班评估

实训班评估共有10项指标（详见附件2），在培训结束时现场填写。

③培训评估实施

培训评估采取培训组织者与培训评估者相分离方式，由政治处教育培训部负责实训评估，保证评估结果的客观性、真实性和可信性。

④培训评估反馈

培训组织者适时向学员和教师反馈培训评估情况。

⑤培训评估应用

根据培训评估情况，进一步调整培训教师和改进培训设置。

附件1

实训班课程教学测评

课程：　　　　　　　　　　　　　　　　　　　　填表时间：　　年　　月　　日

说明：为了获得有关实训课程教学的翔实资料，进一步提高培训水平，请您配合测评工作。评价标准分4个档次，请在您选择的档次内打分，可精确到小数点以后一位。本表不记名，请如实评价，具体打分。

测评项目 评价档次	10～9	9～8	8～7	7～6	6～0
1. 课程信息量充足					
2. 满足培训需求					
3. 内容针对性强					
4. 教师备课充分					
5. 教学活动组织合理					
6. 教学方法灵活多样					
7. 组织教学以学员为主体					
8. 业务技能得到拓展					
9. 工作思路得到启发					
10. 对解决实际问题有帮助					
总　　计					

附件 2

实训情况调查表

培训名称：　　　　　　　　　　　　　填表时间：　　　年　　月　　日

说明：为了获得有关实训的翔实资料，进一步提高培训质量，请您配合调查工作，并回答相关问题。评价标准分 4 个档次，请在您选择的档次内打分，可精确到小数点以后一位。此表为无记名，请评如实评价，具体打分。

测评项目　　评价档次	10～9	9～8	8～7	7～6	6～0
1. 培训活动体现现代培训理念					
2. 培训方案符合培训目标					
3. 课程设置紧扣培训主题					
4. 培训内容针对性强					
5. 师资组成符合实训要求					
6. 任课老师教学组织技能娴熟					
7. 课堂教学效果好					
8. 开展培训的各项准备工作充分、到位					
9. 培训期间关注学员需求					
10. 培训教学实效性强，学有所获					
总　　分					

1. 您参加此次培训有哪些具体收获？
2. 参加此次培训感触或印象很深的是什么？
3. 您对改进培训有什么意见建议？

（四）案件汇报实训模拟案例

准备方式：各学员参加培训前，根据给定案例，准备向检委会的汇报材料。并做好模拟检委会委员参加案件讨论的准备。

培训方式：模拟实训式。每名学员参训前对给定的两个案例均要做汇报准备。培训中临时分组，该课程前以小组为单位对给定案例进行研讨，准备小组汇报材料。A、B 组准备 1 号案例，C、D 组准备 2 号案例。先由 A 组推选三名人员分别模拟侦监处长、承办人作汇报，1 人主汇报，其他 2 人补充；B 组模拟检委会委员听取汇报，小组成员分别扮演检察长、检委会委员（9 人）。A 组汇报后进行角色互换，模拟完毕，A、B 两组相互评议。然后，C、D 两组采用相同方式汇报和评议。老师引导讨论并总评。模拟汇报中，模拟角色之间不能相互商量，保证模拟的真实性。

角色确定：相关角色在小组内抽签决定。

王新亮故意杀人案

一、犯罪嫌疑人基本情况

（一）犯罪嫌疑人王新亮

男，1968 年 12 月 22 日出生，汉族，清江省阳县人，农民，高中文化，家住黄石镇崔黄村三组。因涉嫌故意杀人罪，于 2010 年 10 月 28 日被西川市公安局刑事拘留。现羁押于西川市看守所。

本人简历：高中毕业后回家学修车，2003 年开始经营运输货车至今。

家庭情况：妻子：黄丽娟，41 岁。

大儿子：王兵，17 岁，在读高中生。

二儿子：王成，13 岁，学生。

前科情况：经审查未发现犯罪嫌疑人王新亮有前科劣迹。

健康状况：经审查未发现犯罪嫌疑人王新亮患有影响羁押的严重疾病。

（二）犯罪嫌疑人王兵

男，1993 年 3 月 11 日出生，汉族，清江省阳县人，清江省阳县阳光学校高中一年级学生，家住清江省阳县黄石镇崔黄村三组，现租住阳县云光镇南大街。因涉嫌包庇罪，于 2010 年 10 月 28 日被西川市公安局刑事拘留。现羁押于西川市看守所。

本人简历：自幼上学，2009 年初中毕业于阳县王桥中学，2009 年 9 月至今在阳县阳光中学上高中。

家庭情况：父亲：王新亮，42 岁。

母亲：黄丽娟，41 岁。

兄弟：王成，13 岁。

前科情况：经审查未发现犯罪嫌疑人王兵有前科劣迹。

健康状况：经审查未发现犯罪嫌疑人王兵患有影响羁押的严重疾病。

二、发案、立案、破案经过

2010 年 10 月 22 日，西川市公安局接到利佳搪瓷厂门卫贾前进报案称，在利佳搪瓷厂门口，一货车将几个上学的学生撞了，车已开跑。民警迅速到达现场查看，发现现场死亡学生四人，一人重伤送往医院。遂于 2010 年 10 月 23 日立案侦查。2010 年 10 月 27 日下午，犯罪嫌疑人王新亮到公安机关投案自首并如实交代其驾驶大地牌前四后四自卸车（车牌号：清 AC3299）在西川市玉泉肇事撞人的犯罪事实。2010年10月28日，根据犯罪嫌疑人王新亮的供述，西川市公安局抓获其子王兵，经审查，犯罪嫌疑人王兵对其犯罪行为供认不讳，本案遂告破。

三、侦查机关认定的案件事实

2010年10月22日凌晨2时许，犯罪嫌疑人王新亮驾驶车辆牌号为清AC3299的东风大地牌8吨自卸车（以下简称清AC3299），犯罪嫌疑人王兵（王新亮之子）随车同往。当日6时10分左右，当该王新亮驾车行驶至308国道1320km+200m处（长宁区张旺村利佳搪瓷厂门前）时，连续撞上同方向骑自行车前往学校上学的王春燕（女，14岁）、刘小妹（女，14岁）、何晶晶（女，15岁）、林可（男，15岁）、林刚（男，15岁），致王春燕、刘小妹、何晶晶、林可当场死亡，林刚重伤。王新亮明知自己已交通肇事，仍加速逃逸，以至于将死者王春燕、刘小妹卷在车下拖出170余米，将三辆自行车挂在车下拖出约8公里。此时，犯罪嫌疑人王兵睡醒，王新亮明确告知王兵其将人撞了。后王新亮直接驾车至启县千山水泥厂，先与犯罪嫌疑人王兵更换了右前轮轮胎，又将前车牌卸掉。然后才将车开回阳县田镇一石料场，王新亮与王兵再次对清AC3299进行检查，犯罪嫌疑人王兵在车的右侧底盘下发现有血迹和人体组织，遂用卫生纸进行了擦拭。

四、案件证据摘录

（一）犯罪嫌疑人供述

1. 犯罪嫌疑人王新亮到案后在公安机关先后作过5次供述，其中：

（1）2010年10月27日17时41分至19时供述（地点：阳县公安局刑警大队。讯问人：鲁某、张某）：我是来自首的，我开车把人撞了。时间是2010年10月22日凌晨，在西川市长宁区玉泉镇308国道上。我当时感觉把人撞了，头就蒙了，没敢停，一害怕就把车开走了。车上只有我自己。我当时开车时间长，没休息好，有些疲劳。事情发生后，我开车继续走，把货送了，往平邑县方向开，在10月23日到了平邑县，停在县城西南的中国石油加油站内，卸了前后车牌，并换了衣服，买了一个小旅行包把衣服一装，就坐车到了黄县，之后在10月25日到达江滨市，后来决定投案自首。关于撞人的事我是后来10月23日从平邑县朝皇县走的时候才听车上人议论的。

（2）2010年10月27日23时15分至10月28日6时10分供述（地点：西川市公安局刑侦局一处一大队办公室。讯问人：薛某波、魏某）：我2003年开始经营运输业务，开一辆东风大地牌自卸车，车牌号为清AC3299。2010年10月22日凌晨我开着这辆车在西川市昌河过去的308国道上把人撞了。当时我不知道撞了几个人，事后我听说连撞了四个人，听说都是学生。我当时正要去送货，上了308国道，在距韦玉路不远的地方，我感觉到车颠了一下，接着又发现前面路上有骑自行车的人，我就把方向盘往左打了一下，我意识到可能把人撞了，我没有停车，就继续往前开，当时凌晨五点多钟。我当时有点害怕，就想赶紧离开现场，所以就没有停车，继续开车走了。撞了几个人我自己当时也不知道，撞了几次也不知道。我开车继续走，从后面来了一辆白色面包车，车上有人向我挥手示意（还说什么我没有听见）我这个车出事了，但我没有停车继续往前开。我开车就往韦玉路拐了，那辆面包车就往西继续沿着308走了，我到韦玉站以后发现车速度一高抖动大得很，我意识到右前轮出现问题了，但是我没敢停下来检查，一直往西南方向开，到胜利渠后我才停车下来看一看，车右前轮已经磨得没多少了，我因为害怕也没敢换轮胎，就又上车开了，上胜利渠开到千山水泥厂，在料厂附近我换了轮胎，然后去卸的料。在换轮胎时没有人帮我忙。我卸完料，开上车往阳县走，快到阳县冀东水泥厂时，我越想越害怕，就停下，考虑了一个多小时，决定往平邑县方向去，到了阳县田镇，我把车停下，看了看车，发现车的右侧大箱下有血，我没敢多停，开上车又走了，2010年10月23日早七八点才到了平邑县，我就将车停到县城南边的"中国石油"加油站内，然后卸了前后车牌，我上车把衣服整理好，在平邑县城买了一个小旅行包，就坐客车到了皇县，在车上听见乘客们议论有四个学生被撞死的事情。到皇县后，坐了一辆小面包车，在长庆桥下车以后，又转坐了一辆从东山去江滨市的长途客车，车票是490多元，到江滨市是10月25日早晨7点，在江滨市停了几个多小时，当时我一直在想这事情，后来最终决定回阳县投案自首，然后，我就坐长途车回到东山，今早上我坐车到马庄镇，当时是下午一点多，我老婆、姐妹七八个人等着我，然后我们一起去阳县公安局投案了。

关于车上有几个人我没有说实话。我给你们说实话，当时车上还有一个人，是我儿子王兵，但是他不知道什么事情，车是我开的。10月21日中午开始，是我老婆和我小儿子陪我开的车，到了22号凌晨，我在冀东水泥厂装上熟料后把车开到云光镇后，我老婆和小儿子下了车，由我大儿子王兵上车陪着我，一路上王兵都在睡觉，没有动手，撞人以后，因为车抖动得厉害，我让王兵在车头上看了一下，王兵说也没看见什么，这中间我没有停车，到了胜利渠那下车时，我给儿子讲了可能撞着人了，当时儿子比较害怕，问我咋办。我说先把车开到千山水泥厂再说，到了以后，我和王兵先换了轮胎，后卸了料，然后我把车开出启县，到了田镇，我们下车看车的情况，当时发现右前轮挡泥瓦碎了，右侧大箱下有血迹，我知道出事了，对王兵讲这事对谁也别讲，你对你妈也不要讲，下来我就给我妻子打电话说了这事。我说的是我在启县开车撞了人，妻子问，啥时候的事，我说早上天没亮那会儿，媳妇就说，你在那停着，哪都不要去，她要过来，打完电话，我儿子王兵就坐客车回阳县。有一段时间后，我媳妇和她妹妹黄丽娜一快来了，我对她讲了个大概，我们在一起也没有商量成，她就回去了。后来到22号晚上，我媳妇和她妹妹黄丽娜、妹夫孙志刚又来了，当时我在田镇矿山那，我们又说这事情。来了以后还在一块说这事情，孙志刚说这个事情严重得很，因为我对他说了撞人的事情，车上有血，当时也没有说个什么结果，我的意见要离开躲避，我媳妇也没有主意了，叫我自己拿主意，当晚我就开车走了，我把车放到平邑，我就去江滨了，然后回来投案。我媳妇给我一千元，别的没有了。

（3）2010年10月28日6：45至8：00供述（地点：西川市公安局刑侦局一处一大队办公室。讯问人：李某虎、魏某）：我的卡车核定载量为8吨。从308国道这条线走是为了躲避超限检查站。出事那天王兵是在云光十字路口上的车，在车上他一直睡觉，出事后我在韦玉路把他喊醒，在胜利渠，他和我下车检查车，在千山水泥厂附近，我们换了轮胎。我有C3驾照，是能开农用车，但不能开清AC3299车。

（4）2010年10月29日14：15分至15：00供述（地点：西川市公安局看守所提审室。讯问人：薛某波、田某林）：我叫王新亮，因涉嫌故意杀人、交通肇事被西川市公安局刑事拘留。2010年10月22日凌晨5时左右，我驾驶清AC3299车拉水泥原料时在308国道玉泉段发生了车祸，发生车祸后我没有停，跑了，后来我知道我当时撞死了四名学生，我现在很后悔。

（5）2010年11月3日11：40始供述（地点：西川市公安局看守所提审5室。讯问人：西川市公安局刑侦局一处，勾某武、刘某、张某伟）：我除了第一次和你们的谈话中隐瞒了部分事实以外，到后来我全部都交代清楚了。我第一次的谈话中隐瞒我儿子王兵在事发当天在车上的事实；另外，还有我当时隐瞒了我出事后回到阳县田镇以后，我给我媳妇黄丽娟打电话说了这事，后来她到田镇来找我的情况；下来就是我说的卸车牌的地方。出事当天我从启县千山水泥厂回到田镇的石料场，大概是中午1点，我在石料场待了一两个小时后，我给我媳妇打电话说了车出事的情况，她过了一个多小时就和她妹妹黄丽娜到了田镇的石料场，在我的车上我给她们两人说了事情的过程。我给她打电话时只说："咱的车可能把人撞了。"她到石料场后，坐到我的车上问我的时候，我给她说："咱的车把人撞了。"她问怎么撞的，我说："我开车过了昌河以后，在路上我瞌睡了，把人撞了。"她听了以后，就一直哭着，嘴里不停地说："这咋办呀！这咋办呀！"当时她让我报案，我说："你先不要说了，我心里乱得很，我这两天不敢回去，让我在外面待几天，等过几天我想好以后再说。"第一次她和我在石料场待了不到两个小时，因为第二天还要给儿子报名，她就回去了，她走的时候将身上的钱（一千元）都给了我。到天黑了以后，她又到田镇的石料场来了。来以后让我去投案，我没有同意，她待了不长时间就走了。

10月21日早上8点多，我在青城三号桥以南的，钓台街道附近的沙壕拉了一车沙子，开车回到我在云光租住的房子，在家里吃了饭，大概12点以后，我把沙子送到我舅家里，然后，我接到杨某生的电话，他让我给古城县袁家水泥厂送石子，当天下午我从黄石镇魏某军的石场，给古城袁家水泥厂送了两车石子，到晚上2点左右的时候，他又让我到冀东水泥厂拉水泥熟料，我就直接到冀东水泥厂装了水泥熟料。当天我给我舅家送沙子的时候，我媳妇黄丽娟和小儿子王成在车上陪着我，我们在冀东水泥厂装完货以后我媳妇给王兵打电话，让他在云光十字路口等着，我开车到云光以后，他们两人下车回家，王兵上车陪我到启县送水泥熟料。出事的地点在308国道上，快到韦玉路的拐弯处的地方，现在我知道是在张旺村附近。具体是怎么样出的事故我说不上来，我当时在开车的时候打瞌睡，等我醒来的时候，看见车前边有几个人，车离那些人很近了，就赶紧向左打方向盘。在我向左打方向的时候，我的车后边开过来一辆面包车，从我的左边超我的车。等他超过我以后，在我的前边的时候，我才看见面包车的，面包车超我的时候速度很快，他超过我以后，他把速度降下来，一直在我的右前方，司机还把车窗摇下来，伸出头用手给我向后指，并示意我停车，我没有停车。如果我再往前开的话，就撞上了面包车，为了越过他，我又向左打方向，将车开到马路左侧。出事的时候，我猛一醒来，看到车离人近得很，面包车再给我一示意，我就知道把人撞了，当时我害怕得很，其他都没有想，就想开车赶紧离开现场。我开车就是瞌睡了，双手也握着方向盘，现在看肯定把人撞了，车颠了一下，感觉好像是方向盘左右摆，前轮没气，手把握不住方向盘的样子，至于当时具体是怎么样的感觉，我现在也说不上来。

王兵醒来以后，问我是咋了？我说："可能是车把人撞了。"他问我咋办，我说你不要管，先到水泥厂把熟料一卸。他好像还说让我先停车看一下，我说："不用看，这可能是前轮坏了，先到水泥厂再说。"主要就说了这些话，其他我想不起来了。我和王兵到石料场以后，我们围着车又看了一下，我发现车的右侧大梁，挡泥板，电瓶架子上都有血迹。王兵还在电瓶架子后边发现了像是肉一样的东西。王兵从驾驶室里拿出卫生纸，我们擦了车上的血迹。

2. 犯罪嫌疑人王兵到案后在公安机关先后作过 3 次供述，其中：

(1) 2010 年 10 月 28 日 17：30 始供述（地点：西川市公安局刑侦局一处二大队办公室。讯问人：西川市公安局刑侦局一处，邵某义、勾某武）：今年 10 月 22 日凌晨五六点钟，我爸王新亮开车出了车祸，把人撞死了，出事的地方我说不清楚。当天晚上 2 点左右的时候，我爸在水泥厂把车开到云光十字路口，我妈黄丽娟和我弟王成从车上下来，我坐到车上陪我爸给启县水泥厂送货，我们开车走到临燕北边的地方，我爸停车在路边给车加了一次水，还让人家把车的前面冲洗了一下，就继续往启县走了，从阳县北边的大盘到向右往青城方向走，从青城经过世纪大道，我在过了青城以后，就睡觉了，等我睡醒来的时候，我爸告诉我他把人撞了，我看见我们车的右前方有一辆白色面包车，司机把窗户摇下来向我们摇手，示意我们停车，我当时还给我爸说，人家让你停车呢。我爸没有说话，继续往前开，往前走了三四分钟的路程，就到了往韦曲方向拐的路口，我们就拐向韦曲方向走，这期间我感到车子颠得很，我爸让我把车窗摇下来看，我用手电向下看，但是看不清楚，但是能闻到车轮胎的橡胶烧着的味道，走了大约有 5 分钟的路程我们就离开了那条路，拐到一条稍微窄一点的路上，往启县方向走了，过了一个村子向右拐弯后，我爸把车停在路边，我们下车看了一下，车的右前轮爆胎了，我们也没有换轮胎，直接把车开到启县千山水泥厂，在水泥厂里边我和我爸换了车轮胎，才卸了货，我们就直接回阳县了。我问他的时候，他说把人撞了，当时路上有一堆学生骑着自行车，他也说不上来撞了几个人，其他也没有给我说，只说让我不要给人家胡说，好好学习就行了。

(2) 2010 年 10 月 29 日 15：05 至 16：05 供述（地点：西川市看守所提审室。讯问人：田某琳、薛某波）：2010 年 10 月 22 日，凌晨 5 时或者 6 时左右，我随着父亲王新亮驾车从阳冀东水泥厂拉水泥熟料，在途经 308 国道玉泉段时间，我父亲发生了车祸，当时我在车上没劝父亲停车救人，而是随父亲逃离了现场。事后我也没有劝我父亲投案自首，并帮助父亲隐瞒这件事。

(3) 2010 年 11 月 15 日 12：05 始供述（地点：西川市看守所提审室。讯问人：田某琳、薛某波）：10 月 21 日白天，我爸妈和我弟王成是到我舅爷走亲戚了，走的时候，我爸妈就给我交代好了，让我在家早睡觉，晚上陪我爸给千山水泥厂送货，我没有在家里睡觉，一直在家看电视。到凌晨 2 点左右的时候，我妈给我打电话，让我到云光十字路口等着他们，他们马上就过来了，我就到云光十字路口等着他们，我到了一会儿时间，他们就来了，我妈和我弟就回家去了，我上车陪我爸往启县走了，走到去阳县的半路上，我爸把车开到路左边的一家加水的地方，停车加了一次水，他在车上打了个盹儿，休息了一会儿，就五六分钟时间，他也睡着了，因为他在这个过程中还给擦车的女的说，让把前面玻璃擦干净。然后，他又开车向青城方向走，过了阳县的畦村收费站以后，躺了近20分钟的路程，我把他换了一会儿，我开车一直到青城北边，进青城市的红绿灯的地方，我爸说，进城市车比较多，让我休息他来开车，我在进青城市以后就睡觉了。一直到出事的时候我才醒来。我醒来时，他说："我把人撞了。"我问："是啥人嘛？"他说："是学生吧。"我问他："你刚睡着了。"他说："噢。"我问："你现在还困不？"他当时具体怎么说的，我记不清了，意思就是他不瞌睡了。当时我们的车在马路中间开着，我看到马路的左边有一辆车，这辆车是走着，还是停着，我没有印象了，在我们车的后边还有一辆面包车，想超我们的车，结果第一次没有超过去。因为我爸没有给他让道，那辆面包车冲过来，从我们的车和路边那辆车之间的空隙过不去，他先减了一下速，让了一下，我们的车再往前走，留出空隙以后，这辆面包车就从我们的左边超过我们了，他超过我们的车以后，在我们车的右前方，速度慢下来，我看到面包车的司机从车窗把他的头和胳膊都伸出来，向我们的车挥手，让我们停车，我不知道他说没说啥。我给我爸说："那人让你停车呢。"我爸当时没有说话，一直开车往前走。我在路上一直给我爸说，让他停车看一下，他都没有理我，走到那里的时候，比较空旷，路上也没有什么人，我爸就停下车看了一下。我们在那里只是看了一下车，没有停太长时间，就又开车往前走了，到前边的一条河的时候，我们向右拐弯，沿着河道走到前边的一条大路向右拐弯，快到千山水泥厂的时候，我听到车"哐"的一声，接着我听到像铁圈在地上滚的声音，我意识到车右前轮的钢圈掉了。我爸也没有停车，一直把车开到千山水泥厂里边，进场以后，我们先过了磅。然后，我和我爸下车先把备胎换了，才去倒水泥熟料。我爸倒完料以后，把车停在水泥厂里，我在车上坐着，我爸下车去卸车前边牌子，我也下车了看了一下，他卸完牌子以后，我们先到厂门口看了一会儿，然后我们就开车离开了。我们在那条路上待了一会儿，我爸就把车开到田镇的那个石料场，把车停在那里，我爸先下车把车的底盘看了一下，我也从副驾驶的位置下车，我看到车的第二轴靠右的位置有血，在第二轴和第三轴之间，车的底盘右边，还有一块白色的肉块，我给我爸说这底下还有块肉，我爸就过来看，我上车取了一些卫生纸，我们把那块肉擦掉了，还把车右边的血迹擦掉了。

（二）证人证言

1. 证人赵峰（男，40岁，现在西川鼎正集团工作搞绿化）于2010年10月22日在西川市长宁区沣峪口体育学院向侦查员依法所作的证言：

早上我开车发现前方一辆货车发生事故，将路上学生撞了，我拦车没拦住，便打"110"报警，我打电话报警时间6时11分。今天早上六点左右，我当时驾驶一辆白色面包车由昌河向启县方向行驶，在昌河上了308国道，在利佳搪瓷厂前面一拐弯，发现前方五十米远有一辆同向行驶的货车从路中间行驶，路的右边有倒的自行车，有学生从地面上站起来。我想到可能发生事故。当时在现场我最先看到的还是那辆大货车，因为它体积大，我开车也是直视前方的，再往前我就看到了地上的自行车和躺在地上的小孩，当时，我感觉他是刚撞完人，往路中间开，那辆大货车已经在路的中线附近了，向左斜行着，我看到这情况以后，以为他撞了人以后，自己还不知道，就用车的大灯照他，提示他出事了，让他停车，后来我看他没有停车的意思，马上意识到得拦住那辆车，就开车追上去。我开车加速从货车左边绕过去，这时我发现货车左前轮在地面擦火花，意识到他可能夹住自行车。当我的车快追到他的车的后尾部的时候，我看到他的车左前轮前部有人腿，腿够不着地，还在不停地蹬。我开到货车前边，速度慢下来，想逼他停，货车又从我的后边绕到我的左边，我把车窗左边玻璃摇下来，用手指了一下。货车一直没停，像疯了一样行驶，又向左打方向，从我的左侧向前开，准备超过我的车，在他和我平行的过程中，我感到他的车抖了一下，我当时就感觉完了，可能是车下的人掉下去了，我就直接加速向前开走了，我意识到我拦不住，我想到前边收费站组织人去拦他。在这过程，我打电话报警，在我向收费站行驶过程中，我发现身后的出事货车向左边拐走了。在货车开到我的左边时候，有一辆两厢轿车，颜色、车牌说不来，从我的右边开过去了，我估计两厢轿车到前边也向左拐了，因为我到西宝南线收费站时，收费站工作人员正在睡觉。

出事的车像奥龙，但不是奥龙，平头高椰，比奥龙车厢长，车厢内应该拉有重东西，上盖有棚布，可能是绿帆布，车厢不滴水，车身橘黄色。车牌只看见后边四位数字，且可能性极大，2、3、5有可能存在，可能性较大，车里的人看不见，车身高，速度不高，也就四五十码，整个过程没有减速迹象。好像是一个双轴车。具体位置就在利佳搪瓷厂不远。事故发生时我没看见，我当时只看见前方有一辆货车向路中间开，路的右边地上有倒的几辆自行车，有学生从地上起来，我意识到发生事故。路上当时学生比较多，有骑自行车的、有步行的。

2. 证人张志国（男，27 岁，暂住丈八路查张村）于 2010 年 10 月 24 日在青城航空大酒店门口向侦查员依法所作的证言：

2010 年 10 月 22 日早上天还没有亮，我由韩麻村走 308 国道准备去西川，我当时由西向东到了事发点西侧附近处，看见对面由东向西开过来一辆大车，车头底部冒火花，我以为大车胎没气了，接着见到有辆白色的面包车超该大车，我就把车靠右边停了下来，两个车由我旁边过去了，我就起步，刚起步就看到我左侧距路边有 1 米多处的地上有个人，我看像学生的样子，我就想大车把学生撞后跑了，而且躺着的孩子旁边还有个孩子在哭，哭着的孩子穿橘黄色衣服，我就掉头去追货车，到了新建中学路口处我就追上了大车，我直接超了过去，超过去后踩了几脚刹车，示意大车停车，大车没有停，加油由我左侧超了上来，同时我把车门玻璃降了下来，我在大车与我车平行时，我对大车喊："你把人撞了。"大车玻璃升起着，接着大车向我这边打了方向逼我车，我让了一下，大车就向前开走了，我在后边一直跟着，大车右前轮前转动轴部位一直冒着火花，我跟着大车由 308 国道向左转向韦玉路，上了韦玉路有 1 公里左右，我直接超车开到玉泉派出所，我敲派出所大门，我心里也急，敲了一会儿见没人来，我怕大车跑，又开到韦玉路口，这时大车刚好开过来，车底还有火花，我就继续跟着向前追过一个涵洞有 1 公里，打 110 没打通，我看一个人也挡不住，我还要接人就没有再追了。

3. 证人刘志远（男，24，个体司机）于 2010 年 10 月 26 日 11 时起在长宁区玉泉街道下家村向侦查员依法所作的证言：

10 月 22 日在利佳搪瓷厂门前发生交通事故时，我在场，看到了事情的经过。当日早上 6 点多的时候，我正好骑着电动自行车快到搪瓷厂门口时，从我身后来了一辆大卡车，到我身边的时候，突然向左打了一个方向，接着又向右打了一把，就冲向那几个学生。将那几个学生撞倒了。那辆车根本就没有停，继续向前开，我就骑电动车从几个被撞的学生身边开过去，想追这辆车，看看车牌，这时又来了一辆白面包车追上去。这时我看见撞人的大货车的右前轮有两条腿还在抖，车底下还挂着自行车，在地上摩擦着，冒火花。那辆大货车害怕面包车赶上他，还拐了个 S 弯，从车里甩出两个孩。后来面包车超过货车后，一直在前面开，货车就半路上拐弯了，没赶上。我看见面包车去赶了，就没在赶。

4. 证人张志恒（男，15 岁，玉泉街街办中学学生）于 2010 年 10 月 22 日在玉泉街街办初级中学向侦查员依法所作的证言：

我在事故现场。事故发生在 2010 年 10 月 22 日早晨 6 时 10 分左右，地点是 308 国道利佳搪瓷厂门口。我骑自行车与张阳骑的自行车在最前方，后面五六米是张润泽骑车带着张悦，再后边是林刚骑的自行车，最后边是林可，其他的我就不知道了。我们正骑车上学去，从我们后边过来一辆车先把林可撞倒，然后把林刚挂倒，车打方向向路中间歪，车没有停就开走了。肇事车辆是大货车、红色，车后边无牌子，车头没有鼻子，车逃跑时车头挂走了一辆自行车（林刚的），在地上冒火星。事故发生后，张润泽追了一会儿没追上，就回家叫大人去了，我、张悦、张阳在路边站着，林刚喊腿疼，林可不动也不喊，我发现在林可后头还有个女孩，不动也不喊，这时搪瓷厂出来了两人。

5. 证人贾前进（男，60岁，搪瓷厂门卫值班室工作）于2010年10月22日在西川市利佳搪瓷有限责任公司向侦查员杨某、陈某东依法所作的证言：

我知道，今天早上我们厂门口发生一次交通事故，有几个学生被车撞死了。我今天早上5时40分到单位门卫上班，到单位门卫室交接班，上夜班的有六个人，孟某战、边某海、贾某斌、贾某旗，另有两个人没到门卫前边来，他两人在厂的北门住着，交完班后，贾某旗和贾某斌走得迟，其他人先走了，当时门卫就剩他俩，还有另一个接班的，大约到早晨6时10分，贾某斌和贾某旗也准备走回家时，我们听到大门外边"哎呀"一声，我们感觉出事了就急忙开了大门往外走，一出门就看到地上倒放着两辆自行车还有三个人躺在地上，血肉模糊，身上淌着血，还看见有一辆白色面包车在后面追，因当时现场比较乱，天也黑着，我拿的手提灯，但没看到车牌，也没看见撞人的车，还看着有两个学生骑自行车过来说前边还有两人（被撞了），我们就赶紧又往南走过去，大约距我们厂门口100米处，路东还有两个人被撞了，南边那个现场我没过去，是贾某斌和贾某旗两个人过去看的。我就跑到厂里四号楼找职工雷某利用他的电话给玉泉派出所打了个报警电话，电话上记录的时间是10月22日6时36分（经准确时间对比应该是6时26分），之后我还用该电话拨打过110和114（雷某利的电话号码为：158××××××7）。这期间我们厂门口那三个人里有一个没死被家属开车拉到医院去了，我听说是同行的一个没被车撞上的学生回去告诉他们家长的。后来听说是死了四个，一个正抢救。在后来派出所人也来了，交警队、新闻媒体等都来了，勘查完现场，火葬场就把尸体拉走了。

6. 证人黄丽娟（女，41，系犯罪嫌疑人王新亮的妻子）于2010年10月22日在西川市公安局刑侦局一处二大队办公室向侦查员苏某、张某存依法所作的证言：

2010年10月21日早上，我丈夫王新亮开我家的大货车清AC3299拉了一车沙子回到我在云光的住处，吃完早饭，我和二儿子王成和王新亮一起把沙子拉到他舅家。后来，我们三人又开车从黄石山上给古城袁家水泥厂拉了两趟石子，然后，我们三人又开车到冀东水泥厂装了一车熟料，准备送到启县千山水泥厂。装好熟料已经是10月22日凌晨了。具体几点我说不清，然后我们三人开车行使到云光十字路口，我和王成就下车了，王兵坐在副驾驶位置，王新亮开车向阳县县城开去。我和王成回家后，就睡觉了，第二天睡醒的时候天已亮了，我就给王新亮打电话，问他在什么地方，好着没有，他说在启县千山水泥厂，一连打了好几次电话，具体多少我也记不清了。开始说是在千山，最后说在冀东水泥厂，这次我和儿子王兵说了他上学的事情，他不高兴还把电话挂了。过了一会，我丈夫王新亮给我打电话，说出事了，可能把人撞了，我问把人撞得轻还是重，他说在学校门口撞的，撞了几个人记不清。他说他现在阳县水泥厂，我说你不要走，我马上去。挂完电话，我就一人坐公交车来到我妹妹黄丽娜家，给我妹妹讲新亮把人撞了，然后我就和我妹妹在阳县田镇坐车找到我丈夫。我和妹妹到阳县水泥厂后，车就在水泥厂门口。我丈夫一个人坐在车上，上车后，我问他怎么把人撞的，我丈夫讲车到西川市时，他还清醒呢，后来到昌河时，他就瞌睡了，把人撞了以后，突然惊醒，看到周围都是学生，当时由于比较害怕，也没有停车，在向前继续开时，有一辆面包车挡他，并招手让他停车，他也没有停车，继续向前开，在走的过程中，感觉到前轮没气了，也没有停车，一直到千山水泥厂，把熟料卸了，然后和王兵把轮胎换了。我丈夫讲是他自己开的车，王兵在驾驶室后睡觉。当时，我丈夫说这次把事情弄大了，要逃跑，准备开上车向平邑方向逃跑，他就问我身上有钱没钱，我说身上有1000元钱，他就把钱拿走了。我回家后，我妹妹黄丽娜给我打电话说，她说："刚才看电视了，撞死了4个孩子，还有一个重伤，你快叫我姐夫自首。"我就给王新亮打电话，说："你在那等着，我马上就过去。"我就一个人过去，我就说："王新亮你赶紧回去，4条人命，1个重伤，你去自首。"我丈夫讲："这么多人命，我这是犯了死罪，跑一天算一天，还是不想自首。"我想让他自首，但我说不动他，我就一个人回家了。等第二天早上，我又给王新亮打电话说你要走了，小心点。他也没说什么，就挂机了。我给王新亮打电话，问他在哪，他说在江滨市，我说："你快回来，我顶不住了，你再也不要跑了，你回来咱面对现实。"他说准备回去，我问："你什么时间回来？"他说最快后天早上能回来，我后来还给他打了几个电话，确定他正往回走了。10月26日早上我把王新亮的兄弟姐妹喊我家来，给他们讲了王新亮撞人的事情，并告诉他们，我想让王新亮自首，现在都给家里人说一下，大家都说自首好，跑是解决不了问题的。后来，我们一起到马庄高速路口接到王新亮。大家说让王新亮自首，他哭了，说整天光想挣钱，没想出这么大的事情，也同意自首。后来，我们带他到阳县吃了饭，洗个澡，就带他到县公安局自首了。

7. 证人黄丽娜（女，37岁，系黄丽娟的妹妹）于2010年10月29日在清江省阳县公安局田镇派出所向侦查员依法所作的证言：

2010年10月22日14：00左右，我姐黄丽娟坐公交车到了我家，在我家里向我借钱，并告诉我，王新亮（我姐夫）出事了，需要钱给人家看病，我当时说没有钱，只有等丈夫孙志刚把账收了才能有钱。接着我姐就让我和她到阳县水泥厂（地址在田镇关道村）后边去看王新亮，我和我姐就在田镇街道坐了一辆面包车来到阳县水泥厂，在水泥厂南边的路上我和我姐见到了王新亮，王新亮的车当时在路边停着，王新亮在车上坐着呢，这时我看到王新亮的车没有挂前后车牌。我和我姐围着车看了一下，只发现副驾驶位置的车轮（右前轮）有一个螺丝没有上紧，车轮后方的挡泥板烂了，右车灯上方一个裂缝。其他情况我也没有看见。我和我姐就上了车，在驾驶室里，我姐问王新亮："你把人撞得咋样了？"王新亮说："你再不要问了。"我姐问："王兵干什么去了？"王新亮说："回家去了。"然后，王新亮就把车向北开到一个石料场内。停下车后，我姐又问王新亮："你把人撞得咋样了？"王新亮说："我不知道。"我姐问："到底是你开的车还是孩子开的车？"王新亮说："是我开的车。"我姐问："那孩子干啥呢？"王新亮说："睡觉呢。"我姐问："那你咋能把人撞了？"王新亮说："我当时瞌睡了。"我姐问："你到底把谁撞了？"王新亮说："可能是学生。"我姐说："那你为啥不把车停下来看人家孩子，救治孩子？"王新亮说："我不知道是几个孩子，我一睁眼看前面有几个孩子呢。"我姐说："那你还不知道你撞了几个孩子？"王新亮说："我不知道。"我姐说："你把几个孩子撞了，这事情大，你赶快去自首。"王新亮说："我不敢，我太害怕了，我想跑呢。"我姐和我就反复劝王新亮投案自首。王新亮说："让我考虑一下。"这个时候，我就下了车，看到车的右边车厢底下的大梁附近有血迹。过了一会儿，我又上了车，在车上王新亮就让我姐和我回去，并让我姐给王兵、王成去报名上学。我姐又劝王新亮去投案自首。说完这些话，我就和我姐下了车，从石料场向下走，在半山的时候，我姐说她害怕得很，走不动路了，我就陪我姐在半山上坐了一两个小时，下山后，我就和我姐分手了，我回家了，我姐回云光镇了。我回到家都18点多了。在家里，我从电视上看了王新亮撞人的事故情况。就在我看电视的过程中，我姐给我打电话说她准备让王新亮去自首，把孩子撞了，咱良心上过不去。我把从电视上了解的事故情况向我姐说了，在电话里我给她说："姐，这个事情大了，把四个孩子都撞死了。"我姐说："咱都不是心坏的人，这么大的事，一定要去自首，该咱承担的责任一定要承担。"过了一会儿，我姐又给我打电话，让我丈夫孙志刚用摩托车把她从田镇车站送到石料场去，我就让孙志刚开摩托去送她了。在此之后我们就再没有见过面。

（三）被害人陈述

被害人张悦（男，16岁，系玉泉中学初二年级学生）于2010年10月22日在玉泉街办初级中学并在胡某娟老师的见证下向侦查员依法所作的证言：

今天早上，在308国道官庄村附近发生的交通肇事我当时在场，同时在场还有我的同学张润泽、张志恒、林刚、林可、张阳我们共6个人，骑自行车沿308国道去学校上学。事故发生时，我们刚好在利佳搪瓷厂门口，当时张阳、张志恒骑自行车并排在最前面，张润泽骑自行车带着我，车后面两三米远的地方，林刚骑自行车在我旁边靠后一点，林可骑自行车在最后面，距离我大约一米远。当时，我们正在按着我前面说的顺序骑着，后面有车的灯光，我听见"砰"的一声就回头看，一辆大车就已经到了我们跟前，车的右前方把林刚、林可撞倒，又把我和张润泽挂倒在路边的草丛里。我听见"砰"的一声是在车撞到林可之前，林可被撞倒的情况我没看清，我看见车从林刚的腿上轧过去，而且把林刚的自行车挂走。我当时见车就像一辆拉石子的大货车，当时我看见是一辆红色的车，车速很快，而且撞倒人后没有停直接就跑了，我没有看清车牌号。出了车祸后，我才知道我们6人后面还有一个孩子，车把那个孩子也撞了，那个孩子在我们后面五六米远，是个女孩。

（四）物证、书证

1. 西川市公安局交通警察支队于2010年10月31日依法出具的材料证明：

犯罪嫌疑人王新亮只有C3驾驶证，而驾驶涉嫌肇事车辆货运汽车需要持A1或A2或B2准驾车型的驾驶证方可上路行驶。

2. 西川市公安局侦查人员依法提取的两张票据：一张是千山水泥厂（西厂）收料磅单，一张是冀东海德堡水泥有限公司销售汽运验斤单证明：

犯罪嫌疑人当日严重超载行驶的事实。

3. 现场勘验检查提取痕迹、物证登记表一份证明：

当时从肇事车辆及现场提取到的血迹及人体组织等物证的情况。

4. 阳县公安局刑侦大队于2010年10月27日、11月6日、10月28日分别依法出具的《抓捕经过》、《抓获经过》及《破案经过》证明：

犯罪嫌疑人王新亮、王兵的到案经过。

5. 西川市公安局刑侦局于2010年10月28日的《提取记录》1份证明：

根据犯罪嫌疑人的交代，从涉案肇事车辆上提取到车牌的情况。

6. 阳县公安局黄石派出所出具的《户籍证明信一份》证明：

犯罪嫌疑人王新亮作案时已达到刑事责任年龄。

（五）勘验、检查笔录

1.西川市公安局长宁分局交警支队制作的《道路交通事故现场勘查笔录》一份，"10·22"事故现场图1份、"10·22"事故现场示意图1份、"10·22"事故第二现场图1份、"10·22"事故现场图说明证明：

交通事故案发时的现场具体情况，证实当时有两个案发现场。

2.2010年"10·22"交通肇事逃逸案弃车现场勘验检查笔录1份、弃车现场示意图一份证明：

肇事车辆事发后的具体物理状态，以及其上面保存有血迹等物证。

（六）视听资料

"10·22"事故现场照片2张、"10·22"事故第二现场照片2张及"10·22"事故弃车现场照片5张证明：

案发时的现场勘查情况以及肇事车辆的具体情况。

（七）鉴定意见

西川市公安局长宁分局交警大队出具的道路交通事故认定书证明：

事故形成原因是王新亮持与准驾不符的机动车驾驶证在疲劳的状态驾驶严重超载的大货车。王新亮肇事后驾车逃逸致使事故有关事实无法查清。王新亮违反《中华人民共和国道路交通安全法》第19条第4款、第22条第2款、第48条第1款及《中华人民共和国道路交通安全法实施条例》第92条，负事故全部责任。何晶晶、林可、刘小妹、王春燕及林刚无责任。

请根据以上案件材料形成向本院检察委员会汇报的案件审查意见，有明确的承办人意见和侦监处处长意见。无须对案件涉及的程序性问题进行评价。

二、侦查监督比武中的案件汇报实训

全国侦查监督技能比武迄今已经举办三届，每届的一个重点考核项目就是案件汇报与答辩，这个项目的设置也是与检察机关所面临的任务、形势以及检察工作特点密切相关的，检察机关的各项业务工作最终载体是各种法律文书，但一方面法律文书由于其较长、较晦涩，即使进行优秀法律文书的评比，最终好的文书与不好的文书的质量差距不直观、不具体，因此达不到比武评比、择优选拔人才的目的；另一方面，司法工作的为民、便民的新要求，也催生了对检察人员做群众工作、提高口头表达能力的新要求。案件汇报作为执法办案的重要环节，案件汇报能力是侦查监督人员必备的重要技能之一，纳入《最高人民检察院关于加强侦查监督能力建设的决定》（高检发〔2012〕7号）中，是侦查监督检察官应当具备的七种能力之一。案件汇报水平如何，不但反映办案人员的工作作风、法律政策水平和对案件事实、证据的把握程度，而且直接影响院领导在案件定性、捕与不捕等重大问题上所作决策的正确性。

下面以 2013 年 11 月进行的第三届全国检察机关侦查监督业务竞赛中的案件汇报环节，各个选手的汇报情况作为样本，对侦查监督工作中的案件汇报的重点、方法、技巧进行梳理。侦查监督业务竞赛共考查三个部分的内容，案件汇报与答辩作为其中重要一项，占总成绩的 25%，主要考查选手汇报案件、临场应变、刑事法学理论与侦查监督实务知识、逻辑思维与语言表达、精神面貌与文明举止等综合素质，同时设有优秀汇报与答辩奖的单项奖，显示出案件汇报工作与制作法律文书一样都是检察工作的重要载体，是检察人员工作能力、工作水平的重要体现。

（一）实训案例

实训材料

张一阳、赵乐、李佳媛涉嫌过失致人死亡案

一、犯罪嫌疑人基本情况

张一阳，男，21 岁，京北省东江县人，无业。赵乐，男，19 岁，京北省东江县人，学生。李佳媛，女，17 岁，京北省东江县人，学生。

二、简要案情

2013 年 2 月 22 日，犯罪嫌疑人李佳媛告诉男友即本案犯罪嫌疑人张一阳，被害人程明当晚对其实施了猥亵，程明次日还将约其见面，张一阳遂决定就此事与程明交涉。张随之将此事告诉了其好友、犯罪嫌疑人赵乐，赵即表示愿与张一阳一起去见程明。次日晚 9 时许，李佳媛与程明一起赶至东江县南湖公园西北门，李提前通知了张一阳。进入公园后，李佳媛按计划躲进公厕内。提前守候的张一阳见状即安排赵乐留在程明所在处北侧堵截，自己绕到程明西侧试图拦截程。程明见状沿公园内湖岸向南逃跑。张一阳在被害人的西侧追赶，并大声警告程站住，直至程明向南跑上结冰的湖面。赵乐听到张的呵斥后也追赶至岸边，此时，李佳媛走出公厕后看到张、赵二人先后往湖边追赶程明，便同时走到湖边，后因未见上述三人又折返离开公园。张一阳与赵乐一起从西侧桥上绕至湖对面南岸继续搜寻程明未果。搜寻中，张一阳、赵乐发现湖南岸没有结冰，虽意识到程明有可能掉入湖内，但因未发现程明，也未听到异响，遂离开公园。次日，被害人程明的尸体在湖内南岸被发现。经法医鉴定，被害人程明系溺死。

（二）选手的具体汇报情况及得分差异

参赛的 20 名选手中，最高分为 94.1 分，最低分为 77.8 分，平均得分 87.8 分。因为该项考试设置，主要考查案件定性（故意杀人还是过失致人死亡、故意伤害），并对审查批捕程序中逮捕条件和程序的把握、立案侦查监督以及监督职能延伸（社会管理创新、诉讼风险防控）等也一并进行了考查，按照出题者的思路，该案应为过失致人死亡，而且主要分歧在于是过失还是间接故意致人死亡，对于监督职能延伸等并非主要得分点。该部分的测试除了案件汇报外，还需要选手回答必答题以及评委的追问，总计时间 20 分钟，由于答辩不是本书涉的内容，现仅就 20 名选手在案件汇报环节的表现进行梳理。

仅以对案件的汇报内容、时间把握来看，各个选手之间还是有较大差距，从汇报时间来看，案件汇报时间最短的 5 分钟，最长的 17 分钟，汇报内容中最短的说了 800 字，最长的说了 5000 余字，平均用时 11 分钟、叙述 2300 余字；从叙述的内容来看，大部分选手都在汇报的开始简要说明了拟汇报内容的提纲，一般包括"审查认定的事实"、"焦点问题"、"行业性质"、"需要说明的问题"、"处理意见"五个方面的内容，个别选手还将"犯罪嫌疑人基本情况"、"发案、立案、破案经过"、"逮捕必要性分析"、"办案风险评估及预案"、"延伸办案职能的意见和建议"等内容列入了汇报提纲。其中汇报内容区别之处在于：

1. 内容是否简练、观点是否明确。

汇报时间与答辩时间总计不超过 20 分钟，从答题策略而言，两个部分应当平均分配时间，从参赛选手的实际表现来看，也基本上是秉承这一原则，但也有个别选手在汇报案件中用了绝大部分时间，导致在答辩时没有充足时间可用。而且从得分情况来看，得分最高的 A 选手，其汇报案件的时间最短，仅为 5 分钟，将汇报内容分为"审查认定的事实"、"焦点问题"、"行为性质"、"需要说明的问题"、"处理意见"五个内容，七要素认定事实、焦点问题直接列明，言简意赅。

下面是 A 的案件汇报内容（得分 94 分）：

> 主持人、各位评委大家好，今天我将对"张一阳、赵乐、李佳媛过失致人死亡案"进行案件汇报。
>
> 汇报内容：审查认定的事实、焦点问题、行为性质、需要说明的问题及处理意见。

一、审查认定的事实

时间：2013 年 2 月 23 日 21 时 50 分许；地点：南湖公园；人物：张一阳、赵乐；起因：前一天，程明欲强奸李佳媛；目的：让程明赔礼道歉→打程明一顿；手段：围堵、追逐、未施救；对象：程明；结果：溺水而亡。

二、焦点问题

1. 张一阳行为性质；2. 赵乐是否对程明死亡结果承担刑事责任；3. 李佳媛是否应对程明死亡结果承担刑事责任。

三、行为性质

过于自信的过失及不作为导致过失致人死亡罪；赵乐行为性质：过于自信的过失及不作为导致过失致人死亡罪；李佳媛：事实不清，证据不足。

四、需要说明的问题

立案监督事项程明涉嫌强奸罪，但其死亡，不追究刑事责任。

侦查活动监督事项：鉴定意见未附鉴定人和鉴定机构资质证明；辨认未附辨认照片或录像；未问明是否为人大代表或政协委员首次讯问；未告知如实供述可从宽处理首次讯问；未告知诉讼权利通知法律援助机构指派律师提供辩护；未优先通知法定代理人到场解剖尸体；未通知死者家属到场不当撤案（书面纠违）。

需要补充侦查事项：提取手机短信；提取 QQ 聊天记录，核实通话内容、调取监控录像鉴定伤情成因。

其他需要说明的问题办案风险评估：处理结果心理预期不符，可能会出现上访过激行为，释法说理；风险评估检察建议：建议南湖公园管理部门完善安全防护设施；排除监控死角；加装照明设施；在湖边树立警示牌。建议教育局督促学校加强对在校生的管理；建议文化局对网吧容留未成年人上网进行查处；建议司法局对辩护人在侦查阶段向犯罪嫌疑人核实证据的行为进行处罚。

不采纳"赵乐无罪"的辩护意见。

五、处理意见

批准逮捕张一阳证据条件：有证据证明有犯罪事实（过失致人死亡）刑罚条件；可能判处徒刑以上刑罚社会危险性条件；采取取保候审不足以防止发生社会危险性对于赵乐、李佳媛不批准逮捕。

与之相比，同样的案件事实，另外一位选手的汇报就长达 17 分钟，不仅对程序性问题，如犯罪嫌疑人身份、发案经过等与案件处理无太大关系的内容汇报太过详细，在证据分析方面也与定性分析掺杂，整体上重点不突出，对自己观点的阐明不充分，虽然说得足够多，但没有让听汇报人从繁杂的汇报内容中理出思路，被一些细枝末节淹没了真正有用的内容，得分情况也不够理想，该项得分为倒数第三名，与第一名差了12分之多。

下面是 B 选手的汇报内容（得分82分）：

各位评委老师，早上好！今天我将向大家汇报"张一阳、赵乐、李佳媛涉嫌过失致人死亡一案"。

汇报主要内容：1. 以涉嫌故意杀人罪批准逮捕犯罪嫌疑人张一阳。2. 犯罪嫌疑人赵乐涉嫌过失致人死亡罪，但是情节轻微，其本人不批准逮捕不会发生社会危险性，建议不批准逮捕。3. 犯罪嫌疑人李佳媛行为不构成犯罪，建议不批准逮捕。

一、汇报提纲

1. 案件受理经过；2. 犯罪嫌疑人基本情况；3. 发案、立案、破案经过；4. 审查认定的事实及证据；5. 需要说明的问题；6. 社会危险性分析；7. 办案风险评估及预案；8. 延伸办案职能的意见和建议；9. 处理意见。

二、犯罪嫌疑人基本情况

犯罪嫌疑人张一阳，男，1992年2月11日出生，身份证号码：略，汉族，高中文化，户籍地京北省东江县小河镇石河小区1号楼101室，现住京北省东江县小河镇康安小区29号楼310室，无业。非人大代表、政协委员。因涉嫌过失致人死亡罪于2013年3月13日被东江县公安局刑事拘留，现羁押于京北省东江县看守所。个人简历：自幼读书，高中毕业后在部队服役，2012年11月26日回家待业至今。

犯罪嫌疑人赵乐，男，1993年7月9日出生，身份证号码：略，汉族，大专文化，户籍地京北省和平县富贵小区2楼6门604号，现住京北省东江县小河镇菜园小区4号楼3单元307号，学生。非人大代表、政协委员。因涉嫌过失致人死亡罪于2013年3月13日被东江县公安局刑事拘留，现羁押于京北省东江县看守所。个人简历：现为京北工贸技师轻工分院学生。

犯罪嫌疑人李佳媛，女，1996年5月12日出生，身份证号码：略，汉族，高中文化，户籍地京北省东江县小河镇民权街72号，现住京北省东江县小河镇康安小区9号楼509室，学生。非人大代表、政协委员。因涉嫌故意伤害罪于2013年3月19日被我局取保候审。个人简历：现为东江五中学生。

三、发案、立案、破案经过

2013年2月24日14时53分，接群众报案称：在南湖公园南岸湖边发现死尸。接报后，东江县公安局刑侦大队立即赶赴现场展开调查访问工作。2013年3月8日15时许，程晓到小江派出所报称：其儿子程明于2月中旬离家到长治农商行上班，后失去联系。3月9日，经程晓辨认，确认在南湖公园南岸湖边发现的男性尸体就是程明，经查2013年2月22日22时许，被害人程明在犯罪嫌疑人李佳媛家楼道强奸李佳媛未遂，李佳媛将此事告知犯罪嫌疑人张一阳，并告知程明约其第二天晚上在南湖公园见面。2月23日21时许，李佳媛将程明带至东江县南湖公园西北门口，张一阳与另一犯罪嫌疑人赵乐在南湖公园与程明见面后，张一阳和赵乐追赶程明。后为了查清案件事实，经东江县公安局通知，张一阳、赵乐、李佳媛于2013年3月12日分别到东江县公安局刑侦大队接受调查讯问，2013年3月13日，东江县公安局就本案，以张一阳、赵乐、李佳媛涉嫌过失致人死亡案立案侦查，同年3月18日有将本案以三犯罪嫌疑人故意伤害（致死）案立案侦查，案件告破。

四、审查认定的事实

2013年2月23日21时50分左右，犯罪嫌疑人张一阳伙同李佳媛、赵乐经事先预谋，由李佳媛将程明约至京北省东江县南湖公园西北门公厕处，后张一阳及赵乐将程明围追至该公园湖的西北岸边，程明跑入湖中冰面后溺水死亡。

五、主要证据及分析

证实犯罪嫌疑人张一阳涉嫌故意杀人罪的证据有：其本人供述的将被害人坠下冰面并听到冰层破裂供述，同案的赵乐、李佳媛的供述相互印证；证人周唯事后接到张一阳电话的证言与张一阳供述印证；公安机关调取的案发当天犯罪嫌疑人、被害人以及证人周唯的通话记录；现场勘验检查笔录、现场图；尸体检验意见。

证据分析：1. 犯罪嫌疑人张一阳的认罪供述，其主要供述了发案的原因和动机是为女友要找被害人谈判，不行就殴打被害人，同时，对于案发时现场的环境，以及追赶被害人的经过都做了详细供述，对于其明知冰层危险，且仍然追赶被害人，并威胁已经在冰面的被害人的事实的供述，以及发觉被害人可能掉入冰洞后不予理睬的事实，均说明其对于被害人的死活无所谓的态度。2. 犯罪嫌疑人赵乐供述、犯罪嫌疑人李佳媛的供述共同印证张一阳追赶被害人的事实，同时张一阳向二犯罪嫌疑人表示将被害人追上冰面的情况。3. 被害人的尸体检验意见证实被害人溺水死亡的结果。4. 对于尸体检验结果中被害人身上的其余伤痕可以通过李佳媛的供述得以排除是案发当日造成。上述证据共同证实犯罪嫌疑人将被害人逼上冰面，并且继续威胁被害人致使其不能返回陆地，最终导致掉入水中溺水死亡的结果，在此过程中，张一阳明确认识到冰层的危险性，却放任被害人掉入水中，其行为至被害人生命极度危险，却放任危险的发生，构成故意（间接故意）杀人罪。

证实犯罪嫌疑人赵乐涉嫌过失致人死亡的证据有：张一阳供述被害人坠下冰面并听到冰层破裂，同案的赵乐供述参与追赶但没有看到被害人掉下冰面以及李佳媛的供述；证人周唯事后接到张一阳电话的证言与张一阳供述印证；公安机关调取的案发当天犯罪嫌疑人、被害人以及证人周唯的通话记录；现场勘验检查笔录、现场图；尸体检验意见。

证据分析：上述证据通过三名犯罪嫌疑人的供述共同证实赵乐参与追赶程明，但是赵乐并未看到程明走上冰层，也没有预见到被害人可能会选择走冰面逃跑，虽然其知道冰面不安全，可能会掉入湖里，但是被害人最终选择通过冰面逃跑，最终导致被害人掉入湖中溺水死亡后果的发生。总体而言，其并没有放任被害人的死亡，只是，存在疏忽大意的过失，其行为与张一阳意识到危险后仍然威胁被害人的行为应当有所区别。

证实犯罪嫌疑人李佳媛不构成犯罪的证据有：李佳媛关于其被程明猥亵，以及要求张一阳找程明的供述；张一阳、赵乐的对于案发当日李佳媛行为的供述；李佳媛同学魏芳、前男友周唯关于李佳媛告知其案件相关情况的证言；程明同事关于案发当日上午程明身上多处有伤的证言；程明的尸体检验意见与李佳媛供述印证的伤痕以及其死亡原因。

证据分析：上述证据证实李佳媛虽然找到张一阳要报复程明，但是并不想杀害被害人，其仅是一般的教训、殴打，且仅要求张一阳一人到场，且约定在公厕内找程明谈判。但实际案件发生的情况超出了其预料，其不可能预见程明会逃跑到湖面的冰上，也不可能预见张一阳会继续威胁程明，最终导致程明溺死，因此其主观上没有过错，张一阳、赵乐的行为已经超出了其主观故意，因此对于二人过限的行为不应当承担刑事责任。

本案需要继续侦查的证据：1. 补充张一阳、李佳媛对被害人的辨认笔录和照片，确认案发当日的侵害对象。2. 补充调取犯罪嫌疑人李佳媛、被害人程明的QQ聊天记录。3. 补充调取犯罪嫌疑人李佳媛与证人周唯在案发当晚发送短信的情况和短信的内容。4. 补充对犯罪嫌疑人李佳媛进行身体检查，查看是否有因猥亵行为留下的痕迹。5. 补充核实案发当晚程明是否饮酒过量的情况。

六、说明的问题

（一）侦查活动监督事项

1. 侦查机关对于本案应当使用《未成年犯罪嫌疑人法定代理人到场通知书》而非未成年被害人。2. 侦查人员讯问犯罪嫌疑人没有告知其诉讼权利义务——违反了《刑事诉讼法》第118条之规定。3. 侦查机关针对同一犯罪事实两次立案的情况不符合《刑事诉讼法》的要求。对于上述轻微问题仅需对侦查人员口头纠正，同时对相关的证据进行补正即可。

（二）其他需要说明的问题

1. 本案最大的争议应该是犯罪嫌疑人究竟是伤害致死，还是过失致人死亡和间接故意杀人的问题，以下陈述理由：本案不构成故意伤害罪，理由是虽然犯罪嫌疑人多次表示有殴打被害人的想法，但是其存在前提，即先找被害人程明理论，如果被害人"耍横"才打被害人。同时所谓的打也仅仅是"吓唬吓唬"，结合犯罪嫌疑人并没有携带任何致伤的危险工具，所以，不能仅凭"吓唬"就得出犯罪嫌疑人具有故意伤害的故意，不排除一般的殴打行为或者只是理论、威胁，现有证据无法充分地证实犯罪嫌疑人在追赶被害人时具有伤害的故意，因此追赶的行为不能认为是故意伤害的预备或者构成行为，也就不能认定被害人的死亡结果是过意伤害行为的结果加重。

2. 犯罪嫌疑人张一阳构成故意杀人，而同案赵乐却构成过失致人死亡的原因。

犯罪嫌疑人张一阳安排赵乐堵截被害人去路，可见其并未意识到程明会选择冰面逃跑，故追逐开始时，没有要将其逼上冰面的想法，仅是以冰面为屏障阻截被害人，但是当其发现被害人选择冰面逃跑时，认识到了其行为使得被害人身处险境，随时可能落入冰中溺水死亡，急迫需要采取措施救助，此时其向被害人发出威胁，迫使被害人不敢返回陆地的行为使被害人的生命受到更大威胁，即放任了被害人生命面临的危险，也放弃了其先行行为导致的特定的作为义务，最终导致了被害人死亡的结果，是一种间接故意，同时也是一种不作为的杀人行为。

而犯罪嫌疑人赵乐怀着同样认为可以利用冰湖堵截被害人的心理，同样没有预见到被害人会选择冰湖逃跑，当被害人逃上冰面时，赵乐也不在场，不知道，而当其追上张一阳时被害人已经从冰面离开不知去向，所以，同时也没有参与张一阳威胁被害人的行为，张一阳的威胁行为早已经超越了赵乐的认知范围，至今应当在自己的过错内承担相应的刑事责任，其对被害人的死亡存在疏忽大意的过失，因此应当成立过失致人死亡的刑事责任，但是其发挥的作用远小于张一阳的作用，其在供述中也表述害怕程明出事，表明其对程明的死亡持否定结果，因此应当认定为过失致人死亡。

3. 犯罪嫌疑人李佳媛是否构成犯罪的问题。本案，犯罪嫌疑人李佳媛受侮辱在先，其把此事告知男朋友属正常反应，同时证据表明其确实让张一阳为其找程明理论，但是选择地点是在公厕，明确其不要再叫其他人，可见其对于事情的发展希望控制在一定限度，而对于这限度也仅是要张一阳找其理论，从现有证据无法证实其找张一阳是为了打程明，因此目前证据无法证实李佳媛的行为构成犯罪。

七、社会危险性分析

犯罪嫌疑人张一阳涉嫌罪行可能判处 10 年以上有期徒刑，犯罪嫌疑人张一阳案发后有逃跑的迹象，犯罪嫌疑人张一阳具有相应的社会危险性，符合《刑事诉讼法》第 79 条批准逮捕的相关规定。

犯罪嫌疑人赵乐构成过失致人死亡，其可能判处的刑罚为 10 年以下。赵乐具有自首情节且如实供述案情；找了家属具有积极赔偿被害人家属的意愿和行为，有进一步调解的可能；赵乐本身是学生，且是初犯；犯罪嫌疑人不具有相应的社会危险性，不符合《刑事诉讼法》第 79 条批准逮捕的相关规定，建议不批准逮捕。

八、办案风险评估及预案

本案被害人家属程晓对于赔偿不满意，要求严惩凶手，不批准逮捕李佳媛、赵乐可能会存在较大的不满情绪。同时本案的发生涉及李佳媛个人的隐私以及被害人的过错，李佳媛也是学生，可能造成李佳媛隐私泄露。

预案：继续在犯罪嫌疑人以及被害人家属间从事调解工作，化解双方仇恨，同时详细解释不批准逮捕李佳媛的原因以及其子程明在本案发生中存在的过错，缓和其不满情绪。同时应当对李佳媛的个人隐私进行保密，在其学校采取措施防止发生不良影响，影响李佳媛继续求学。

九、延伸办案职能的意见及建议

（一）本案发生于学校对于学生的管理以及社区对于社区安全的管理，公园安全设施的设置均有一定原因，应当分别向学校发出《检察建议》，要求学校在平时注重对学生早恋等情形的心理辅导和教育，避免学生过早恋爱特别是与校外社会人员恋爱，树立正确的爱情观。对于公园管理单位应当建议加强安全设施的配备，特别是夜间照明，监控，巡逻，一方面可以防止意外的发生，另一方面也可以防止犯罪的滋生。对于李佳媛居住的社区也应当就本案的发生进行建议加强小区的管理，特别是防止外来人员随意进入小区住户楼道，防止恶性案件的发生。

（二）本案目前未发现有重大社会矛盾存在。但是对于被害人家属应当进行安抚，组织双方再次进行调节，进行合理赔偿，同时要注意李佳媛所在学校对本案的保密工作，李佳媛系在校学生且表现良好，其在案发前被人猥亵的情况涉及个人隐私，应当要求相关本案的知情人员保密，不影响其在校读书。

十、案件综合处理意见

张一阳，其行为涉嫌触犯《刑法》第232条，故意杀人罪，且有较大社会危险性，建议批准逮捕。赵乐，其行为涉嫌过失致人死亡罪，触犯《刑法》第233条规定，但是不具有社会危险性，建议不批准逮捕。李佳媛，其行为不构成犯罪，不批准逮捕。

2. 汇报的主体是否围绕拟解决的事项。

侦查监督案件的汇报拟解决案件定性以及是否具有逮捕必要、是否进行侦查监督以及监督职能延伸等问题，其中是否逮捕、以何种罪名逮捕以及是否存在侦查违法需要纠正是汇报的三个重点内容。上述案例中，证据分析、事实的认定并非考查的重点，关键是定性分歧、是否有逮捕必要以及侦查监督纠正违法的问题。因此，应当对后者进行重点的汇报、分析，而不是拘泥于审查逮捕报告中的固定格式，将犯罪嫌疑人的身份、发案、到案、破案经过等加以罗列，实际汇报中，不少选手没有注意到这一点，将犯罪嫌疑人的身份进行了详细的说明，如上述B选手将犯罪嫌疑人的身份按照审查逮捕报告的内容进行了列举，甚至将其个人简历也一并涉及：

1. 犯罪嫌疑人张一阳，男，1992年2月11日出生，身份证号码：略，汉族，高中文化，户籍地京北省东江县小河镇石河小区1号楼101室，现住京北省东江县小河镇康安小区29号楼310室，无业。非人大代表、政协委员。因涉嫌过失致人死亡罪于2013年3月13日被东江县公安局刑事拘留，现羁押于京北省东江县看守所。个人简历：自幼读书，高中毕业后在部队服役，2012年11月26日回家待业至今。

2. 犯罪嫌疑人赵乐，男，1993年7月9日出生，身份证号码：略，汉族，大专文化，户籍地京北省和平县富贵小区2楼6门604号，现住京北省东江县小河镇菜园小区4号楼3单元307号，学生。非人大代表、政协委员。因涉嫌过失致人死亡罪于2013年3月13日被东江县公安局刑事拘留，现羁押于京北省东江县看守所。个人简历：现为京北工贸技师轻工分院学生。

3. 犯罪嫌疑人李佳媛，女，1996年5月12日出生，身份证号码：略，汉族，高中文化，户籍地京北省东江县小河镇民权街72号，现住京北省东江县小河镇康安小区9号楼509室，学生。非人大代表、政协委员。因涉嫌故意伤害罪于2013年3月19日被我局取保候审。个人简历：现为东江五中学生。

而另外一种汇报方法则是根据案情的需要，对处理结果有影响的身份情况才进行说明，其他内容即略过，如 C 选手的汇报：

> 犯罪嫌疑人基本情况张一阳，21 岁，本地人，无业，2013 年 3 月 13 日，刑拘羁押；赵乐，20 岁，本地人，学生，2013 年 3 月 13 日，刑拘羁押；李佳媛，17 岁，本地人，学生，2013 年 3 月 19 日，取保候审。

两相对照，C 的汇报方式言简意赅，对是否未成年人、是否有固定职业、住处、羁押措施等有可能影响是否做出逮捕决定的因素加以提炼，与此无关的因素不再提及，保证了汇报的重点突出。

再如对是否有逮捕必要的分析，D 选手根据逮捕的条件，逐条进行了分析，一一对照、一目了然：

> 承办人处理意见批准逮捕张一阳证据条件：张一阳的行为涉嫌故意杀人罪，已经达到有证据证明的标准。刑罚条件：可能判处 10 年以上有期徒刑、无期徒刑、死刑。社会危险性分析：罪行严重，可能判处 10 年以上有期徒刑，推定其有社会危险，且其有逃跑的可能。
>
> 批准逮捕赵乐证据条件：赵乐的行为涉嫌故意伤害致人死亡罪，已经达到有证据证明的标准。刑罚条件：可能判处 10 年以上有期徒刑、无期徒刑、死刑。社会危险性分析：虽然其系犯、系在校生，具有帮教条件，但是由于其可能判处 10 年以上有期徒刑，推定其有社会危险。
>
> 批准逮捕李佳媛证据条件：李佳媛的行为涉嫌故意伤害罪，已经达到有证据证明的标准。刑罚条件：可能判处 3 年以下有期徒刑、拘役、管制。社会危险性分析：系未成年人在校生，共同犯罪中的从犯。

虽然其最终作出是否逮捕的处理意见与标准答案不符，但其论述得清晰、明确，容易让汇报人听懂、接受，相较而言，有的选手结论作出就比较简单，缺乏论证，如：

> 审查处理意见
>
> 张一阳，故意伤害致人死亡，径行逮捕。赵乐，故意伤害致人死亡，故意伤害致人死亡，没有社会危险性。李佳媛，主观事实不清、证据不足，应当不捕。

3. 对证据的归纳、事实的分析是否科学、精练。

通常而言事实认定、证据的把握是承办人应当承担的首要责任，承办人向他人汇报案件时，一定要区分是事实、证据存在问题的汇报，还是定性、量刑、程序等问题的汇报，如果事实认定并无分歧，则在证据分析、论证时可以适度从简，甚至一笔带过；如果是证据、事实认定存在分歧的案件，则要重点分析证据，证据可以证明的事实、可以形成的证据链条、证据链条的缺失部分是汇报的重点。

本案中的事实认定并非考查的重点，出题人的目的是要考查承办人对（间接）故意杀人、过失致人死亡的定性分歧的把握，当然行为人的主观方面如何认定，需要结合客观证据，甚至是生活常理进行推理得出妥当的结论，必要的证据分析是可行的，但太过繁琐，甚至毫无章法，仅仅是按照法定证据种类、法律文书格式，将证据进行简单的罗列，不仅不能起到证明案件事实的作用，还有可能模糊了拟讨论的重点。

如 E 选手在证据分析中就采用了从证人证言、犯罪嫌疑人供述与辩解、书证、鉴定意见、现场勘验检查笔录、辨认笔录的法定证据种类排列顺序的方法，对在案的证据全部进行了列举、分析，对于各部分证据拟证明的事实、证据与证据之间的关联性并未进行充分的说明，导致对证据的分析论证冗长、无效：

一、证人证言

其一，证人程晓证言。其二，证人康淑芬证言证实：南湖公园发现的尸体，死者系其子程明。其三，证人周唯证言证实：犯罪嫌疑人张一阳给其打电话说，程明跑到南湖公园的冰面上，冰面半冻半化的，要掉下去就准备收尸吧。其四，证人魏芳证言证实：其听李佳媛说程明找李佳媛去南湖公园。其五，证人沈六栓证言证实：南湖公园南岸一片水域整个冬天没有结冰。其六，证人沈祥证言证实：程明23日离开时脸上有伤的事实。

二、犯罪嫌疑人供述和辩解

第一，犯罪嫌疑人张一阳供述。第二，犯罪嫌疑人赵乐供述证实：在南湖公园，张一阳伙同赵乐由赵乐在北侧堵截，其从西侧追赶程明，迫使程明跑到湖中冰面，致其落入湖中溺水死亡。第三，犯罪嫌疑人李佳媛供述证实：其被程明猥亵、骚扰的情况；其与张一阳约定由张一阳在南湖公园找程明解决此事。其与程明来到南湖公园后，其看见张一阳、赵乐追赶程明的事实。

三、书证

第一，京北省移动通信公司出具的《通信记录》：通信情况。第二，东江县第五中学出具的《证明》：李佳媛平时表现良好。第三，东江县公安局出具的《工作说明》：案发时的天气情况。第四，东江县公安局出具的《京北省东江县常住人口户籍资料》——李佳媛系未成年人。第五，东江县公安局出具的《情况说明》：赵乐家人愿意赔偿，张一阳家人无力赔偿，李佳媛家人不同意赔偿的情况。由于被害人程明家人提出的赔偿数额高于赵乐赔偿数额，未达成和解协议。

四、鉴定意见

京北省公安司法鉴定中心 2013 年 3 月 31 日出具的《鉴定意见》，证实：程明系溺水死亡。

五、现场勘验检查笔录、辨认笔录

其一，现场勘验检查笔录证实：案发现场的情况。其二，辨认笔录四份证实：程晓辨认出死者系其子程明。三名犯罪嫌疑人对作案地点的辨认。

综合所有证据看，证据客观、合法、具有关联性，能够证实当天发生的事实：李佳媛将其被程明猥亵、骚扰的事情告知张一阳后，约定由张一阳在南湖公园处与程明解决此事。在南湖公园，张一阳、赵乐追赶、堵截程明，迫使其逃入结冰的湖面之上，落入湖中溺水死亡的事实。

上述罗列证据并未能将案件的分歧予以体现，之后，该选手在论证案件定性时，不得不再次将证据进行分别的整理、梳理，既浪费了时间，又模糊了重点：

张一阳行为定性——故意杀人：1. 张一阳实施了追赶程明，并让赵乐在北侧堵截程明的行为，迫使程明只能向南跑入结冰的湖面之上，同时其在追到岸边时，仍对程明喊了一句："别让我碰见你。" 2. 在程明跑到冰面上之后，张一阳听到"嘎吱"一声。其在赶到湖对案时发现湖水已经融化。在程明跑出一段距离之后，就看不见程明。3. 其当时预料到程明可能掉入湖中。4. 而此时张一阳仍然没有对程明实施救助的行为。

赵乐行为定性——故意杀人：1. 在程明跑到冰面上之后，赵乐听到"嘎吱"一声。其在赶到湖对案时发现湖水已经融化。在程明跑出一段距离之后，就看不见程明了。2. 其当时预料到程明可能掉入湖中。3. 而此时赵乐仍然没有对程明实施救助的行为。4. 在将程明追入湖面上后，其曾对张一阳说，冰面不结实。5. 其在湖对岸看到湖水已经融化。6. "我知道程明跑到湖面上之后，我想不是跑了，就是掉水里了。"

李佳媛行为定性——不能证明构成犯罪：1. 其让张一阳在南湖公园解决其与程明之间的矛盾。2. 但不能证明其要求张一阳殴打程明。3. 在到达南湖公园之后，其并未参与张一阳、赵乐追赶、堵截程明的行为。4. 其事后才知道程明被追入冰面之上以及湖水融化的事情。

相较上述选手杂乱无章的证据摘录、证据分析方法，有选手则直接通过七要素的方式列明了案件事实，对证据问题并未提及，而是重点讨论了定性分歧，将精力和时间都用在了重点问题上，从而获得了评委的认可。

下面是 E 选手对事实及焦点问题的汇报（91.4分，第6名）：

此案审查认定的事实时间：2013 年 2 月 23 日晚 10 时许；地点：南湖公园湖边；人物：张一阳、赵乐；动机：解决其女友李佳媛被程明骚扰；目的：教训、殴打程明；手段：追堵、逼入险境而不救助；对象：程明；结果：程明逃入湖中冰面溺死。

焦点问题 1：张一阳构成何罪？首先，关于犯罪动机——程明强奸李佳媛未遂，解决纠纷（李佳媛陈述，张一阳、赵乐供述，康淑芬、沈祥等证言，程明尸体上伤痕等证据证明）；其次，关于犯罪目的——教训、殴打程明，不再骚扰李佳媛（由张一阳、赵乐、李佳媛等的供述证明）；再次，关于犯罪行为——张一阳追，赵乐堵，致使程明冒险逃入湖中冰面，未予劝阻或救助（不作为行为）；又次，关于犯罪故意——认识到程明可能发生危险，认识到程明的危险由自己造成，放任程明被溺死（张一阳供述证明）；最后，关于犯罪结果——程明溺死（法医学尸体鉴定意见证明）；结论：张一阳构成（不作为）故意杀人罪。

焦点问题 2：赵乐是否构成犯罪及如何处理？首先，关于赵乐的客观行为——堵、追、不救助，是协助张一阳（张、赵、李供述证明）；其次，关于赵乐的主观故意——认识到程明可能发生危险，认识到程明的危险与自己有关，放任程明被溺死。综上，赵乐构成故意杀人共犯。

焦点问题 3：李佳媛是否构成犯罪？关于李佳媛的主客观行为的主体：强奸案被害人；目的：解决程明纠缠；行为：将程明约到公园未参与追堵程明；认知当时不清楚程明逃入冰面；证据：无证据反映其希望程明死亡；结论：事实不清，证据不足。

退而言之，即使是需要论述证据、分析证据的案件，也不能单纯按照法定证据种类的排列顺序将证据进行罗列，而是需要根据案件事实、案情的发展过程、犯罪构成要件等不同的证明顺序组合证据，证据之间不是简单的串联、并联关系，而是需要组合、分组，形成对案件事实清晰的说明。

下面是F选手对本案证据的梳理，基本上是按照案情的发展顺序：起因、经过、结果，对证据进行了有机的组合：

第一组证据：张一阳、赵乐、李佳媛关于年龄及家庭情况的供述及三名犯罪嫌疑人的户籍资料，证实刑事责任主体：证实三名犯罪嫌疑人均达到刑事责任年龄，具有刑事责任能力的事实。

第二组证据：1. 李佳媛供述了2月下旬一天晚22时左右，在家的四楼和五楼之间差点被程明强奸，并告知张一阳；张一阳、赵乐的供述能够印证。2. 证人康淑芬、周唯、魏芳、沈祥的证言：证明李佳媛差点被程明强奸，程明的面部、嘴唇、舌头等处有伤的事实。3. 京北省公安司法鉴定中心出具的《法医学尸体检验鉴定意见书》：尸体的面部、嘴唇、颈部等处有挫伤。证实：2月22日晚上22时左右，被害人程明在李佳媛家的楼梯之间试图强奸李佳媛，在厮打过程中，李佳媛将程明的嘴唇、面部等多处致伤的事实。

第三组证据：1. 张一阳：2月23日21点多钟，看见李佳媛进南湖公园公厕后，程明往南走了，我让赵乐在公厕附近等，防止程从北边逃走，在距离程100米时，朝程明跑去，程就往湖边跑，后跑到冰面。2. 赵乐：李佳媛和程明到南湖公园公厕旁，李佳媛进了公厕，程明没有进，往南走；张一阳就往程明处走，后跑着追，我在北侧等着，后也追过去。3. 李佳媛：我和程明到南湖公园公厕后，我就进了公厕，程明没有进；我出来后看到程明往南跑，张一阳和赵乐一前一后在追，我就往南走。证实：2月23日21时左右，程明与李佳媛一起到南湖公园，在李佳媛去厕所后，张一阳追赶程明、赵乐在北侧围堵，致程明往南跑到湖面的事实。

第四组证据：1. 张一阳：我和赵乐顺着木桥往湖的南岸跑，在湖边看到有一块冰是融化的，程明刚到冰面时听到嘎吱的声音；我眼睛不好，湖岸周围没有路灯，只能看20多米，但因没有听到呼救的声音，就没有多想。2. 赵乐：我和张一阳没有听见有呼救的声音，发现湖北岸的冰冻的比较硬，湖南岸的冰已经开始化了，我们也想着要是从冰面上跑看见冰面有水就会停了，所以就没有采取措施。3. 鉴定意见：京北省公安司法鉴定中心出具的《法医学尸体检验鉴定意见书》：经DNA检测，死者系程明，符合溺死。证实：程明在冰面上跑，掉进湖里溺死。

4. 对分歧观点是否论证充分。

案件汇报的一个重点就是对分歧观点的阐述、说明，一方面要说明为何得出自己的结论，另一方面要说明相反观点为何不能成立，从正反两个方面确立自己立论的正确性，而且兼听则明，对分歧观点的介绍和反驳，也是便于听取汇报人了解案件的不同侧面，从而帮助听取汇报人作出正确决策的一个重要途径。本案中主要涉及两个部分的分歧，一个是（与公安机关的）定性分歧，另一个是对被告人的辩护人提出辩护意见的是否采纳的分歧，对这两个部分的是否论述、论述是否充分，决定了案件汇报的质量高低。

从第一个方面来看，绝大部分选手都注意到了定性分歧是考查、汇报的重点，在汇报中都有所提及，但论述的充分程度各不相同。

如有选手在汇报的开始即亮明公安机关的报捕意见以及个人的处理意见，开门见山，亮明观点，有助于听取汇报人围绕观点重点听取理由，避免汇报的分散性。如 F 选手汇报内容：

公安机关报捕意见：张一阳、赵乐、李佳媛涉嫌过失致人死亡罪。承办人对本案处理意见：对张一阳以涉嫌过失致人死亡罪批准逮捕；对赵乐以涉嫌过失致人死亡罪但无社会危险性不批准逮捕；对李佳媛以不构成犯罪不批准逮捕。

……（证据分析）

案件分析：

张一阳、赵乐涉嫌过失致人死亡罪：1. 从主体上看，张一阳、赵乐已年满 16 周岁，具有刑事责任能力，构成过失致人死亡罪的犯罪主体。2. 张一阳、赵乐二人将程明追到冰面上导致程明溺死成立先行行为。二人负有采取有效措施排除危险的特定义务。被害人程明跑到冰上后，张一阳、赵乐已经认识到冰面较薄且听到冰面开裂的声音，二人认识到对方可能死亡，并有救助能力，但没有采取任何措施，导致程明死亡。3. 主观认识上，张一阳、赵乐对程明死亡的结果是过于自信的过失。4. 客观行为上，有先行行为后，二人能够救助而不为，自己没有救助，也没有喊别人救助和报警。

犯罪嫌疑人李佳媛不构成犯罪任何犯罪的主观方面，都有具体内容的认识因素与意志形式，缺乏意识因素和缺乏意志因素，不能成立犯罪。本案中，李佳媛主观上没有认识到程明会发生死亡的结果；客观上没有追赶程明的行为，在张一阳、赵乐追赶时，她距离二人较远，当其赶到湖边时，也没有见到程明，没有先行行为发生，程明的死亡与李佳媛没有因果关系。

这种分析方法，内容集中、观点明确、论证充分，很容易被听取汇报人理解和接受。相反，如果是将观点隐藏于案件事实的阐述、证据罗列中，没有提及相反意见或者对相关意见论证不充分、对自己观点立论不扎实，就不会起到很好的效果。如 G 选手在汇报时，没有理由的阐述，直接得出了结论：

> 定性分析：到底是故意杀人罪、故意伤害罪还是过失致人死亡罪？李佳媛到底构成犯罪吗？我认为本案张一阳、赵乐构成过失致人死亡罪，李佳媛不构成犯罪。

这种没有分析，直接就是结论的汇报方式，不仅突兀，也没有体现出承办人的办案水平和思考的过程，需要加以克服。

再以对律师意见听取的情况为例，很多选手注意到新《刑事诉讼法》中规定了审查逮捕阶段应当听取律师意见，并将听取律师意见作为审查证据、案件事实的一部分加以列举，或者作为诉讼程序的一部分进行了说明，但对于律师意见是否合理、是否采纳及相关理由并未加以说明，如有的选手将律师意见作为书证纳入了证据分析部分，有的选手则是摘录了律师意见，后面直接说成立与否，并未论证：

> 听取律师意见赵乐的辩护律师提交如下辩护意见：（1）赵乐与张一阳、李佳媛无共同伤害故意，也未实施共同伤害行为。该观点不成立。（2）基本排除赵乐有追赶程明的行为。该观点不成立。（3）赵乐对程明无救助义务。该观点不成立。

有选手则对律师意见进行了针对性的辩驳，用简短的语言在辩驳律师观点不成立的同时，也在加强自身观点的论证程度：

> 辩护律师意见：律师认为赵乐没有故意伤害的主观故意，且没有实施追赶行为，没有救助义务。承办人审查意见：承办人认为赵乐事前即与张一阳商量好如果程明要横则要教训一顿，有故意伤害的故意，其在追赶中实施了围堵行为，对张一阳追赶被害人起到了帮助作用，其与张一阳迫使程明逃跑到冰面上，其先前行为造成被害人程明有人身伤害的危险，应有救助义务，故辩护律师的上述意见不予采纳。

三、案件汇报培训实例

（一）案件汇报实训课程

案件汇报实训，需要提前做好培训需求调查，根据调查结果，围绕组织需求、岗位需求、个人需求，确定培训内容和培训方式。下面以两起案件汇报实训设计为例予以说明。

案件汇报实训课程一：向诉讼监督组汇报

主持教师：位鲁刚①

实训模式：

分为三组，一组出两个汇报人，二组、三组各出两个诉讼监督组，共计4人听取汇报。

第一组汇报时间10分钟，汇报完诉讼监督组提问10分钟。

时间到后，汇报人、监督组各有追加回答、提问1次的机会。

5分钟评议。

第一组可以就评委提问的问题进行答辩。

后两组分别提出优缺点，优点不多于3个、缺点不少于3个。

同时写在旁边的白板上。

两组评议完，第一组可以就评议的内容进行反馈。

（随后还可以加入补充内容）

实训材料

王强抢劫、故意杀人案

北京市人民检察院第二分院案件审查报告

犯罪嫌疑人：王强

案件性质：抢劫、故意杀人案

强制措施：逮捕

收案时间：2012年9月15日

---

① 北京市人民检察院第二分院公诉一处副处长，北京市十佳公诉人、全国公诉人律师电视辩论赛团体第一名成员。

案件编号：京检二分刑诉〔2012〕393号

案件来源：北京市公安局预审处

侦查机关承办人：北京市公安局预审处赵朋

北京市公安局以京公预诉字〔2012〕1214号起诉意见书移送本院审查起诉的犯罪嫌疑人王强涉嫌抢劫、故意杀人一案，本院于2012年9月15日收到案件材料后，依照《中华人民共和国刑事诉讼法》第33条第2款、第36条、第40条第1款、第137条、第139条之规定，于2012年9月15日已告知犯罪嫌疑人有权委托辩护人及其在审查起诉阶段所享有的权利，同日已告知被害人的近亲属、附带民事诉讼的当事人有权委托诉讼代理人。承办本案的检察人员于2012年10月10日依法讯问了犯罪嫌疑人，听取了犯罪嫌疑人的辩护人和被害人的近亲属的意见，并审阅了全部案件材料，核实了案件事实与证据。其间，因案情重大、复杂，依法延长审查起诉期限半个月。经上述工作，本案已审查完毕，现报告如下：

一、犯罪嫌疑人的基本情况及诉讼过程：

犯罪嫌疑人王强，男，1987年3月5日出生，现年25岁，身份证号码220581198×××x1211，汉族，吉林省人，小学文化程度，无职业，住河北省涿州市双塔区羊市街182号。该犯罪嫌疑人于2012年6月7日在河北省涿州市双塔区鼓楼大街医药公司门口被民警抓获归案。因涉嫌故意杀人罪，于2012年6月8日被北京市公安局丰台分局刑事拘留，经本院批准，于同年7月14日被北京市公安局逮捕，现押于北京市第一看守所。

犯罪嫌疑人王强涉嫌犯抢劫罪、故意杀人罪一案，由张乃文于2012年6月7日报案至北京市公安局丰台分局，该局于当日立案进行侦查，后通过技术手段确认13552×××x78手机号的持有人有重大嫌疑，后于2012年6月7日在河北省涿州市双塔区鼓楼大街医药公司门口将犯罪嫌疑人王强查获归案。

北京市公安局于2012年9月15日将下列扣押物品移至本院：

锤子1把、菜刀1把、胶带1卷、毛巾1条、内裤1条、挎包1个、鞋1双。

二、移送机关认定的犯罪事实与意见：

2012年6月7日1时许，犯罪嫌疑人王强潜入北京市丰台区南木樨园40号内欲行窃，被房主张萍（女，殁年38岁）发现，王持铁锤猛击张的头部，抢走人民币2000余元及惠普牌电脑、手机等物，经鉴定价值人民币660元。后王强为灭口又持菜刀切割张的颈部，致张萍颅脑损伤死亡。

犯罪嫌疑人王强的行为触犯了《中华人民共和国刑法》第263条、第232条之规定，涉嫌抢劫罪、故意杀人罪。

三、依法审查后认定的事实及证据：

经工作，现查明：

（略）

证据摘录：

（一）犯罪嫌疑人供述与辩解

犯罪嫌疑人王强的供述与辩解：

摘自侦查卷1pp.40~44，2012年6月8日供：证明案发的经过。

2012年6月6日晚上我从涿州坐公交车来到北京找一个叫"老虎"的人要账，到方庄后我就联系不到他了，我当时身上也没有多少钱了。我就想起在木樨园有一个认识的女的叫张萍，是卖手机的，家里应该有钱，我就想趁夜里去她家偷点钱花。我去过张萍家几次，认识她，我叫她婶。

想好以后，我就在方庄环岛下面买了一副手套和一个口罩，然后打车到了木樨园，走路到了张萍的住处，她住方仕通手机市场后面的平房里面，是一个小院子，我去了以后门锁着，我从门边一间小房上翻进了院子里面，当时房间里亮着灯，我到门边时，看见张萍躺在床上，穿着睡裙，我就想推门进去，刚一推门，门响了一下张萍听见就起来了，我就蹲在门边，从门缝里看见张萍从橱柜里拿了一把菜刀过来，我就把口罩、手套戴好，看见门边地上有一把锤子，我就拿了起来，张萍拉开门出来时我站了起来，张萍用菜刀砍我被我挡开了，我就用锤子砸了她头顶一下，她向后退，我跟上去又砸了她头顶两下，她就仰面躺在床上了，我过去看她还有气但是动不了，我就开始翻东西，先从床边桌子上背包中找出钱包，把钱拿走了，又把枕头边的三部手机装起来了，又把她家的电脑拆开抱着准备走的时候，张萍的一个手机响了，我就挂断了，然后我抱着电脑从她家院门出来，向胡同里面走了一段，看见旁边有个沙发，我把电脑放上以后，想回去再找值钱的东西，就往回走，走到张萍家门外时，我从地上拿起那把锤子又进了她家。我进院以后看见门开着，屋里有人说话，我看见床边有两个女的正和张萍说话，我就害怕了，怕张萍认出我了，就想进去不让张萍说出话来，我进去以后推开一个女的，从张萍身边拿起了那把菜刀，那两个女的见我拿起了菜刀就跑了，我就用刀在张萍脖子正面左边割了两下，又在右边割了两下，割完以后我就拿着刀和锤子跑了，出门向右边跑了几十米把刀扔在一个房顶上，后又把锤子扔在一上围挡后面了，之后打了一辆黑车去涿州了，在路上我把手机和卡都扔了，我把电脑放到一个叫董伟的朋友家了。钱一共2500元，给了司机300元，剩下的2200元上面全是血，我就扔到垃圾堆里了，6月7日中午我在家门口被抓了。

辨认笔录，摘自侦查卷1pp.$_{82-83}$。

结论：其带领侦查员在木樨园48号房顶将作案用的菜刀找到，在木樨园南82号窗帘布艺南侧将作案用的锤子找到，丢弃的钱未找到。

（二）证人证言

1. 证人张乃文（男，42岁，汉族，系被害人之哥，住吉林省辽源市龙山区新兴街一委十二组）证言，摘自侦查卷3pp.$_{62-69}$，2012年6月7日证明：案发的时间、地点及相关情况。

2012年6月7日凌晨1点51分，我妹用她的手机给我打电话，我妻子接的，但是电话里没有声音，我妻子便把电话挂了，又重新给我妹把电话打了回去，通了之后还是没有人接，我怕我妹出事，就来到了她的暂住地。我用钥匙打开了院门，进到院里看见我妹的房间里亮着灯，房门是开着的，有个门帘掉在房门口处，我进入房间看见我妹妹仰面躺在床上，身上穿了件好像是粉色的睡裙，肚子以下都露在外面，没有穿内裤，两条腿的大腿内侧有血迹，脖子和头上都有血。当时我看我妹好像是昏迷了，有呼吸，在她的左侧还有一把菜刀，刀把上还有血，刀面儿上好像也有点血迹。之后我就去找我妻子来帮忙，并打电话报警了，之后我又叫邻居韩丽荣去张萍家帮忙，之后我出去接120车去了，这时我妻子从胡同跑出来跟我说，有个男子把她推倒在地上，用刀像切肉那样在张萍的脖子上切了几下，然后我妻子起身跟那男子撕扯了几下，那个男的就跑了。

2. 证人王秀娟（女，40岁，汉族，吉林省德惠市边岗乡丹城村揽头窝铺8组）证言，摘自侦查卷3pp.$_{72-78}$，2012年6月7日证明：案发的时间、地点及一名男子持刀切割被害人脖子的情况。

2012年6月7日凌晨1时50分许，我丈夫张乃文的手机响了，一看是张萍打来的，我一接没有人说话，我就随手拨回去也没有人接听。张乃文怕妹妹出事就去找张萍了，过了一会儿他回来说老妹出事了，我俩就一起往张萍的住处去，到了张萍的住处后张乃文就去接120了，我当时看见张萍上身穿一件浅色的睡衣，下身赤裸，头部有血，有一把不锈钢菜刀放在张萍的头部左侧和顶部之间。当时张萍不能讲话，直喘粗气，没一会，邻居大姐也来了，我们俩一起照看张萍，没一会儿工夫进来一男子，平头，这时大姐说了声："妈呀"，这男子就将我推倒，我看见他用床上的菜刀往张萍的脖子处使劲锯，完事儿他就出门了。

3. 证人韩丽荣（女，47岁，汉族，北京市丰台区南木樨园54号）证言，摘自侦查卷3pp.$_{92-98}$，2012年6月7日证明：案发时的相关情况，并能证实其在前往张萍家时在其门口遇见的男子就是后来持刀切割张萍脖子的男子。

2012年6月7日凌晨2时许，我在家里睡觉，张乃文打电话说张萍出事了，流了好多血，我就去了张萍家，我跑到张萍家门口时，院门是开着的，屋里的灯亮着，我进屋后见张乃文的妻子抱着张萍，我让张乃文去胡同看看120急救车来了没有，张乃文就出去了，这时候我不知什么时候有人冲进来了，站在我的旁边，从右手边张萍床的里侧的被子下面摸出来一把菜刀，左手压住张萍的胸部，这时我还看见这个人的左手还拿着一把锤子，他用刀去割张萍的脖子处，我吓坏了就往屋外跑了。

这男的是我去张萍家门口时见到过的，当时我被张乃文打电话叫过去，到张萍家门口时，因为胡同很黑，这时我的对面过来一个男的，这名男子就是去张萍家里用刀割张萍脖子的男子是同一个人。

4. 证人董三伟（男，31岁，汉族，河北省涿州市百尺竿镇百尺竿村224号）证言，摘自侦查卷3pp.$_{139-142}$，2012年6月7日证明：2012年6月7日4时许，王强给过其一台电脑主机和一个液晶显示器。

我和王强关系比较好，2012年6月7日4时许，王强自己进入我的家里把我叫醒了，王强说给我一个电脑，我和他一起到门外见停着一辆车，车后座上放着一个台式电脑主机和一个液晶显示器，没有连接线，没有键盘和鼠标，我就把主机和显示器拿回家了，因为王强以前答应给我一台旧电脑，所以我也没有多问是怎么来的，之后王强就走了。

5. 证人马贵宝（男，29岁，汉族，系急救医生，北京市房山区燕化星城健德二里29楼8门501号）证言，摘自侦查卷3pp.$_{127-128}$，2012年6月8日证明：证明被害人抢救的情况。

2012年6月7日2时10分赶到现场，报警人是一名中年男子，把我们领到了胡同内的一间平房内，进屋后我看见一中年女性下身赤裸，平躺在床上，颈部有一处横断的刀伤，我进屋时，这名女性正在倒气，当时我们做了心电图检查，心室停搏，家属当时明确跟我们说放弃抢救，然后我们就回车里等着了。

（三）鉴定结论

1. 尸体检验鉴定书，摘自侦查卷2pp.$_{7-10}$：

论证：经对张萍尸体进行尸表及解剖检验，其所受伤主要集中于头、颈部。其中头部损伤主要表现为头皮的片状出血、条形及星芒状挫裂创，颅骨粉碎性骨折，骨折碎片大小不一，骨折延伸线较短，根据上述损伤特点，符合被他人持具有棱边及较小平面的金属钝器打击所致，锤可以形成。其颈前可见横行重叠切创，创口较长，创口上下缘伴有划伤，创腔内可见气管及肌肉横断，根据上述损伤特点，符合被他人持锐器多次切割所致。

解剖见颅骨粉碎性骨折，硬脑膜破裂，左侧硬膜下出血，蛛网膜下腔出血，脑组织局灶性脑挫伤及挫碎，左心室内膜下条片状出血斑等颅脑损伤征象，余未检见其他致命性外伤，故其死因符合颅脑损伤死亡。

结论：张萍符合被他人持有具有棱边及较小平面的金属钝器多次打击头部、致颅脑损伤死亡。

2. 法医物证鉴定书，摘自侦查卷2pp.$_{31-35}$

结论：02（张萍左手指甲擦拭物）、09—10（血迹1、2）、12（粉色毛巾脱落细胞）、14（女式内裤脱落细胞）、19—20（右手手掌手背脱落细胞）、23（左手指甲脱落细胞）、26—29（乳房、胸罩、睡裙上脱落细胞）、31（左下腹部脱落细胞）、35（血迹）、37—42（血迹）、44—46（血迹）、49—53（菜刀、锤子上血迹、黑色运动鞋、王强身上所有血迹）为张萍所留。

3. 价格鉴定书，摘自侦查卷2pp.$_{42-44}$

价格鉴定标的：惠普牌P6217CX型台式电脑主机1台

基准日：2012年6月7日

结论：人民币660元

（四）勘验、检查笔录

现场勘查笔录，摘自侦查卷3pp.$_{17-26}$：

现场位于北京市丰台区南木樨园40号。

现场提取多处血迹、毛发、挎包等物。

（五）物证、书证

1. 接受刑事案件登记表，110处警记录，摘自侦查卷3pp.$_{1-2}$

证明：张乃文于2012年6月7日2时许报警的情况。

2. 到案经过，摘自侦查卷3pp.$_{14}$

证明：犯罪嫌疑人王强于2012年6月7日13时许，在河北省涿州市双塔区鼓楼大街医药公司门口被民警查获归案。

3. 提取说明，摘自侦查卷3pp.$_{150}$

证明：2012年6月7日抓获犯罪嫌疑人王强时，王强提取其作案时穿的一双黑色NIKE字样的运动鞋。

4. 工作说明，摘自侦查卷3pp.$_{152}$

证明：王强称杀害张萍后将抢来的三部手机、手机卡及随身所穿外衣扔了，但无法提供具体的丢弃地点，故无法查找。

> 5. 工作说明，摘自侦查卷 3pp. 153
>
> 证明：王强称杀害张萍后将抢来的三部手机、手机卡扔了，现王强及事主家属均不能提供被抢手机的准确型号及购买年份、新旧程度，故无法对被抢的手机进行作价。
>
> 6. 被害人户籍材料，摘自侦查卷 3pp. 159
>
> 证明：张萍，女，汉族，1973 年 9 月 16 日出生，吉林省辽源市人。
>
> 7. 死亡证明，摘自侦查卷 3pp. 160
>
> 8. 犯罪嫌疑人户籍材料，摘自侦查卷 1pp. 87
>
> 9. 物证

案件汇报实训记录：

第一组汇报

汇报人：说明案由。就该案的事实、犯罪情节、定性、定罪量刑分歧提交诉讼监督组讨论。

汇报嫌疑人的人身情况、诉讼经过。公安机关认定王强犯抢劫、故意杀人罪。

经审查认定的事实：索要赌债，起意偷窃他人财物，入户被被害人发现后用锤砸之后使被害人失去反抗能力，劫取财物。后离开时发现被害人与他人交谈，遂入室将被害人刀割颈部杀人。犯罪嫌疑人及证人供述稳定、与本案证据能够大体一致。证据存在的问题：在场证人未能辨认出嫌疑人。邻居辨认出嫌疑人在现场出现。鉴定结论：钝器击打颅脑致死。

定性问题：一种意见认为是抢劫罪。另一种意见认为是故意杀人、抢劫罪。

汇报人认为，构成两罪，且符合抢劫致人死亡的情节。适用直接抢劫第263条。不是转化抢劫，属于犯意转化。系抢劫致人死亡、故意杀人（未遂）。

诉讼监督组提问：是否有物证？法医鉴定书？

汇报人回答：只有鉴定书。

诉讼监督组提问：被害人家属放弃治疗，对被告人量刑会产生影响吗？

汇报人回答：不会产生影响。因为当时急救医生抢救时发现停止心跳，只有呼吸。医生认为救治的可能性比较小。

诉讼监督组提问：意味着死亡吗？

汇报人回答：……

诉讼监督组提问：那是否会对被告人量刑产生影响吗？

汇报人回答：抢救过来的可能性比较小，不产生影响。

诉讼监督组提问：可能性？

汇报人回答：……

诉讼监督组提问：除了被告人的供述是否有其他证据？

汇报人回答：有被告人所穿运动鞋上有被害人血迹，有鉴定。

诉讼监督组提问：打斗的场所，是屋内还是屋外？

汇报人回答：屋外。

诉讼监督组提问：是入户否？

汇报人回答：独门独户，相对封闭的院落，根据法律规定，符合"户"的规定，入院＝入户。

诉讼监督组提问：入户时是以盗窃为目的，当时就是盗窃的预备了，你们认为不是转化型抢劫，那翻墙入院的行为如何定性？入户从何处界定？

汇报人回答：只要进入户，发生了犯意转化，就构成转化。

诉讼监督组提问：入户盗窃是否既遂？

汇报人回答：没有。

诉讼监督组提问：修八中的入户盗窃不要求既遂，如何理解？

汇报人回答：是一种吸收关系。实行行为吸收预备行为。

诉讼监督组提问：盗窃已经既遂，不是预备行为了？

汇报人回答：案发是修正案生效之前。

诉讼监督组提问：返回后，是盗窃的故意，还是抢劫的行为？

汇报人回答：灭口行为。

诉讼监督组提问：第二次去是抢劫的故意，还是盗窃故意？

汇报人回答：是盗窃故意，因为情节发生变化，而转化为抢劫故意。

诉讼监督组提问：有没有可能第一次就是杀人故意？

汇报人回答：入院是盗窃故意，为了谋财。

诉讼监督组提问：谋财不一定是盗窃啊，而且所称的索要赌债，是没有证据支持的。

汇报人回答：主观故意没有直接证据，是概括犯意。

（追加问题）诉讼监督组提问：入院后，被告人首先持刀砍击？

汇报人回答：是的。

评价：

1. 条理清晰、详略得当。认定的事实非常详细。

2. 回答问题思维敏捷。

3. 证据汇报比较概括，没有照念证据。

缺点：

1. 材料不全导致汇报中证据有遗漏。

2. 汇报事实、结合证据分析上与结论矛盾，始终以盗窃故意切入，最后得出不转化的抢劫结论。解释上存在自相矛盾之处。

3. 以盗窃预备来立入户行为，开始的时间点认定就存在问题。

4. 重点不够突出。但需要认真讨论的、疑难的问题没有能够清晰呈现。

5. 汇报时对证据有所遗漏。如物证是否存在。

6. 主观故意的证明，证据证明的程度，汇报不充分。

7. 没有辨认对案件的影响，没有说明，是否要监督？是否影响整个案情认定？

8. 推断性的结论过多。应该是排除合理怀疑的程度，不能总是可能性。

9. 对答辩的回答过多依赖之前准备，如回答入户盗窃是否存在既遂的问题，回答称吸收犯，回答的针对性不够。

第二组汇报

汇报：首先提出了汇报的分歧问题：一罪还是数罪，适用法条问题。

对犯罪嫌疑人身份、诉讼经过、公安机关认定的事实（比较详细）说明。

经审查认定的事实。

证明的证据，被告人供述中应提请听取人注意的是关于二次返回室内的故意是为了灭口。

对证据进行了罗列。（按照证据种类）

定性分析：主观故意由盗窃转化为抢劫，客观实施了相应行为，构成抢劫罪。后面是为灭口而杀人，数罪并罚。

本案的量刑情节。入户抢劫、抢劫致人死亡。故意杀人（未遂），对象不能犯。

处理意见：申请证人张乃文（亲属）作证，证实切割颈部前活着、报警情况。

被害人无缠访缠诉倾向。

两种意见，主要意见是两罪，少数人意见认为杀人是后续行为。

诉讼监督组提问：适用法条是高法的司法解释，认定犯罪故意是根据被告人供述，而被告人供述称仍为谋财二次返回，如何认定是抢劫后？故意杀人未遂的问题，切割时没死，反复切割喉管，是致命伤，为何认定未遂。

汇报人回答：第一个行为已经终结，抢劫行为已经终结，是其想要实施盗窃行为。

诉讼监督组提问：第二次与第一次是否一个整体？

汇报人回答：根据整个案情判断，已经满足了犯罪目的。后次行为未遂的问题，有杀人故意、行为，但因果关系不符合，故是未遂。否则会重复评价死亡结果。

诉讼监督组提问：为何没有使用《刑法》第 269 条？第二次去是不是毁灭罪证？

汇报人回答：窝藏、抗拒抓捕、毁灭罪证，方才转化，犯罪嫌疑人没有劫取到财物的时候就直接拿起了锤子，符合直接劫取财物的目的，不符合转化条件。第一个抢劫行为已经完毕。

（对评委不能反问）

诉讼监督组提问：是否可以认定自首？到案情况？

汇报人回答：抓获情况，"再次说一下"（藐视评委），涉及技术侦查问题。

诉讼监督组提问：被害人赤裸的情节，被告人是否做出解释？

汇报人回答：被告人没有做出解释。精液也没有被鉴定出。

诉讼监督组提问：是否涉及追诉其他犯罪？

汇报人回答：根据现有证据没有性侵犯的可能，不需要退补。

诉讼监督组提问：诉讼监督的履行，不能限于公安机关指控罪名。

汇报人回答：现有证据无法证明。

诉讼监督组提问：犯罪嫌疑人戴着口罩、手套，是不会留下细胞的。

汇报人回答：……

诉讼监督组提问：为何不用《刑法》第 269 条？

汇报人回答：对法条不能任意解释。

每组完毕，主持人对提出的问题进行了总结：

1. 第一次实施抢劫后，第二次回屋后准备取财，是否前面抢劫的继续？

2. 为何切割颈部不是致命伤？

3. 入户后是盗窃罪，《刑法》第 269 条的前提有了，被害人出来查看，被告人直接打击，是否抗拒抓捕？后二次进屋，是否毁灭罪证，还是一个纯粹的灭口？再次返回的时候，是纯粹为了灭口，是去盗窃？与第一次行为是否联系更为紧密。

4. 重罪吸收轻罪，定两个罪是否妥当？

5. 现场是否存在其他合理怀疑，被害人身体状况？有没有其他人介入，犯罪嫌疑人是否可能犯其他罪。

优点：

1. 汇报比较明确，分歧内容首先亮明。

2. 语言流畅。

3. 重视汇报的细节，如尸检结论。

4. 配合默契度比较好。

5. 开篇好。

6. 对证据有一定的简要分析。

缺点：

1. 汇报详略应进一步斟酌。是否有窝藏赃物、其他犯罪的问题。

2. 答辩时，结论多于分析。

3. 证据的印证性问题，是否存在犯意转化。是否可以通过其他证据来印证。证人证言证明的细节问题会被追问。

4. 汇报了证人出庭和风险预警问题，可以归入其他部门，否则容易淡化主题。

5. 遗漏其他罪。

6. 证据分析过于概括，没有结合汇报的主题进行突出重点的分析。

7. 证据关联性问题，如如何相互印证、突出争点。

问题：

1. 向诉讼监督组汇报，应依照审查报告的格式。

2. 更多地关注定性问题，事实上是否有何考量。

第三组汇报

汇报人：汇报目的：是否认定抢劫一罪还是两罪？

汇报身份情况、诉讼经过、公安机关抓获经过，认定意见。

经审查认定的事实：农村的平房，居住地点的详细描述。犯罪事实的经过。

诉讼监督组提问：如果是 2013 年 1 月 1 日收案还需要哪些证据？凶器来源问题？

汇报人回答：口罩、手套来源只有被告人供述。刀、铁锤来源问题，通过辨认笔录提取的。需要同步录音录像、技术侦查证据。

诉讼监督组提问：手机问题？与犯罪事实有关系吗？

汇报人回答：可以与事实相互印证。

汇报人认为：颈部切割伤，不是致命伤，但是很重要的伤。

汇报人回答：从法医鉴定书来看，颅骨损伤是致命伤。切割伤不是致命伤，后面是一个伤害行为，切割伤不能鉴定为轻伤以上（法医）。

诉讼监督组提问：抢劫物品的证明？

汇报人回答：现金及手机问题供述比较稳定。电脑起获，有作价。起诉书中可以表述。

诉讼监督组提问：盗窃数额认定的证据？

汇报人回答：只有被告人口供，金额、手机的认定符合常理。

诉讼监督组提问：只定抢劫一罪，后续返回将气管切断如何评价？

汇报人回答：现有证据无法评价，伤情无法鉴定。

评价： 实训内容选取案件汇报就是为了锻炼公诉人对案件证据、事实和法律的把握，训练逻辑思维能力，使所有干警能站在听取人的角度理解案件该如何汇报才能详略得当，在单位时间内把事情说清楚。三个组分别选派了2名汇报人向由其他两组成员组成的诉讼监督组汇报该案件，三个组的汇报各有特点：有的清晰流畅，有的全面详尽，有的观点突出；监督组成员在听取汇报后针对案件事实、证据、法学理论等方面提出了尖锐的发问。同时汇报人也从法理依据、程序及实体等方面进行了答辩。完毕后，其他各组参会人员就汇报组的汇报和答辩内容进行讨论、评议，指出优缺点，然后由汇报组针对评议意见进行反馈。实训中，各汇报组准备充分，论证深入、条理清晰，监督组在提问和答辩环节抛出了不少学理上争议的焦点问题，双方针锋相对，精彩纷呈。最后的评议和反馈环节，引发参训人员对该案件及相关法律问题的深入思考。

案件汇报实训课程二：向检委会汇报

主持教师：位鲁刚

一、课程内容

向检委会汇报案件。

二、教学目标

锻炼提升公诉人案件审查能力和汇报案件的语言表达能力。

三、教学方式

根据给定案件材料，A组、C组在课前制作完成向检委会汇报案件报告，B组、D组制作完成检委会提问提纲；课堂教学采用模拟实战和角色扮演方式，具体分工为：

A组汇报，B组担任检委会委员，C组、D组进行点评；

C组汇报，D组担任检委会委员，A组、B组进行点评；

汇报小组提前确定3人出席检委会，其中1人担任案件承办人，1人担任处长，1人担任书记员；担任检委会委员小组，提前选定1人担任检察长，汇报小组选定1人以主管检察长身份担任检委会委员；

检察长主持检委会，包括核定人数、宣布检委会开始、承办人开始汇报、委员提问、汇报人回答、讨论小结等环节。

四、教学步骤

（一）制作汇报报告（模拟课堂教学之前完成）

以小组为单位，根据给定的案件材料，自选汇报主题，制作向检委会汇报案件的报告。

（二）课堂教学

1. 教师导语：简要说明本课程的培训目的、培训方法，重申各角色任务分派，提出对学员的要求和注意事项。

2. 进入模拟区：按照教师安排，A 组汇报人及扮演检委会委员的 B 组学员，进入模拟教学区就坐。

3. 案件汇报：检察长主持检委会，汇报小组开始汇报，承办人主汇报，处长补充说明，书记员也可补充汇报。（不超过 20 分钟）

4. 主管检察长补充意见。（1 分钟）

5. 提问回答：检委会委员针对汇报人汇报情况进行提问，承办人回答。（不超过 15 分钟）

6. 委员发表意见：检委会委员依次对汇报研究事项发表个人意见并阐述理由，主管检察长倒数第二个发表意见，检察长最后发表意见。（不超过 10 分钟）

7. 总结：检察长对各位委员讨论及意见进行小结，作出结论；检察长宣布案件汇报及讨论结束，参与模拟人全体退席，回到本小组学习区。（1 分钟）

8. 小组讨论：按照老师指令，各小组对汇报情况进行讨论，找出汇报中的优点、缺点及改进意见，重点讨论存在的缺点不足，并形成集体观点。（5 分钟）

9. 小组评议：（1）进行点评的两个小组选派代表上台依次发言，提出汇报小组及检委会小组展现的优点、缺点及改进意见，并将主要意见写在黑板或纸板上；（2）汇报小组与检委会小组进行互评；（3）观摩人员可以参加评议；（4）汇报小组和检委会小组针对点评意见做反馈。（约 10 分钟）

10. C 组汇报，流程同上。

11. 教师总评：教师针对各个小组情况，进行总讲评，主要针对存在的问题进行讲评，归纳普遍性问题，提出规律性改进意见。（约 20 分钟）

五、教学要求

1. 学员在案件汇报课堂教学之前，以小组为单位认真研究讨论案件，形成集体意见，按照向检委会汇报案件的要求，制作汇报报告。

2. 汇报组与检委会组之间事先不能商量、沟通。

3. 始终坚持"以问题为中心"的实训理念，要求每组提出的优点意见不超过 2 条，但提出的缺点意见或者改进意见不少于 5 条。

4. 始终坚持"以学员为主体"的实训理念，充分发挥小组团队学习的作用，充分展开集体研究讨论。

5. 始终坚持"以教师为主导"的实训理念，教师要鼓励学员勇于呈现和发现问题，引导学员深入讨论和解决问题。

实训材料

周闻宇故意伤害、运输毒品案
海东省岛城市公安局起诉意见书

×公刑诉〔2013〕22号

犯罪嫌疑人周闻宇，男，1980年10月10日出生，现年32岁，身份证号码120108×××10103218，汉族，海东省人，初中文化程度，农民，住海东省××市仁普县中和镇渔家沟村4组。因犯故意伤害罪，于1999年7月被海东省岛城市仁普县人民法院判处有期徒刑三年，缓刑四年；因犯盗窃罪，于2005年2月被海东省台安市人民法院判处有期徒刑八个月，于2005年6月21日刑满被释放。因涉嫌犯运输毒品罪，于2011年11月20日被岛城市公安局西岸分局刑事拘留，同年12月27日被该局取保候审。因涉嫌犯故意伤害罪，于2012年9月19日被岛城市公安局市中分局刑事拘留，经海东省岛城市人民检察院批准，于同年10月26日被本局逮捕。

（略）

经依法侦查查明：

一、故意伤害罪

犯罪嫌疑人周闻宇于2012年9月19日1时许，在海东省岛城市市中区将台路8号蝶恋娱乐城南侧工地院内值班时，发现李魁（男，殁年22岁）、张旭（男，27岁）、贺建高（男，22岁）（均另行处理）等人欲进入院内实施盗窃并予以喝止，在李魁持砖头将值班室玻璃打碎后，犯罪嫌疑人周闻宇持镐把来到工地西门，与李魁、张旭、贺建高等人发生争执，犯罪嫌疑人周闻宇持镐把分别击打李魁头部等部位和张旭身体，造成李魁颅脑损伤合并肺部感染性休克死亡，张旭轻伤。

二、运输毒品罪

犯罪嫌疑人周闻宇于2011年11月19日至20日间，乘坐长途客运汽车将毒品甲基苯丙胺100.5克由云川省钟明市运至海东省岛城市。

犯罪嫌疑人周闻宇作案后于2012年9月19日被岛城市公安局市中分局查获归案。

认定上述犯罪事实的证据如下：物证、书证、被害人陈述、证人证言、鉴定意见、勘验检查辨认笔录、犯罪嫌疑人供述等。

上述犯罪事实清楚，证据确实、充分，足以认定。

综上所述，犯罪嫌疑人周闻宇的行为分别触犯了《中华人民共和国刑法》第二百三十四条、第三百四十七条之规定，涉嫌故意伤害罪、运输毒品罪。根据《中华人民共和国刑事诉讼法》第一百六十条之规定，现将该案移送审查起诉。

　　此致

海东省岛城市人民检察院
二〇一三年二月一日

证据摘录

一、故意伤害罪

（一）犯罪嫌疑人供述与辩解

犯罪嫌疑人周闻宇供述与辩解：

2012 年 11 月 24 日供述：2012 年 9 月 19 日凌晨 1 时许，我在将台路工地值班室睡觉，我负责工地夜间看护，所以我晚上住工地。我当时睡着了，穿着衣服躺在床上，听到窗外有动静，一抬头看见窗户外有一个人，我喊了一声你们干什么的，那个男的说你少管闲事，说完就用一块砖头砸我，把窗玻璃都砸碎了，之后他就向工地西门方向走去。我从屋里拿起一根镐把，想出去看看情况，我到工地院里看到对方有三个人站在院西门口，趴窗户那男子右手拿砖头，冲过来用左手抓着我肩膀，嘴里还骂我少管闲事，另外一个戴帽子的男子拿着一根木棍冲过来打我，还骂我，还有一个人站在那，没动手。我看戴帽子的男子打我，就想躲开，可是拿砖头的男子抓着我不放，我就使劲挣脱开，用镐把打了拿砖头的男子头部两下，还打了戴帽子的男子，打在了他上半身，具体打哪也没看清，我打他时他也没还手，就是躲我的镐把。那个拿砖头的男子双手捂着头就蹲地上了，他让另外两人先跑，那两人就跑了。我就把拿砖头的男的拽进工地院门里 3 米远的地方，我说你偷东西不能走。到院里后我看到那男的躺在地上，头上流了好多血，叫他也没什么反应，我挺害怕的，就跑到工地宿舍叫我同事"三哥"让他报警，我说："有人来咱工地偷东西，你赶紧报警！"当时"三哥"看到我身上有血，问我怎么回事，我说："我把一个小偷给抓住了，就在院子里，我得先回趟家换换衣服。"之后我就骑车回了我的暂住地，我家离工地不远，骑车也就 5 分钟的距离。我到家后，换了衣服，躺在床上想怎么办，我也想过去公安机关主动把事情说清楚，但也有些犹豫，过了一个多小时，警察来我家，就把我带回派出所了，我把事情的经过也都跟警察说了。

讯问人：刘洪（市中分局民警）；记录人：魏国方（市中分局民警），2012 年 11 月 24 日

（二）被害人陈述

被害人张旭陈述：

2012 年 9 月 19 日陈述：2012 年 9 月 18 日晚上 11 点多，李魁先叫上我，让我和他一起去偷鱼，于是我又叫上贺建高，我们到那后发现没有鱼，我们就往单店街走，路上李魁从一平房门处偷了一条狗，之后我们一起把狗给李魁他妈了，李魁说是用狗看他们的菜摊用。送完狗，李魁说在蝶恋 KTV 旁边有个鱼塘，于是我们就过去了，到了后李魁见蝶恋 KTV 南边有个正在施工的工地，他让我和贺建高看着人，他先去看那院子里有没有钢筋，准备偷钢筋。李魁到工地墙上的窗户往里看，我还听到有窗玻璃碎的声音，没一会我就看见从那院子里跑出来一个人，我们准备跑，但李魁被那人给拦住了，我和贺建高就往李魁方向跑去了，当我们走到李魁身边时，见他手里拿了半块砖头，对方那人手里拿着一根木棍。我们到李魁身边时，他已经和那个追出来的人吵起来了，对方那人说：有本事你别跑。李魁当时没动，但手里还拿着砖头，对方那人右手拿木棍，左手一把抓住李魁胸前的衣服对李魁说："你信不信我打死你。"李魁说："你动我一下试试。"说完那个人拿起木棍就往李魁头上打，我见着他打了两下，我要上去制止他，他又拿木棍打我，打了好几下，打在我上身和胳膊上了，我的胳膊都被他打断了。李魁当时就蹲地上了，他求那个人让他走，那人不同意，还把李魁往院子里拽，李魁让我们先走，帮他叫救护车，我和贺建高就往北跑了，贺建高打了 120 和 110。

我听贺建高说李魁在趴窗户时往里扔砖头了，所以对方那人才追出来的，后来李魁就没有动过手。

我当天戴了一顶帽子，别人都没戴帽子。

询问人：孙东（市中分局民警）；记录人：韩益（市中分局民警），2012 年 9 月 19 日

2012 年 9 月 20 日陈述：我见李魁被发现了，李魁说跑。我说跑什么呀，我看见他俩跑，我也跟着跑，跑到工地大门口时，从院里跑出来一个人，手里拿着东西，贺建高喊了一声说："他拿着家伙呢！"李魁就从地上捡起一砖头，从院里跑出来的那个人抓住李魁的衣领说："你信不信我打死你。"李魁说：

"你打一下试试。"那人就手拿木棍开始打我们……

询问人：孙东（市中分局民警）；记录人：韩益（市中分局民警），2012年9月20日

2012年9月22日陈述：李魁跳下来，我听他说了句"跑"，后来我听贺建高说他从窗户往屋里扔砖头了，我看他俩往工地的大门口跑，我也跟过去了，离的有十几步的样子，我看见从院里跑出来一个人，手里拿着东西，李魁说了句："咱们打他！"我看见他从地上拿起两块砖头就迎了上去，我和贺建高也跟了上去，但我们手里没拿东西。我们还没有动，出来那人就抓住李魁的衣领了，对方说："我打死你！"李魁说："你打一下试试。"那人就拿木棍开始打我们……

询问人：孙东（市中分局民警）；记录人：韩益（市中分局民警），2012年9月22日

辨认笔录：被害人张旭辨认出犯罪嫌疑人周闻宇。

（三）证人证言

1. 证人贺建高证言：

2012年9月19日0时许，李魁打电话让我去他家，我到后张旭也在，我们三个人就出门在单店街溜达，见到一条狗，李魁见没有人就把狗给套了，我们一起将狗关回李魁他妈家。后李魁说要去将台路北岗子莲花池那边弄点鱼去，我们到了莲花池东侧有一片平房工地时大概1点多了，李魁便提议去工地偷点钢筋，我和张旭在边上等着，李魁从工地北侧平房的一处后窗户往工地里面看，被里面的人发现了，好像问他干什么的。李魁就骂里面的人："操××，别他妈多管闲事！"里面的人也骂他，李魁便从外面地上抄起一块砖头顺着窗户给砸了进去。李魁说："那人出来了，咱快点到门口，揍他。"我们三个人便一起冲到了门口，李魁一个人在前面，右手抄起一砖头，张旭和我在后面，张旭也拿了一块砖头，我没拿东西。这会儿一男子从工地门口跑出来，右手拿着一根镐把，我看见对方手里有东西就没敢往前上，对方那人冲上来左手拽着李魁，后来拿镐把就打李魁的头，李魁便坐地上了。我当时挺害怕，没敢动，张旭想上去帮忙，那人就又拿镐把打张旭，打了好几下。李魁喊让我们报警，我和张旭就往路上跑，我看到对方那男子把李魁拉进了工地大院，后我就报警了。

我们三个人没有拿木棍的，就李魁和张旭各拿了一块砖头。

当天张旭戴了一顶帽子，我们其他人都没戴帽子。

询问人：孙东（市中分局民警）；记录人：韩益（市中分局民警），2012年

9 月 19 日

　　辨认笔录：证人贺建高辨认出犯罪嫌疑人周闻宇。

　　2. 证人王士华（绰号"三哥"）证言：

　　2012 年 9 月 19 日证：2012 年 9 月 19 日凌晨 2 时左右，我和王作平在屋里睡觉，"小周"来叫我，他在院子里跟我说他抓了个小偷，让我起来帮忙看着点，他去报警。等我出来后发现"小周"身上有血，我就问他怎么回事，他说："你别管了，你帮我看着点。"之后他又说要先回家换换衣服，他就走了，我拦都没拦住。我害怕一个人应付不了，就回屋把王作平叫了出来，我俩来到大门那才看见大门边上躺着一个男的，我们叫他，他也不回应，我就打电话报警了。不一会儿警察就来了，我把"小周"来叫我的事也都跟警察说了，警察问我"小周"住哪儿，我知道"小周"的家在哪儿，离工地不远，我就带警察过去了，后来警察就把"小周"带派出所去了。

　　当时我在院里看见地上有一根镐把，离躺着的那个人不远，还看见有几块砖头。

　　询问人：刘梦华（市中分局民警）；记录人：席瑞林（市中分局民警），2012 年 9 月 19 日

　　辨认笔录：证人王士华辨认出犯罪嫌疑人周闻宇就是其所称的"小周"。

　　3. 证人王作平证言：

　　2012 年 9 月 19 日证：2012 年 9 月 19 日凌晨 1 点多，我和王士华在工地房里睡觉，我听见房子外面的院子里有打架的声音，我就起来向院子里看，看见院子的中间地上躺着一个男的，手里拿着手机要打电话，"小周"站在边上对着躺着的人骂，还不让躺着的人打电话，我还听见"小周"边骂边打。我看不关我的事，就继续睡觉了。过了大约 20 分钟，"小周"站在我们房门口喊王士华说："给看下人，别让他跑了，打 110 报警。"王士华就出去了，不一会儿他又回来叫我，等我出去时没见着"小周"，我和王士华就向院门口走，我发现在院门搅拌机南侧地上，躺着刚才和"小周"一起在院里的那名男子，我们叫他，他也没什么反应。后来王士华就报警了，我就回屋了。

　　我没看见"小周"是怎么打的那个男子，但我听见他打那个人的声音是"啪啪"的，"小周"还一直骂那个男子。

　　我们工地以前丢过好几次东西。

　　询问人：刘梦华（市中分局民警）；记录人：席瑞林（市中分局民警），2012 年 9 月 19 日

　　辨认笔录：证人王作平辨认出犯罪嫌疑人周闻宇就是其所称的"小周"。

4. 证人刘秀梅（被害人李魁母亲）证言：

2012 年 9 月 20 日证：李魁和贺建高，还有他的一个老乡一起偷东西，2012 年 9 月 19 日凌晨零时许，李魁敲门进来给我说弄来一只狗，让我看菜摊用，当时我看见贺建高与另外的一个小伙子两人在门口外聊天，说完他们又一起去偷东西了。1 时 30 分许，贺建高说李魁出事了，我们打车到达现场时李魁面朝上躺着，头上流了很多血，我问他怎么了，他说被打了，还说送他去医院，之后就晕过去了。贺建高说是因为去工地偷东西，还没偷着被人发现了，把李魁抓住了，是被抓的人打的。

询问人：孙东（市中分局民警）；记录人：韩益（市中分局民警），2012 年 9 月 20 日

5. 证人葛颖钦（岛城市人民医院医生）证言：

2012 年 9 月 19 日证：今天凌晨 2 时许，我接收了一名叫李魁的男病人，送来时昏迷、无意识，他头顶部有一个 6cm 长的伤口，经 CT 检查，左侧硬膜下血肿合并脑疝，立即进行开颅手术。李魁的病情危重，双侧瞳孔散大，脑内出血较多。他的伤集中在头部，应该是钝器造成的。

询问人：刘梦华（市中分局民警）；记录人：席瑞林（市中分局民警），2012 年 9 月 19 日

2012 年 10 月 10 日证：今天 18 时 17 分，我的一个病人李魁在我们医院 ICU 病房内死亡了。他是 9 月 19 日被送到我们医院抢救的。李魁左侧硬膜下血肿合并脑疝，此外他还有脑挫裂伤，外伤性蛛网膜下腔出血，左顶颞骨骨折，顶部开放性伤口，颅外软组织损伤，右侧肘部散在皮擦伤及软组织损伤。李魁来院后一直处于昏迷状态，我们一直在积极救治，前天他突发肺部感染，身体高热，自主呼吸困难，我们立刻采取了抢救措施，但今天他还是死亡了。李魁的死因主要是颅脑损伤导致身体多处脏器衰竭，也包括肺部感染造成的感染性休克。我们尽了最大的努力对他进行抢救，我们的诊疗措施完全符合相关规定。

询问人：刘梦华（市中分局民警）；记录人：席瑞林（市中分局民警），2012 年 10 月 10 日

（四）鉴定意见

1. 尸体检验鉴定书：

检验对象：李魁尸体。

尸表检验所见：头面部：右额经顶部至左颞可见"U"形手术缝合口 1 处，左颞部可见片状皮下出血。躯干部：左乳头外侧可见小片状皮下出血 1 处，右肩胛处可见片状皮肤挫伤 1 处。四肢部：左前臂可见散在片状皮下出血，右

前臂可见片状皮下出血1处，皮肤挫伤1处，左手背可见片状皮下出血1处，左膝可见片状皮下出血1处。

解剖检验所见：头皮下可见广泛出血。脑组织瘀血，可见广泛蛛网膜下腔出血。左颞叶可见小片状脑组织挫伤。左颞骨岩部可见板障出血。小脑扁桃体疝形成。左侧颅中窝可见线性骨折。肺部细菌性感染。

结论：李魁符合被他人用钝性物体打击头部致颅脑损伤合并肺部感染性休克死亡。

主检法医师：卢××、×××、×××

2012年10月18日

2. 法医物证鉴定书：

支持送检现场4处血迹、镐把上的血迹和白色衬衣、牛仔裤、鞋（注：均为犯罪嫌疑人周闻宇案发时所穿）上的血迹为李魁所留，不支持为其他随机个体所留。

主检法医师：王××、×××、×××

2012年10月30日

3. 人体损伤程度鉴定书：

张旭右臂粉碎性骨折，经鉴定为轻伤。

主检法医师：李××、×××

2013年2月2日

（五）勘验、检查笔录

现场勘查笔录：现场位于海东省岛城市市中区将台路8号蝶恋娱乐城南侧工地大院。现场提取血迹4处、镐把1根、砖头若干块。现场未见其他可疑物证痕迹。

二、运输毒品罪

（一）犯罪嫌疑人供述与辩解

犯罪嫌疑人周闻宇供述与辩解：

2011年11月20日供：今天上午阿喜给我打电话让我到西岸区教堂路那儿帮他取点东西，他说他没时间过去，让我帮个忙，我就过去了。我到后有一个男的过来给我一个黑色的背包，他也没说什么，我拿着就走了。我正好要买件上衣，就去了附近的西岸大峡谷商场，我把帮阿喜取的黑包存到商场一层的存包柜里，之后我就在商场里边转了转，试了几件衣服，看上了一件，但我带的钱不够，我就想去旁边的农业银行取点钱。我到农业银行后不久就被你们给抓了。

问：你这两天都在哪？

答：我就在岛城，没去别的地方。

问：黑包里边有什么东西？

答：我不知道，我没打开看过。

问：你去银行用什么取钱？

答：用我的银行卡。

问：你为什么不在商场里边刷卡消费？

答：我不习惯刷卡，再说我也确实想取点现金。

问：你的卡呢？

答：你们抓我时在银行里边给弄丢了。

讯问人：张嘉（西岸分局民警），记录人：关宏（西岸分局民警），2011年11月20日

（注：犯罪嫌疑人周闻宇于2011年11月21日至同年12月14日曾做过5次供述，内容均同上，供述稳定。）

2011年12月15日供：好吧，我说实话。2011年11月18日上午，我在家闲着没事，阿喜给我打电话让我去趟云川省钟明市带点东西回岛城，路上的费用都由他承担，额外还给我3000元，我就同意了。当天阿喜先给了我1000元，说回来的费用由钟明市那边给。我就乘坐长途汽车赶往钟明市，19日上午就到了，当天下午阿喜给我打电话让我去钟明市长途汽车站旁边的十字路口，我到后一名穿黑色夹克的男子找到我，给我一个黑色的包，一个新的手机和一张手机卡，还有1000元，然后说让我坐当天下午的长途汽车回岛城。包内的东西我也没看，这个人我以前没见过，他还说让我把那个手机卡插到手机里面，开机，到时候有人跟我联系，1000元是给我的回程路费。当天下午我就拿着这个黑包在钟明市长途汽车站上了开往岛城的长途汽车，20日上午到了岛城，我是在西岸区教堂路那儿下的车，我用给我的新手机给阿喜打了电话说我到了，阿喜让我到北顶路那儿，我到后一名男子过来给我一个电子秤，阿喜又给我打电话让我到西岸大峡谷大厦那儿。我到后阿喜又让我把那黑包存在大厦一层的存包柜里，然后到大厦东侧的农业银行里面等他。我就把包存上，之后到农业银行等阿喜，到后没多久就被你们给抓了。当时从我身上搜出了我存包的票据，你们警察带着我到西岸大峡谷一层的存包处把我存的黑包给扣了。

阿喜让我送的就是那个黑包，我当时估计里面是毒品，后来警察检查这个黑包的时候我看见包内有毒品和一把手枪。我听阿喜说话很神秘，觉得不对

劲，所以就觉得是毒品。阿喜的姓名我不知道，男，20多岁，身高约175公分，体态微胖，肤色稍黑，长脸。阿喜和我联系的手机号码我记不住了。

讯问人：张嘉（西岸分局民警），记录人：关宏（西岸分局民警），2011年12月15日

2012年10月30日供：供述内容与2011年11月20日供述大致相同，不再摘录。

讯问人：方秋河（岛城市公安局民警），记录人：林宇中（岛城市公安局民警），2012年10月30日

2012年12月22日供：阿喜说他没时间，让我去钟明市帮他取点东西回来，来回的费用都由他承担，他没说给我其他的好处费。因为我们是朋友，我想就帮他一个忙吧，我就坐长途汽车去了钟明市，帮他取了一个黑色的包回来，也是坐长途汽车回的岛城。我自始至终没打开过这个包，我根本不知道包里是什么东西，我也没兴趣知道。回来后我先去了趟西岸大峡谷准备买一件衣服，我把那个黑包存在一层的存包柜里，我要买衣服时发现带的钱不够，我就去旁边的农业银行去取钱，结果就被警察抓了。

问：你吸毒吗？

答：我不吸毒，我从来没接触过毒品，我都不知道毒品长什么样。

问：你知道阿喜是否吸毒吗？

答：我不知道，我们虽然是朋友，但我从来没听他讲过关于毒品的事。

问：你2011年12月15日曾在西岸分局作过有罪供述，（向其出示该供述笔录）你看看，有什么意见？

答：这是当时问我的两个警察逼我这么说的，笔录根本没让我看就逼我签了。我记得那天问我的那两个警察特别着急，脾气特差，以前也是他们俩问的我，但都没像这次那样。他们先对着我发脾气，骂我、吓唬我，还脱光了我的衣服，说要把我弄到院子里头浇凉水。你想啊，当时天特别冷，我怕他们真这么干，我就死路一条了，所以我就求他们，我说你们让我怎么说，我就怎么说，我全听你们的。然后他们就把事情经过说了一遍，说一句问我一句对不对，我都说对，其实他们说的根本就不是事实，最后他们就把笔录写出来逼我签了。

问：你说的这两个警察叫什么名字？当时他们是在哪讯问的你？

答：他们叫什么名字我不知道，应该就是笔录上签字的这两个人。他们是在西岸分局讯问室里头问的我。

问：他们俩对你还有其他行为没有？

答：没有，他们就是骂我、吓唬我，脱光我的衣服，他们没有打我。

讯问人：龚肃韧（海东省岛城市人民检察院），记录人：束纪元（海东省岛城市人民检察院），2012年12月22日

（二）证人证言

1. 证人张嘉（男，西岸分局民警）证言：

2011年11月21日证：2011年11月19日，我们接市局通报，得知有一名叫周闻宇的男子将于11月20日从云川钟明市运输毒品回岛城。得此线索后，我禁毒队会同市局禁毒总队及市局技术侦查总队，于11月20日上午在西岸区西岸大峡谷旁边的农业银行内，将周闻宇抓获，并从周闻宇拎着的一个阿迪达斯纸袋内起获阿迪达斯运动袜一双、西岸大峡谷寄存处寄存条一张。我们根据周闻宇供述及起获的寄存条，带领周闻宇到西岸大峡谷寄存处，从7柜6箱内起获周闻宇存在箱里的黑色皮质挎包一个，内有仿真手枪一把、两包疑似毒品的白色晶体，后经鉴定为毒品甲基苯丙胺。我们打开寄存柜的时候问过周闻宇里边是什么东西，他说是毒品。

询问人：曹可宜（西岸分局民警），记录人：高卫华（西岸分局民警），2011年11月21日

2. 证人关宏（男，西岸分局民警）证言：

2011年11月21日证：2011年11月19日，我分局接市局禁毒总队会同技术侦查总队的通报，11月20日有一嫌疑人周闻宇要从云川运输毒品来岛城，要求我局配合上述单位对嫌疑人进行抓捕。我局接此通报后，于11月20日11时许，在市局禁毒总队和技术侦查总队的配合下，在西岸大峡谷旁边的农业银行大峡谷支行内，将周闻宇抓获，并当场在其携带的一阿迪达斯纸袋内，起获阿迪达斯运动袜一双及西岸大峡谷商场寄存条一张。我们根据周闻宇供述，按照寄存条上的记载，带领他到西岸大峡谷寄存处7柜6箱处，从箱内起获周闻宇寄存在此的黑色挎包一个。我们打开挎包，发现内有仿真手枪一把、两包白色晶体毒品可疑物。

询问人：曹可宜（西岸分局民警），记录人：高卫华（西岸分局民警），2011年11月21日

3. 证人郑爱美（周闻宇母亲）证言：

2011年11月26日证：上个礼拜周闻宇在家接了一个电话，之后他跟我说要去一趟云川，我问他去云川干什么，他说去取点东西，我说去取什么东西啊，他说您甭管那么多了。我问他什么时候回来，他说没两天就回来了。之后他简单收拾了一下就走了，一直就没回来。要不是你们今天告诉我，我还不知

道他被你们给抓了。

询问人：张嘉（西岸分局民警），记录人：关宏（西岸分局民警），2011年11月26日

（三）鉴定意见

1. 毒品检验报告：

委托人：岛城市公安局西岸分局

送检人：西岸分局张嘉、关宏

委托日期：2011年11月20日

检验结论：2份白色晶体物系甲基苯丙胺，净重共计100.5克，纯度为47.6%。

鉴定人：×××、×××

2011年11月23日

2. 枪支弹药鉴定书：

委托人：岛城市公安局西岸分局

送检人：西岸分局张嘉、关宏

委托日期：2011年11月20日

结论：送检枪状物不能正常击发，无法认定为"枪支"。

鉴定人：×××、×××

2011年12月2日

（四）书证

1. 工作说明：

岛城市公安局禁毒总队在先期工作中发现一名姓郑的云川籍男子长期在岛城贩卖毒品，且数量大，后通过岛城市公安局技术侦查总队对郑某的手机进行侦查发现，郑某多次出资并指派其马仔肖某赴广南购买毒品。2011年11月12日，郑某再次指使肖某赴广南购买3万元毒品，11月19日肖某将其购买的毒品交给周闻宇，让周于当日携带毒品自云川省钟明市乘坐长途客车来岛城。11月20日10时许，周闻宇在岛城市西岸区教堂路下车，后步行至北顶路，与肖某的一名马仔见面，从该马仔手中拿过一个电子秤。后周闻宇自北顶路乘坐出租车至西岸大峡谷，将携带的装有毒品的黑色皮包放在西岸大峡谷存包处，后其按照肖某的电话指使前往中国农业银行岛城西岸大峡谷支行等候。此时，我侦查员确定了周闻宇具体位置，将其抓获，并自其身上起获西岸大峡谷寄存条，根据该寄存条，带领周闻宇至西岸大峡谷储物柜处，起获其存放在该处的黑色皮包一个，内有毒品冰毒100.5克、仿真手枪一把。上述情况系本案侦查

及抓捕周闻宇的详细过程。根据对郑某电话的侦查，我局确定了肖某的电话，我局在对肖某电话进行侦查时确定了周闻宇的电话，后我公安机关侦查员自周闻宇从云川钟明市上长途汽车，直到其在岛城被抓获，其间一直未间断对其电话的侦查，根据对其电话的侦查及语言分析，指使周闻宇具体行为步骤的应为肖某。此案件被公安部禁毒局定为目标案件，为下一步工作的顺利进行做准备，郑某、肖某及在北顶路与周闻宇接头的马仔等人的详情未予说明。

西岸分局张嘉、关宏，2012 年 12 月 19 日。

2. 工作说明：

经工作，未能起获周闻宇乘坐长途汽车的车票。

西岸分局张嘉、关宏，2012 年 12 月 19 日。

检委会汇报实训记录

主持人：根据公诉一处真实办理的案件改编的案件，之所以选取实际案例，是要加强实训的实战性，不光看出问题，还要结合实践。编辑为案例时进行了一些改动，埋了一些点，希望检委会和汇报人都能发现这些点，发现问题。案件汇报与答辩是北京市十佳公诉人比武的必经环节，希望大家通过这次汇报，提前进入节奏。希望检委会提问题提得尖锐点。

实训顺序：第一组汇报，第二组听取汇报。第三组汇报，第四组听取汇报。

汇报组成员：承办人、处长、书记员。不超过20分钟。

检委会检察长主持一分钟，提问不超过15分钟。

讨论5分钟，过程中找出优缺点，缺点至少5条以上，听取组和汇报组也可以互评。来听的同事也可以评价。

主持人：第十八次检委会，研究王检提交的公诉一处一起案件。

承办人：关于周闻宇故意伤害、运输毒品案提请讨论。

一、需讨论的问题

第一起，故意伤害罪的犯罪事实，周闻宇的行为是否能够认定为具有无限防卫权的正当防卫或是防卫过当。

第二起，依据现有证据能否认定周闻宇涉嫌运输毒品罪。

二、犯罪嫌疑人基本情况

犯罪嫌疑人周闻宇，男，32岁，海东省人，农民。

前科劣迹：有故意伤害罪和盗窃罪的前科，不构成累犯。

三、案件诉讼过程

因涉嫌犯运输毒品罪，在被取保候审期间，又犯故意伤害罪，现被逮捕。

四、起诉意见书认定的事实与意见

（一）故意伤害罪

2012年9月19日凌晨犯罪嫌疑人周闻宇在市中区一工地院内值班时，发现李魁、张旭、贺建高欲进入院内实施盗窃并予以喝止，在李魁持砖头将值班室玻璃打碎后，犯罪嫌疑人周闻宇持镐把来到工地西门，与李魁三人发生争执，犯罪嫌疑人周闻宇持镐把分别击打李魁头部等部位和张旭身体，造成李魁死亡，张旭轻伤。

（二）运输毒品罪

犯罪嫌疑人周闻宇于2011年11月19日至20日间，乘坐长途客运汽车将毒品甲基苯丙胺100.5克由云川省钟明市运至海东省岛城市。

公安机关认为周闻宇的行为分别构成故意伤害罪、运输毒品罪。

五、经审查查明的事实及证据

因两起犯罪事实无关联，为更清晰，承办人分起汇报。

第一起：故意伤害罪审查认定的事实

犯罪嫌疑人周闻宇在海东省岛城市一工地负责夜间看护。2012年9月19日凌晨，被害人李魁打电话联系张旭、贺建高三人去偷东西，三人走到该工地时，李魁建议去工地偷钢筋，张旭、贺建高负责望风，李魁爬到工地墙上向工地里看有无钢筋。这时周闻宇听见动静，看见窗外有人，就喊了一声："干什么的。"李魁说："少管闲事。"同时，用砖头将周闻宇窗户玻璃砸碎。周闻宇从屋内拿出镐把到工地院门口，李魁等三人也到院门口。李魁拿着砖头与拿着镐把的周闻宇发生争吵，后周闻宇持镐把殴打李魁头部数下，李魁捂着头坐在地上，后周闻宇持镐把殴打张旭，致张旭右臂骨折，经法医鉴定为轻伤。张旭和贺建高逃跑后，周闻宇将李魁拽到院子里，告诉同在院子里居住的王士华自己抓了个小偷，赶快报警。后周闻宇回家换衣服，王士华带领警察到周闻宇家中将其抓获。李魁被送往医院后经救治于2012年10月10日死亡，经鉴定死因为符合被他人用钝性物体打击头部致颅脑损伤合并肺部感染性休克死亡。

认定上述事实的证据有：

1. 犯罪嫌疑人周闻宇供述，证明因对方偷东西并打他，他遂持木棍殴打李魁头部2下、张旭上半身，后看到李魁躺在地上，头部流血。其主要辩解殴打对方是在张旭打他、李魁抓住他不放的情况下所为。2. 被害人张旭、证人贺建高证实：凌晨1时许，李魁在趴窗户的时候往里扔砖头，被从院里跑出来的周闻宇拦住，李魁手拿半块砖头和手拿木棍的周闻宇发生争吵，后周拿木棍去打李魁头部，张旭上前制止，被周拿木棍打上身和胳膊，将胳膊打断。后周将李魁拽入院内。二人均否认李魁、张旭殴打过周闻宇。3. 同在院子里睡觉的王作平证明，凌晨1时许，其听见院子里有打架的声音，后看见院子中间躺着一男子，周闻宇不让该人用手机打电话，还特别提到听见周闻宇对该人边打边骂。另同在院子的王士华也证实了周闻宇称抓了个小偷，后周说回家换衣服后离开。待警察到后，其带领警察将周抓获。被害人李魁的母亲证明听贺建高说去工地偷东西没偷着，被抓的人打了。急救医生证明：李魁伤集中在头部经开颅手术，后突发肺部感染，20天后死亡，诊疗措施完全符合相关规定。另有鉴定意见证明了被害人的死因和伤情。《法医物证鉴定书》证明现场4处血迹、镐把上的血迹和犯罪嫌疑人周闻宇案发时所穿的白色衬衣、牛仔裤、鞋上的血迹为李魁所留。《现场勘查笔录》证明现场提取血迹4处、镐把1根、砖头若干块。

六、对于该笔事实的分歧意见

第一，认定为"无限防卫"作出绝对不起诉：理由在于被害人李魁、张旭、贺建高三人在盗窃过程中，为抗拒工地值班人员周闻宇的抓捕而当场使用暴力，构成转化型抢劫罪，符合"无限防卫"的前提条件。周闻宇面对正在进行的抢劫犯罪，因严重危及其人身安全，在此前提下其使用暴力防卫，此防卫行为构成正当防卫不负刑事责任。

第二，认定防卫过当以故意伤害罪起诉：被害人李魁、张旭、贺建高三人在盗窃过程中被周闻宇发现，在可以逃跑的情况下，仍为了逞强耍横而积极、主动地使用暴力，不符合转化型抢劫罪"为了窝藏赃物、抗拒抓捕或者毁灭罪证"的构成要件。从被害人李魁往工地院内扔砖头开始，到李魁、张旭、贺建高三人与周闻宇碰面为止，可以视为不法侵害的动态持续过程，犯罪嫌疑人周闻宇的行为构成正当防卫。但是，周闻宇持镐把去打被害人头部多次致其死亡，明显超过必要限度造成重大损害，属于防卫过当。

第三，不具备防卫性质以故意伤害罪起诉，承办人同意此种意见。一是本案案发时不存在防卫情形。被害人李魁、张旭、贺建高三人尚未实施盗窃犯罪未得逞，而后李魁、张旭、贺建高与周闻宇产生了互殴的故意，即分别持镐把、砖头在工地门口碰面。不属于一方侵害、一方防卫的情形。二是周闻宇追到院门口后，首先持镐把猛击李魁头部、张旭右臂等处数次，并阻止李魁求救，造成李魁因颅脑损伤合并肺部感染性休克死亡的严重后果，具有故意伤害的主观故意，构成故意伤害罪。

公诉部门负责人意见：构成故意伤害罪，但应认定为防卫过当。

检察长与承办人意见一致，认为不存在防卫过当问题。

第二起：运输毒品罪

经审查认定的事实：2011年11月19日警察在农业银行内将周闻宇抓获，并从周闻宇随身纸袋内起获运动袜一双、西岸大峡谷寄存条一张。警察带领周闻宇到西岸大峡谷寄存处，从柜内起获周闻宇存放的黑包，内有仿真手枪一把、甲基苯丙胺2包，共计100.5克。

认定上述事实的证据有：

犯罪嫌疑人周闻宇供述，证明其上午受阿喜指派到西岸区教堂路从一个陌生男子处取了一个黑色背包，后因要去商场购物，就把帮阿喜取的黑包存到商场的存包柜里，包里有什么其不知道，也没有打开过。之后因买衣服钱不够，其到农业银行取钱。后被抓。

存在问题：犯罪嫌疑人周闻宇曾做过5次有罪供述，其受阿喜指使从钟明市向岛城运输毒品。在钟明市，阿喜派人给其一个黑色的包，一个新的手机和一张手机卡，还有1000元，并让其坐长途汽车去岛城。后阿喜指使周闻宇在途中取电子秤，后又指使周闻宇让其把黑包存在西岸大峡谷大厦的存包柜内，犯罪嫌疑人周闻宇在农业银行等待阿喜时被抓获。

西岸分局民警张嘉作为证人出具证言证明根据技侦线索将犯罪嫌疑人抓获并从其身上提取的寄存条，在存包柜内起获毒品和仿真手枪的事实。经鉴定毒品是甲基苯丙胺。其还证明抓获周闻宇时，其亲口承认包里面是毒品。当时打开寄存柜的时候问过周闻宇里边是什么东西，他说是毒品。存在的问题：作证时毒品检验鉴定尚未作出。

西岸分局民警关宏证明的抓获过程与张嘉一致，但没有证实周闻宇在打开包时说过是毒品。另需要说明：这两名证人作证后又参与了讯问及出具工作说明等侦查活动。

周闻宇母亲证明周闻宇接电话后说去云川取东西，两天左右回来，后得知其被抓。

两份鉴定意见证明2份白色晶体物系甲基苯丙胺，净重共计100.5克，纯度为47.6%。送检枪状物无法认定为"枪支"。

另有两份工作说明：第一份证明岛城市公安局禁毒总队经侦查发现，云川籍男子郑某长期在岛城贩卖毒品，其指派马仔肖某赴广南购买毒品并交由周闻宇携带毒品乘长途车来岛城。公安机关侦查员自周闻宇从云川钟明市上长途汽车，直到其在岛城被抓获，其间一直未间断对其电话的侦查，根据对其电话的侦查及语言分析，指使周闻宇具体行为步骤的应为肖某。周闻宇按照指示将携带的装有毒品的黑色皮包放在西岸大峡谷存包处，后其前往中国农业银行岛城西岸大峡谷支行等候。此时，我侦查员确定了周闻宇具体位置，将其抓获，并自其身上起获西岸大峡谷寄存条，根据该寄存条，带领周闻宇至西岸大峡谷储物柜处，起获其存放在该处的黑色皮包一个，内有毒品冰毒100.5克、仿真手枪一把。

第二份证明未能起获周闻宇乘坐长途汽车的车票。

存在的问题：这两份工作说明也是两位已经作为证人的侦查人员在作证后出具。

该起事实的分歧意见：

构成运输毒品罪，犯罪嫌疑人周闻宇实施运输毒品犯罪的证据有证人证言、鉴定意见、工作说明等予以证明，证据之间能够相互印证，其无罪辩解无证据支持，而有罪供述有相关技侦工作说明予以印证；部分证据虽然存在瑕疵，但可予以补正，应以运输毒品罪起诉。

认定运输毒品罪的证据不足，承办人同意意见，认定周闻宇不构成运输毒品罪，理由如下：本案的侦查工作存在4个疑点。一是侦查人员作为证人出具证言后，没有依照法律规定回避，导致大量证据均由这两个证人调取。二是侦查人员张嘉证实了打开寄存柜时周闻宇说了里面是毒品，但一同在场抓获犯罪嫌疑人的另一侦查人员关宏未对此情节予以证实。三是侦查人员张嘉在11月21日证言中谈到经鉴定毒品为甲基苯丙胺，但毒品鉴定却是在两天后做出的。四是周闻宇仅有一次有罪供述，同样是张嘉和关宏调取的，周闻宇提出被刑讯逼供，公安机关未出具视听资料等证据证明讯问过程的合法性。上述疑点导致现有有罪证据材料缺乏客观性、合法性，不具有证据效力。在不予认定该笔事实的同时，拟向侦查机关就违反回避规定的问题发出纠正违法通知书，相关侦查人员可能涉嫌职务犯罪，拟移送反渎职侵权部门侦查。

我处负责人、主管副检察长均同意承办人意见，不予认定运输毒品罪。

检察长：各位委员是否对事实、证据有疑问，可以向承办人提问。

处长：补充汇报。个人与承办人就第一起犯罪事实有分歧。根据现有证据，被害人实施盗窃，但周的行为超出了必要限度。第二起，补充一点，先不说回避的问题，从其他证据来看，侦查机关还有很多错误，如对其是否明知是毒品的证据还有很大缺陷，笔录时间、证明内容不一致，排除之后，无法证实其主观故意，故同意承办人的存疑不诉观点。

主管副检察长：第一起事实的焦点是是否存在正当防卫，结论同意承办人意见，以故意伤害起诉；第二起，在承办人做了大量工作的情况下，侦查机关的取证瑕疵导致不够起诉标准。

委员1：事实认定问题？周的身上是否有伤？

承办人：现有证据材料无法证明其有伤情。

委员1：根据鉴定，死亡结果与周行为的因果关系如何认定？

承办人：根据医生多点证言，就诊过程是符合医疗规范。而且其头部伤是由周造成，如果不是其实施了殴打的头部的行为，就不会造成死亡结果。

委员1：没有医疗责任事故，如何判断？

承办人：根据医生证言，以及相关知识，行为人造成被害人多处脏器衰竭，造成肺部感染。

委员1：周打完被害人之后，是自己报警，还是让王报警？

承办人：是让王去报警，说有小偷，并未提及自己的伤害行为。

委员1：按你的观点，不存在防卫情形，按当时的情况，凌晨1点，一对三的情况下，是否存在防卫情形如何判断。

承办人：侵害行为发生在院门口，被害人是盗窃预备，双方有争吵，被害人已经放弃盗窃行为，双方争吵开始互殴。

委员1：根据什么判断不想盗窃？

承办人：两个证人证实，咱们两个打他、揍他。周的心态，是争吵、走至院门口，已经开始斗殴的故意，是在被害人没有动手的情况下。

委员1：屋里扔砖头，周的制止行为，是否为一种值班、履行职责的正常行为？

承办人：不够抗拒抓捕、隐匿罪证。

委员1：证言中提到"咱们打他"，多名被害人向嫌疑人持砖头冲过来，之前也有投掷行为，这是不是一种伤害行为？

承办人：承办人认可双方都有伤害行为。

委员2：如何判断殴打的故意？

承办人：证言："信不信我打死你"，客观证据案发地点，门外。

委员2：周可能是履行职责，轰赶盗窃人员，看到对方持械时才产生殴打故意？

承办人：嫌疑人并非轰赶，从现在的情况，上来就打，还有言语，是伤害的故意。

委员2：除了张旭的证言，是否还有其他证据？

承办人：只有张旭的证言，但有2次证言。

委员2：是否考虑被害人过错。

承办人：存在被害人过错。

委员2：是否有证据？

承办人：有，被害人的证言，被害人的盗窃行为——拿砖头。

委员2：打电话报警是否考虑该情节？

承办人：不构成自首，没有分歧意见。说是抓小偷，没有主动投案。

委员3：嫌疑人出去后对当时情况如何判断的？他怎么知道是小偷？

承办人：之前他们工地丢过东西，判断是小偷。

委员3：他出去的目的？

承办人：我们认为是打小偷。

委员3：他自己的供述？

承办人：想出去看看情况。

委员3：那为何动手打人了？

承办人：他自己辩解，轻伤的被害人用木棍打他，被害人骂他。

委员3：他的辩解是否有合理性？

承办人：辩解认为不可信。嫌疑人称张旭拿一根木棍打，但其他证人证明没有拿木棍，从伤情来看也没有伤情。

委员3：当时的情形，是否可以得出他认为对方可能打他的结论？

承办人：对方也有不法侵害的故意，但还没有实施行为。还没开始。

委员3：根据什么认定对方互殴的故意？

承办人：其他证言。

承办人：补充一点，两个证人在工地小屋睡觉，嫌疑人自己拿出镐把与被害人互殴。

委员3：另两个人是否有抓小偷的职责？

承办人：现有证据没有显示。

委员3：嫌疑人有抓小偷的职责？

承办人：他的责任是看护工地。

委员3：因果关系问题，有什么证据？

承办人：鉴定结论、医生证言。

委员3：是否有其他证言的核实？

承办人：死因是头部和肺部感染，医生手术是头部，如果有医疗事故，不会造成肺部感染。这也是医疗常识。

委员4：运输毒品的事实，民警的工作说明可否还能补充技侦记录，可以推断主观犯罪？

承办人：工作说明中未提及明知是毒品的证明。

委员4：供述中提到，周从其他人处取得电子称，其朋友有吸毒史，其对此节如何辩解？

承办人：他无罪辩解中没有提到电子称，唯一提到的就是有罪供述，该份供述也是上述二侦查人员作出的。

承办人：补充一下，经过两次退补，对周的技侦资料进行补充。公安机关以公安部尚未规定为由，不提供有关技侦资料。因此在其技侦材料不完善的情况下，无法得出有罪的证明。

委员4：经过两次退补，为何不补正？

承办人：向其提出了，但拒不补正。要启动纠正违法。

委员4：程序违法问题，如证人侦查的问题？

承办人：退补提纲中列出了，但公安机关未给予纠正。

委员5：是否明知，能否根据现有证据得出？

承办人：其他证据都有瑕疵，不能得出结论。

委员5：有罪证据？

承办人：有工作说明与有罪供述相印证。但这种印证是非常牵强的。

委员5：故意伤害的问题，关于预备与着手的判断，被害人已经到了门口，是否已经着手实施盗窃？根据什么判断是预备？

承办人：预备是准备工具，选择目标，还在门口观望，是寻找条件，是犯罪预备，不是实施盗窃。

委员5：关于毒品犯罪，两个证人先作证，后续的侦查行为不可用，可否采取其他方式使证言可用？如证人出庭？

承办人：这是证言倒置，也是不妥的。

委员5：作为传闻证据，可以传唤证人出庭的方式？

承办人：不管是不是用，是否出庭，其已经作为证人作证，故已经是证人了。

委员5：证人的范围，是否包括侦查人员根据侦查活动的情况所作证？是不是排除侦查范围之外的作证？

承办人：严格把握作证范围，只要作证了就是证人，不能因为其身份就不作为证人。根据《刑事诉讼法》的证据种类，言词证据分为被害人陈述、犯罪嫌疑人供述、证人证言，归入证人证言更为合适。且其作为特殊身份者，更应严格把握。

委员5：第二个侦查人员是否冲突，还是没有涉及此点？

承办人：没有说到此处。但当时只有两个侦查人员，不可能一个人看到而另一个人没看到。

委员 6：运输毒品是否扣押相关物品？

承办人：要求侦查人员移送相关扣押物品，但未移送。

委员 6：毒品的起获、扣押是否有相关证据？

承办人：有，但未作为主要证据向检委会汇报。

委员 6：是否有证据？

承办人：有扣押的证据。

委员 6：第一起事实中的报警，是否可以将现场进行扩大解释？

承办人：现场是工地，但其还在暂住地。

委员 6：是否自首，犯罪嫌疑人明知他人报警仍在现场等待。是否可以将其暂住地认定为工地现场，是否核实？

承办人：核实过，但二者不一致，暂住地不在工地。

委员 6：是否有运输毒品的行为？

承办人：本地的运输不构成运输，有罪供述中提到有上家，构成运输。从行为上还是可以认定为运输。

委员 6：刑讯逼供的认定？是否还有其他证据证实其运输行为？

承办人：书证的认定，可以通过相关的补正认定工作说明的可采性。

（主持人提示已经超时）

检察长：各位委员根据争议的焦点问题发表意见。

委员 1：第一起，同意处长的意见，有防卫的意图和辩解，不易推翻；行为人有防卫人身、财产的职责；是否着手，在紧迫情况下，不能像通常情况下认定，应当认定为着手，对方持镐把，应当综合判断，着手和预备的区分，应当根据法益受侵害的紧迫情形判断。第二起，根据《刑事诉讼法》的规定，对证人证言的采信，有很大瑕疵，就不诉了。

委员 2：第一起同意处长的意见。犯罪嫌疑人是有特殊职责的人，其所在的时间、地点处于其执行职责的范围之内。凌晨 1 点，有三个意图实施盗窃的犯罪人，后续的互相殴打、伤害行为，相关证据是完善的。第二起同意承办人和处长的意见，现有证据从合法性角度予以排除，证据不能达到起诉的标准。

委员 3：第一起同意处长的意见。周在履行职责，其人身、财产受到被害人砸玻璃的威胁，其出门后，被害人又拿砖头对其进行身体伤害，这种威胁已经实行，这种防卫的起因是存在的，其持镐把击打头部、身体，构成过当。第二起同意存疑不诉。

委员 4：第一起同意处室意见，防卫过当，故意伤害起诉。防卫目的、防卫的起因都存在，承办人认为不具备防卫性质的一个原因就是周阻止被害人求救，但证据显示是不给叫救护车。第二起同意存疑不诉。

委员5：第一起要关注三个事实：深夜，一对三，具有职责。还有砖头破窗、语言威胁的行为，紧迫情况下，其选择以暴制暴，这是一种防卫行为，但防卫过当。运输毒品，主观明知证据不足，同意存疑不诉。自首不予认定，也同意承办人意见，没有证据认定。

委员6：同意承办人和处室意见，构成故意伤害。运输毒品的不予认定的理由：六次口供比较稳定，不能认定其去过外地，证人作证加上进行侦查工作的侦查员违法，且没有起获车票，民警有可能存在刑讯逼供，现有证据无法推翻，也没有证据证实其监听的过程。

主管副检察长：运输毒品没有意见，故意伤害，委员都认为是防卫过当。主要焦点，是否正在进行的不法侵害，是否为了制止不法侵害。证据显示，打斗地点是门口，周先动手，叫嚣"信不信我打死你"，这些证据都证实其主观上存在伤害他人身体的故意，双方是互殴行为，不存在防卫情形。

检察长：故意伤害行为，被害人实施盗窃是有证据支持的，嫌疑人有监管职责，发现盗窃后，被害人有用砖头、语言威胁、一起动手的行为，被害人对嫌疑人有伤害的故意，对其监管财产有侵害，对人身也有危害，有防卫的因素，过当，以故意伤害起诉。运输毒品，同意存疑不诉。

绝大多数委员认为有故意伤害行为、有防卫性质，全部委员都认为运输毒品存疑不诉。只有1名委员认为故意伤害不存在防卫性质。

主持人：现在各组讨论5分钟，主要讨论各组的优缺点，优点不用多说，最多不超过2点，缺点可以多说，不少于5个；旁听人员对汇报组和听取汇报组进行点评；汇报组和听取汇报组进行互评。

（各组讨论五分钟）

旁听一组点评：是在给定情况下，对案件进行模拟，无论是发问还是汇报都是要围绕给定条件，有些证据是没有的，检委会不要对没有的证据进行发问，汇报人也不要根据其他证据进行补充，只要说是否有这个证据即可。优点：汇报不是照本宣科，而是加入了自己的描述，值得学习。缺点：对于检委会提出的问题，回答的比较繁琐，应当简明扼要地回答，如果是前一委员提出的问题，后面就不要再重复浪费自己的时间了。证据罗列过多，还是尽量概括，更精练一些，突出焦点。检委会委员提问时，对案件没有涉及的问题，过多涉及，使汇报人扩充了条件。

旁听二组点评：优点：准备充分，深入分析。汇报的细节把握全面，按照不同事实进行了整理。汇报组缺点：1. 在细节方面，公安机关认定的两个事实，并未按汇报的情况进行清晰界定。2. 第一起事实的分歧较大，承办人汇报第三种观点时，论证有所欠缺，希望能再加强。3. 第二起事实中对运输毒品的认定没有论述，有委员提出了。听取组缺点：分工不明确。1. 提问阶段，可以分两起事实进行提问。2. 先让处长对分歧意见进行补充说明后，检委会再进行提问。

听取汇报组对汇报组点评：汇报回答机智、证据把握清晰、全面。不足：故意伤害，既然有分歧意见，不构成犯罪的阐述比较少，汇报中作出的推断意见比较多，如没有医疗责任事故、没有打人的主观故意，应当从证据推断，而不是直接推断；运毒想做存疑不诉，可以直接提交检委会讨论，不要为了提出分歧意见而提出分歧意见，对构成犯罪的意见阐述不充分。讨论过程中还设置了案外因素，如退补、补侦情况，汇报组回答很机敏。有些问题过于较真，对时间、节奏把握得不够好。

汇报组对听取汇报组的点评：委员对问题把握全面、准确性、针对性强。对论述自己观点时，阐述比较到位，虽然结论一致，但将自己的观点都阐述得全面。缺点：1. 时间把握不准：15分钟，超时。2. 提问中，有重复发问。3. 超范围发问。4. 有委员提问时对问题的归纳不够精准，重复承办人汇报的问题，再发问。5. 对防卫过当、无限防卫都无人发问。对侦查人员作证还有侦查程序的问题，争论较大，检委会能否给一个明确的意见：对侦查人员和证人身份的同一，如何采信证据。是否有防卫过当，对脑部受伤是否引发肺部感染，不是主要问题，可能是罪与非罪。

主持人：汇报人可以就批评进行反馈。

汇报人：虚心接受批评，自己的汇报中，对防卫性质的论证比较欠缺，需要加强论证。

听取汇报组：把握身份不到位，不像委员，而像对方辩友。这些问题我们也认识到了，今后会注意。委员对证人身份是否给出意见，并非讨论的范围，这些细节都是下面讨论的，不是委员决定的范围。

评析：本次课程设计系由真实案例改编，贴近办案实践，同时又增加了一些有意设置的考查点，意图在考查承办人汇报水平的同时，也考查办案的能力和素质，通过检委会与汇报人的角色设置，使双方能够体会不同的角色要求，能够换位思考，更好地做好工作；同时，实训结束后的各组讨论环节，能够让旁听人员也参与到案件汇报中来，兼听则明，而且互相之间指出缺点和不足，便于进一步提升案件汇报的质量。

（二）结语

由于案件讨论机制具有自身的独特功能，它有较大的存在空间。但也必须看到，正是这些案件讨论机制却将检察官拖进了比以往更为严密、深入与直接的控制之网中，其结果是检察官在案件处理中遭受着双重的权力控制。一是科室范围内集体讨论的全面化与实质化，这意味着科长（主办检察官）对检察官的控制力度较以前大为加强；二是分管副检察长大面积地介入科室范围内的案件讨论，使得检察官在案件处理中面临着来自更高一级的权力监督。还可以看到的是，检察官在从案件讨论机制中收获一些短期与表面利益的同时，却失去了可能更有意义的检察官独立与自由。也许不得不承认，与以往相比，检察官在检察制度中的处境实际上已经变得更为糟糕，很可能扮演的只是检察制度流水线上的"螺丝钉"角色。用鲍曼的话来讲，检察官就是"在毫无长远目的地履行一个具体的、自我明确的工作，在保质保量地完成上级下达的任务"。①

---

① ［英］齐格蒙·鲍曼：《现代性与大屠杀》，杨渝东、史建华译，译林出版社 2002 年版，第 63 页。

后　记

　　从定题到最后的编辑修改，《案件汇报方法与技巧》一书的写作历尽三个寒暑，甚至经历了两名作者孕育小生命的过程。可以说，一本书就是作者的一个孩子，无论他的外表是否光鲜、内容是否动人，于作者而言，都代表着全身心的投入和全情的付出，他们艰辛地孕育着每一个文字，呵护着每一个观点，于是，这本书就作为三位作者的共同结晶，呈现在了您的面前。

　　之所以选择"案件汇报"作为本书的主题，与作者的工作息息相关。三名作者都作为或者曾经作为一线的公诉检察官，在日常办案中，无时无刻不在感受着案件汇报的压力，作为承办人要将自己的审查意见清楚地表达给具有决策权的领导，不仅要对案情了熟于心，还要针对不同的听取汇报人，对汇报的重点、方式、方法做出不同的抉择。法律工作是一项运用语言表达的工作，无论是书面语言还是口头语言，都昭示着承办人的办案能力和水平。然而，很多年轻的承办人往往苦于说不清案件的主要法律关系、处理症结，想表达的表达不出来，反而汇报了很多旁枝末节，影响了汇报的质量；此时，听取汇报的领导也常常陷入纠问式的汇报模式，汇报人说不清，那就只好通过问答的方式来搞清案情，甚至最后还是不清楚，只好亲自阅卷，听汇报人变成了承办人。于是，在检察官培训中，无论是一线的承办人还是业务负责人、主管领导，都对案件汇报情有独钟，都认为这是检察官们业务技能的薄弱环节，需要加大培训力度。作为从基层公诉人成长起来的检察官，后期我们通过研究工作、检办工作、二审监督工作，不再是汇报者的角色，而成为对面的听取汇报者或者旁观者的角色，这种角色的互换，也让我们切实感受到了案件汇报中的问题所在，也切实感受到了对案件汇报进行培训、进行规范的价值所在。

　　遗憾的是，目前的案件汇报培训，还没有成为检察业务培训的重点，相关教材、书籍尚未见诸市端。不同于法庭辩论、案件审查等基础性、常规性的检察业务，案件汇报由于其细微性、零散性，尚缺乏系统性、全面性的概括提炼，各地开展的案件汇报培训也往往集中在检委会汇报等单一环节上。

《案件汇报方法与技巧》一书，意图全面、系统地对案件汇报这一细节问题进行抽丝剥茧，无论是内容编排还是写作都突出了一个"实"字。一是注重实用性。案件汇报是一个以小见大的题目，虽然我们涉及的只是案件汇报一个环节，但汇报质量的高低与案件审查办理的过程息息相关，因此在案件汇报中，我们突出了不同案件类型的汇报策略、重点的不同之处。如无论是针对事实证据引发分歧的案件，还是针对法律适用、量刑分歧等引起争议的案件，汇报的方式、方法都有所不同，而且还针对汇报的不同受众（如检委会汇报、人民监督员会议汇报、列席法院审委会汇报等）针对性地提出了汇报的策略、方法，使读者能够方便、快捷地解决自己遇到的问题，凸显解决实务问题的实用性。二是注重实效性。案件汇报是一个实务问题，不需要多少大道理来回应、提升，因此，我们更注重实战案例的挑选以及汇报范本的选择，全书总计大大小小一百余个案例，案件类型不一、详略不一，在每一种汇报方式后基本都辅以相关的范本，以便读者对什么是好的汇报有一个直观的印象，突出了案件汇报的实效性特点。三是注重实战性。案件汇报作为公诉实训的一个重头戏，日益引起各地检察机关的重视，如何做好案件汇报的实训，需要进行规范的流程设计，我们在本书中也对案件汇报实训课程的设计进行了重点勾勒，根据北京市检察机关的实践情况，编写了流程设计以及相关案例范本。为突出实战性，我们还选择了全国侦查监督技能竞赛的决赛试题以及北京市检察院第二分院的两次案件汇报实训课程，通过实录的方式，全面、直观地体现案件汇报实训课程的魅力所在，并对其中反映的关键问题进行了梳理和归纳，为读者组织、参与案件汇报实训提供了可供借鉴的模板。

本书作者的分工如下：李斌负责第二章、第八章、第九章的撰写工作；田申负责第三章、第四章、第五章、第六章、第七章的撰写工作；庞静负责第一章的撰写工作；另外，全书统稿由庞静、李斌共同负责。

在此，要特别感谢中国检察出版社的马力珍主任，是她的慧眼识珠，让我们能聚沙成塔，将如此琐碎的内容汇集成书；是她的"恩威并施"，让我们能够克服拖延症的困扰，使成果能得以最终呈在你我面前。

感谢在本书写作过程中提供帮助的各位领导、同事，是你们用自己辛勤办案的汗水浇灌出了这朵可能并不美丽的花。

感谢我们的家人，是你们的默默支持和无私奉献，才使我们能在数个漫漫长夜，披星戴月地将自己对检察工作的热爱播洒在这尺格之中。

最后，还要感谢亲爱的读者，您选择了我们这个稍显稚嫩的孩子，希望其中的某点某滴能够对您的工作有所启发，这将是我们最大的幸福！

作者于京城紫芳路

二零一四年九月十日